心の絶対法則

内海聡

YUSABUL

「ほぼすべての人は、
自分が見たいものしか見ない」

ユリウス・カエサル（ＢＣ100〜ＢＣ44）

はじめに

これまで40冊以上の本を出版してきたが、一冊を自分で書くのは久しぶりだと思う。とはいっても本作には土台がある。本書は私が書いたものとしては後半に書かれた本であり、書くテーマがあまりなくなってしまってから書いた本である。2016年に発刊された「巨悪の正体~あなたはなぜカスなのか~」である。ネット内を中心に著書や講演や動画が増えたこともあって、多くの人が私を知るようになったが、私はテレビにも新聞にも雑誌にもラジオにもほとんど出てこない。ネット界の有名人の一人、ネットを見ない人はあまり知らない人、医療界の世界一嫌われ者、それが私であり、トンデモ扱いされている代表格である。

ネットの世界で有名といっても、その世界は真実を誇張し吹聴している自称発信者だらけで、所詮テレビに出て新聞に取り上げられ雑誌に出てくるか、ここそネットで蠢《うごめ》いているか、金儲けのセミナーやネットサロンばかりやっているのがせいぜいで、そんな業界にうんざりして私は最近仕事を減らしており、純粋な医療仕事だけを増やしていた。

そんな2020年に新型コロナ騒動が勃発した。私の医療、福祉、食、環境、教育その他に関する啓蒙活動は12年目を迎えようとしているが、それなりに情報が広がり啓蒙は広がっていると思っていた。まだまだ真剣に考える人は少ないが人類比では増えているのではないか、新型コロナ騒動ごとき見抜けるのではないか、という甘い幻想をまだ私は持っていたのである。新型コロナ騒動はそれが単なる幻想であり、人間はここまで有害な生物なのかということをまざまざと私に示してくれた。人類がいかに洗脳され、いかに常識に惑わされ、いかに体裁的であり、いかに独善的であり、いかに悪魔的であるかを人間たちは示してくれ、私にとどめを刺してくれたわけである。このとどめは私の啓蒙活動に対するとどめという意味だ。情報が広まり人々の意識が変われば社会が変わるだろうなどという考えは、幻想以前に詐欺的で邪悪な発想なのだと私に教えてくれたわけである。

なぜこのような世界になったのだろうか？　なぜ人類のような癌細胞や悪性ウイルスにたとえられる、どうしようもない生物が地球の王者のようにふるまっているのだろうか？　これにはきちんとした理由がある。その理由は医学問題に興味を持とうが、食の問題に興味を持とうが、福祉の問題に興味を持とうが、陰謀論や社会システムに興味を持とうが、原発問題に興味を持とうが、歴史の嘘に興味を持とうが、霊魂やスピリチュアリズムに興味を持とうが、決して知ることはできない。それは人間の精神に存在する「心の絶対法則」を知らないからであり、身につけていないからだ。

「心の絶対法則」とは虚無主義思想に基づいて構成された法則である。いい換えればこれは空（くう）の法則であるともいえる。私は著作において医療や食問題から霊魂論（拙著『魂も死ぬ』（三五館刊）を参考に）、いわゆるスピリチュアル系のものにまで手を出してしまった後、書くテーマがなくなってしまった。そもそも私は本など書きたくなかった人間であった。結婚したり子どもができたりで自分の考えに変化が生じ、少しだけ善意なのか欲望なのか、社会活動をするようになってしまっただけの人間である。しかし私の中にあるもっとも重要な思想は虚無主義思想である。ニーチェに代表される虚無主義に正しいなどという文字はない。正しいものなど何もないのに、なぜ人類は医療や食の正義ばかり競って本質に気づかないのか、なぜ気づいた気づいたと勘違いしている自称覚醒者ばかりなのか。それは虚無主義的な考えがなければ決して見えることはない。その土台である摂理こそが「心の絶対法則」である。

そして実は「心の絶対法則」は理解してしまえば、非常にシンプルで初歩的なことでしかなかったのである。

本書は「巨悪の正体~あなたはなぜカスなのか~」（きこ書房刊）がベースとなっている。そのプロローグに、私の著書の中で最初に読んではいけない本であると書いた。しかし本書は大幅改訂して法則としてまとめなおし、新たな事例も付け加えて出される新しい書籍である。逆説めいた書き方も変えて一般の方でも読めるようにした。よって本書を最初に読んでも特に問題はない。私の医学や食や環境学に関する本を読んでもらえば幸甚ではあるが、読まなくても本書を読むことには差し支えないわけである。ただし、これだけは覚えておいてもらいたい。本書は一般人が受け入れることができない内容、拒否感を呈する内容、泣きたくなる内容、怒りたくなる内容が多分に含まれている。「心の絶対法則」は人間の本性を完全に浮き彫りにするのだ。それについての覚悟がない人は読んではいけない本である。

原則と法則はこの世界に常に存在し、精神には絶対の法則がある。精神や心、ひいては人格は多様であり、精神に法則などないと一般人は考える。残念ながら積み重ねられた思想学や哲学はそれほど甘いものではない。本書はその真理を解明し、現代がなぜここまで堕落してしまったかを読み解くための書物なのだ。読み進めていくうちに、本当はあなた方もこの法則に気づいているはずなのに、残念ながらそれを直視することはできないように教育され尽くしてしまったことに気づくだろう。

本書を一言で説明するなら、心についてよくあるインチキなスピリチュアル信仰ではなく、きれいごとがちりばめられた詐欺師がよくする話でもなく、日常的に普遍的に観察できることが網羅されている思想学、精神学の書物である。なぜ同種のものがないかといえば、褒められることしか頭にない日本では読者の欠点を指摘するような本は売れないからである。読み終えた後のあなた方の言い訳と拒絶反応と深層心理が私の目に浮かぶようである。

そんな本を、私は家族のためや後世のために書きたいと思うようになった。家族とは本書のような話はたまにするが、そのような話ばかりしているわけではないので、真面目な文章として自分の価値観を残しておきたいと思うようになったのだ。これは誰かを否定するためにある本ではなく、そのことが家族にのみ向けられているわけでもない。

本書が否定本だとすれば全人類に適応されるわけだから、私にも同じように適応されるのである。本書はただ知るための本であり伝えるための本である。残念なことに日本の政治はどんどん破綻している。私はそれが今後さらに進み２０２５年ごろには今の日本は原形をとどめていないのではと推測している。日本が様々な意味でなくなってしまうと私は思っていて、本書は失われた日本を後世に伝えるためだと思って書くこととした。

いつも私の本では妻と娘に感謝の言葉を捧げて終わるのだが、本書は出版されたらぜひ妻に最初に読んでもらいたいと思っている。そして娘が年頃になったら読んでもらいたいと思っている。

目次

第二部 心の絶対法則 応用編

第三部 新型コロナ騒動と「心の絶対法則」

第四部　「あなたは因果を超えられるか？」

第一部

心の絶対法則——基本編

第1章「例題」

まずは法則を説明していく前に少し初級の例題をみなさんで考えてみてもらいたい。

●二人の政治家

たとえば対照的な二人の政治家がいたと仮定する。

一人目の政治家はこうだ。

その政治家は人が自由でそれぞれの個性を尊重し、不幸な人を減らし人々の暮らしを底上げすると述べている。税金は廃止し人々の負担を軽くし、我々政治家が市民の給料を上げるという。安全に食べられるものを増やし、安く輸入を促進し、平和国家を目指し軍隊に頼らない政治を目指し、沖縄の基地負担を助けてアメリカ軍は撤退させ、沖縄の人の気持ちに寄り添うとも述べる。ＴＰＰを廃止し、秘密保護法を廃止し、原発を廃止し、福祉を充実させ生活保護をみんなが取れるようにし、困っている人は積極的に支援を仰ぐように訴え、一時金をもっと出すようにする。児童虐待を防ぐために児童相談所を充実させ、女性の権利を尊重し強化し、人々が平等な関係の中で生きていけるように切々と訴えている。

もう一人の政治家はこうである。

強い日本を目指し、日本の歴史は捻じ曲げられていると主張し、憲法が日本を弱体化させていると述べている。経済は人のためといいながら実際には富裕層のための政治を行い、貧困層からはさらに搾取しようと増税し、搾取と気づかれないようきれいな言葉にいい換え、目的もごまかす。独裁者のようにふるまい、政治の場を私物化してメディアとも結託し情報操作を行う。賄賂を横行させ自分にマージンを流すようにしながら、人の賄賂に対して厳しい態度をとる。銀行からおカネをばらまくことで経済を見せかけの好況状態にし、自分の評価を高めるために外国に対して税金をばらまき、強いものに媚を売るために、さらに国民の税金で外国製のいらない買い物を進める。大事故や大事件が起こっても興味はなく、女をはべらかして酒池肉林を継続するのは、圧制者にありがちな精神である。

この例は特に誰ということで示したわけではなく、ありがちな政治家像を示したものだ。さて、ここでどちらの政治家がよいのか、と人々は考える。というより99・9％の人類はどちらかを選びたくなる。おそらく大半の人は前者の政治家を選ぶであろう。それこそが「心の絶対法則」を初歩から学んでいない証でもある。もし学んでいれば、前者のほうがより詐欺師であることを見抜くだろうし、どちらも選ぶ必要がないことに気づく。しかしそう指摘されると学んでない人は、物知り顔で反論する。「では誰を選べばいいのだ」「誰にだって問題はある」「前者のほうが人のためになることを述べているではないか」「対案を出せ」などとにかく様々な言い訳を述べる。それもまた「心の絶対法則」を学んでいない者の典型例であり、自分が「心の絶対法則」に振り回されていることには気づいていない。

さて、何が問題なのだろうか。

まずは後者から見てみよう。これは政治の世界でいう右翼型、保守型、ファシズム型の政治家をイメージして書いたものである。強い日本は国家第一主義をあらわし、王への従属を示し階級制を連想させる。日本の歴史は捻じ曲げられていると主張するのは独善的な思想の表れでもあり、歴史修正主義ともいわれ、支配者側に回りたい心理の表れでもある。富裕層優遇も私物化もメディアとの癒着も同じことで、見せかけの好況を作りだして国民をだますのは利益中心主義だからであり、外国で金をばらまいたり強いものに媚を売るのも、より強いものへの奴隷根性が根底にあるためである。このような圧制者にありがちな精神の目的はすべて自分を強く見せかけることにある。

こう書くとほぼすべての人類は「この政治家には何もいいところがない」と述べることであろう。しかし「心の絶対法則」を知ればそんな単純な話にはならない。

次に前者を見てみよう。こちらは逆に政治の世界でいう左翼型、革新型、共産主義型の政治家をイメージして書いたものである。内容としては共産主義、社会主義、民主主義を連想させ、市民としてはとても喜ばしいことが次々と主張されている。暮らしが底上げされると聞き、税金は廃止されると聞き、軍隊に頼らない平和主義と聞き、憲兵のイメージがつきまとう秘密保護法を廃止すると聞き、福祉を充実させ生活保護をみんなが取れると聞き、ほとんどの市民は悪い気がしないどころか大歓迎するだろう。しかしこちらもまた同じであり、むしろこちらのほうが罪は深いといっていいかもしれない。

第1章は例題のための章であり法則を示すための章ではない。よって法則とは無関係に、もっと単純に考えてみよう。

●それぞれの主張の裏側にあるもの

後者が非常に自分中心、自分の民族中心に見えることは否定しない。自分中心な者に対して自分以外の人間が抵抗感を示すのは自然の摂理である。現代の人間は見せかけの正義感や倫理観に縛られているため、右翼的なその主張の中に貴族奴隷関係を連想して主張を拒もうとするであろう。それは理解できるのだ。しかし問題にしたいところはそこではない。では、後者の政治家は日本を強くしたいと思っているであろうか、いないであろうか。癒着したいと思っているであろうか、いないであろうか。軍国化したいと思っているであろうか、いないであろうか。圧制者側や支配者側に回りたいと思っているであろうか、いないであろうか。そう問われたら大部分の人は答えを変える。個人の倫理観による勝手な解釈を除けば、思っていると答える人が大部分になる。ウソや問題点を指摘されても逆ギレするくらい悪への一貫性がある。つまりいっていることがいいか悪いかは別にして、この政治家は欲望に忠実であり正直なのである。

前者はどうだろうか。たしかによいことや実現すれば喜ばしそうなことを多数主張していることは否定しない。よさそうなことを主張していれば同意したくなるのは人間の浅はかさでもある。現代の人間は目先の利益にしか飛びつかないので、平等というイメージやあたえられるイメージがあれば拒むことはほとんどなくなる。しかしこちらの問題はどうであろう。前者の政治家にはどんな意図があるのだろう？　反対勢力からは、財源がないではないか、中国の共産主義は結局独裁ではないか、共産主義自体が一部の人間が利益を得るシステムではないか、ばらまきは自立性がなくなるではないか、日本が弱くなったら別の国が攻めやすくなるではないか、国家機密が保護されなくなったら別の国が得をするではないか、生活保護受給者ばかりになったら国力が衰退するではないか、といった問題が当然指摘される。そしてこの政治家はこれらの問題には決して答えないか、聞こえのよいことに話を逸らす。共産主義といいながら国会議員の給料を減らすことを提言するわけでもない。要するに都合のよいことだけ述べ、悪いことは隠すという二枚舌なのである。

この世界では都合のよいことやお金が勝手に増えるよなどという話をする人を詐欺師と呼ぶ。詐欺師は決して都合の悪いことや耳ざわりの悪いことは語らない。自分の人気を高め自分の評価を高めなければ、騙すための土壌を作ることはできないからだ。違ういい方をすれば、この人間は「心の絶対法則」の初歩の部分、一部分を無意識に使っている。人類という虫が何を餌にすればすり寄ってくるのか、ということを知っているのだ。かつてはヒトラーも毛沢東もそういう政治家だった。ヒトラーや毛沢東は笑顔で人を殺していき、彼らの二枚舌を指摘するものを嘘つき呼ばわりしたり、詐欺師呼ばわりすることで都合のよい歴史を作ったのである。

●真逆に見えても本質は同じ

そもそも例題の最初のほうに戻ってみよう。さて、ここでどちらの政治家がよいのか、と人々は考える、というより99・9%の人類はどちらかを選びたくなる。と書いた。ここがすでに間違っていることに気づけるだろうか。

そうである。どちらも選ばなくていいのだ。前者を選ぶ人は詐欺師に引っかかるだけの目先中心欲望主義、後者の政治家は欲望の権化で詐欺師であることさえ捨てた正直な目先中心欲望主義、それを選ぶ人はその甘い汁を同時に吸う者である。理想論で語るというならどちらでもない人を応援すればよい。誰もいないのならば、自分がその政治家になればよい。物知り顔で反論する人々は反論する立場に自己陶酔しているだけで、人任せで批評家の位置で満足している卑怯者の目先中心欲望主義にすぎず、つまり人類全体が目先中心欲望主義であることを、当初の段階で99・9％の人は気づけないのである。それすなわち、「心の絶対法則」の初歩を知らないということなのだ。

目先中心欲望主義は人間の本質的な根幹のひとつであるが、それは現実に対する直視能力のなさでもあり、自分のエゴイズムを直視できないことでもあり、現実を直視できない自分を決して認めようとしない、二重に恥ずかしい人類の姿でもある。日本人そして人類は「自分自身を直視できない自分」に気づきたくないのだ。

あなたは「炎上ビジネス」という言葉を知っているだろうか。意味的には「故意に炎上を起こし注目を浴びて売上をあげる商法」などになるのだろう。要するに問題を煽って人の感情を刺激して、それによって儲けたり情報を広げたり人気を得ようとする方法論という表現もできる。これ自体は明らかに存在するのだが、逆に同じ構図にも関わらず、もっとも問題なのは「正義ビジネス」であるともいえる。人の正義心という嘘に訴えかけ、儲けたり人気を得ようとする方法論も同じ批判がされてよい。しかし人類は自分にとって都合の悪いものを「炎上ビジネス」と呼び、「正義ビジネス」については、その偽善性について決して目を向けず認めない精神性がある。

なぜ炎上ビジネスが成立するのかといえば、問題が間違いなくそこに存在するからだ。問題があるからこそ「炎上ビジネス」も「正義ビジネス」も成立する。しかし人間という種族は優越感を求めるだけの劣等感の塊な生物のため、都合の悪いものは炎上ビジネスと呼び、切り捨てる。しかし、実際にはそこに問題があるだけであり、「炎上」だ「正義」だと呼び方が変わるだけなのである。

「心の絶対法則」を学ぶことは問題の本質をあぶりだす作業でもある。日本人の大好きな「言い訳」「自己正当化」「依存」をうち壊す作業でもある。本書はあなたを慰めたりするような本では決してない。我々が癌細胞以下の人類という生物であることを知り、全人類が例外なく愚かである、という現実を直視できるようにするための本であり、我々の傷口に塩を塗りこむような本である。

そのことを理解してから次章に進んだ方がいいだろう。

心の
絶対法則
【第1章】

◉人は現実を直視できない自分を決して認めようとしない。
◉本書は、読者の現実直視能力を問うものである。

第2章　「事実観察の絶対法則」

●人間を判断する基準は「行動」だけ

さて、ではひとつずつ法則と呼べるものを解説していきたいが、その最初はこの法則から始めたい。それが「事実観察の絶対法則」である。これは違ういい方をすると「すべての人間が語る言葉は嘘である」という法則である。きわめて簡単な法則であり、もっとも絶対性が高い法則でありながら、人類がもっとも理解できていない法則であり、日常的にだまされ続けている理由でもある。

これは心の学問の初歩だが、人間の心には表層心理と深層心理がある。人間の心はよく氷山などにたとえられ、表層は自分が自分だと認識している自分、賢いと思っているバカな自分である。そして深層心理は水の下側にある氷の部分であり、裏の自分であり、自分では認識できない自分である。どんな既存の臨床心理学の専門家であっても、このすべてを自己認識することはできない。というより臨床心理学がもっとも心において詐欺的分野なのだが、その意味は拙著『精神科は今日も、やりたい放題』（ＰＨＰ研究所刊）を読んでいただきたい。

話を元に戻せば、表層心理より深層心理の方がより根源的であり、欲求的であり、本質的であり、摂理でもある。我々はそうやって日常的に、表層心理と深層心理を使い分けている。

結論からいえば、人を判断する基準は「行動」だけである。逃避癖があり、深層心理が歪んでいる人に限って、必ず「人間個人にはそれぞれの価値がある」「平和と共存を望む人類は素晴らしい」「あなたは悪くないから自分を責めないで」などという。もしくは逆に「自分は能力がないからできない」などという言い訳ばかりを並べるものである。

人の深層心理を分析するときは、すべて行動のみを見て判断し結果のみを見て判断するしか方法がない。人の言葉は表面の醜い仮面、行動の方が深層心理を体現しているということである。そして歴史（それが人物であっても）を見てその人を判断するほうがよい。

●「ガラスのプライド」を守るために懸命な日本人

日本人の醜さぶりを象徴するのが「言葉を大事にしなさい」「言霊に気をつけなさい」「人にバカという人のほうがよほどバカですよ」などという言葉である。嘘つきや詐欺師は、表面を取り繕わないと自分の本性がばれてしまうからこそ、言葉を大事にする。またすぐに人のせいや他国のせいにしたり、インターネット上で人を誹謗中傷するのも、人間が嘘とうわさ話にしか興味がないことの証である。しかも、人を誹謗中傷する人間に限って、ＦＢやtwitterに自分の写真や本名の提示さえない。決して素性は明かさないのだ。

日本人がこうした行動をとるのは「ガラスのプライド」を守るためである。日本人、ひいては人類という種族は、不特定多数に向けられた文章であってさえ、自分のことを直接揶揄されているように感じてしまう。なぜなら大半の人間は後ろめたいことばかりやっているからであり、それを否定してごまかすためにはあらゆる手段を使う。そして、この文章を読んだ多くの日本人の頭には言い訳と文句が浮かんでいることだろう。

日本人は、実は心の奥底では自分が嘘つきであることを悟っている。だがそれを直視できないからこそ、核心をつかれることに耐えられず、言い訳して正当化することで自分の愚かさをごまかす。そして「でも」「しかし」「だって」など、とにかく嘘とごまかしをつき続けるのだ。

日本人は上っ面だけの人間たちであり、実は礼儀も知らない人種である。言論は、自分の身元を明確にして発信するのが基本だ。しかし現実にはＦＢで写真も出さない、仕事も不明、匿名の情報があふれている。ツイッターでも匿名で総理大臣をたたいていれば、情弱がその通りだとわんさか寄ってきて、一生懸命リツイートを流してくれる。それが気持ちよいのだろう。

きれいな言葉を述べる人の行動、匿名記事しか書かない人の記事の信ぴょう性を一度、じっくりと観察することをお勧めする。

人の表層意識と深層心理

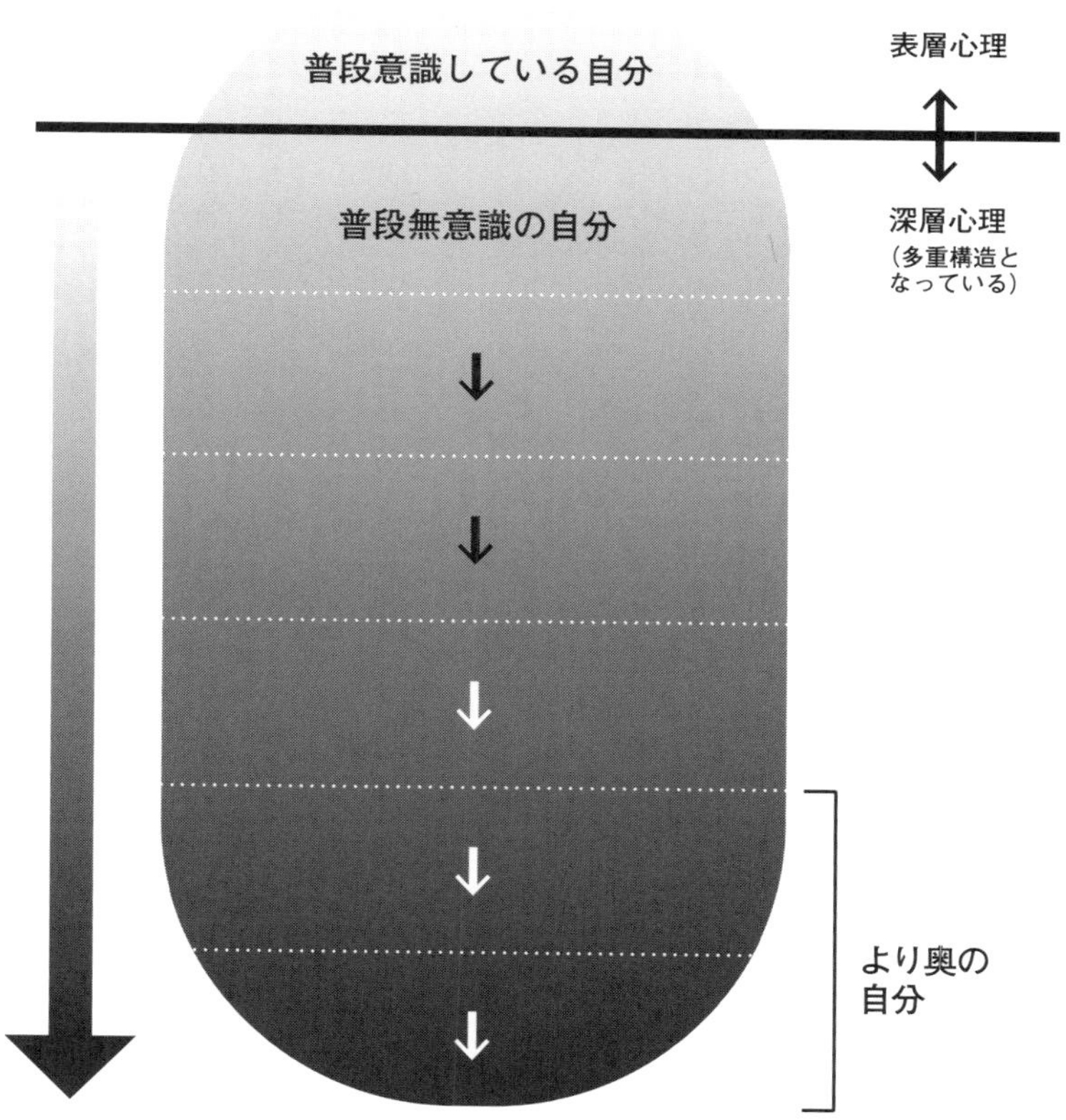

●醜いスピリチュアル系の言葉

もしかしたら他の国にもあてはまるかもしれないが、日本人は自分が住んでいる以上、日本に勝るものがあると考えることができない。調べればすぐにわかるであろう、日本の天皇の歴史、貴族の歴史、農耕の歴史、それらがみんな嘘だらけであることを、奴隷化された国民は決して直視しようとはしない。日本は素晴らしい国だと主張する自称愛国者たちの深層心理は、日本がいかに狂っていて素晴らしくないかを本当は知っている。だが、その深層心理を認めてしまうと自分のアイデンティティが崩壊してしまうからこそ、日本は素晴らしい国だと主張し続けるのである。

アセンションやスピリチュアル系の言葉もまったく同じである。彼らが次元上昇（＝アセンション＝アホンション）という言葉を使うとき、それは表面上、人類の向上を願っているように見えるだが、その裏ではいつも自分だけが上にいるかのような優越感の深層心理に浸っているのである。

もうおわかりかと思うが、主張やアピールの裏側には必ず、言葉とは真逆の深層心理が存在するのだ。これが「事実観察の絶対法則」の主となるものである。

●言葉はまったく判断材料にならない

このような深層心理とそれに基づく行動は、何か問題が生じたり、実際に仕事をさせたりしたとき、何かしら人が動いていると一目瞭然でボロが出る。あなたがもし相談業をしたいなら当たり前のようにボロを見抜けねばならない。

原発問題を直視しない日本人は論外としても、反原発で動いている人々にいかに嘘つきが多いかは、他の問題において反原発派が無知極まりないこと（たとえば医療や食の問題や後述する新型コロナ騒動問題など）によりすぐに証明されてしまう。彼らは反原発活動によって自分たちが甘い汁を吸うか、あらゆるものに対して恐怖心だけで動いているか、もしくは反原発を装うことで、自分が正しい場所にいるかのような錯覚に酔いしれているかのどれかである。

繰り返すが判断材料にならないのは、その人物が発する言葉、主張、などである。なぜ私がきれい事を吐く者たちを一切信用しないのか、それは彼らの裏側にある深層心理が透けて見えてしまうからである。きれい事を吐く人はその本質を指摘されたときほど、汚い言葉と行動をとる。態度が激変する瞬間は私にとってある種の快感だが、世の中ではそれを逆ギレと呼ぶらしい。

深層心理が人の行動にどう表れているかを知れば、世の中で動いているあらゆる物事を違う角度から観察できる。たとえば、「偽善」という言葉と行動は深層心理に絡む代表格だが、偽善ほど悪よりも何よりも不正直なものは存在しない。悪はよし悪しという点では問題あるかもしれないが、見方を変えればもっとも正直であることは間違いない。

つまり、偽善とは人間の深層心理を覆い隠した行動であり、偽善は必ず人の欲望をくすぐるものなのである。偽善は正しいと勘違いしたい自分への渇望であり、偽善ほどに善と悪を自分の主観的価値観で決めつけている行為はない。第15章で後述するように「心の絶対法則」においては、善と悪も本質的には存在しないが、初歩として偽善とは二枚舌の典型的行動といえる。

●言葉の裏側にある深層心理が行動に表れる

深層心理的に述べるなら、人間には根本的に「人を支配したい」という欲求しか存在しないことがよくわかる。この絶対法則も第6章で後述する。子どもに発達障害という病名をつける親や教師の深層心理は、子どものためという殻をかぶっているが、実は責任を逃れたい親の言い訳や教師自身のプライドを守るものでしかない。相手に頭がおかしいとレッテルを貼るときの深層心理は、自分の主義主張が相手より正しいと主張したいだけの醜さでしかない。親しき人や伴侶や親の病気をよくしたいと主張するときの深層心理は、いい人に思われたい、偽善を働きたいという心理に支配され、実は己の支配欲の強さがその行動につながっていることを直視できてはいない。

こうやって考えていけば、もはや主張するという行為自体が、もっとも幼稚な行為であるという考え方が成立する。正義を主張するという行為も、「〜べきである」という言葉を使うことも、人に聞いてほしいという願望そのものも、深層心理のいかなる部分から発生しているか、目を凝らして観察してみればよい。

本来、正義などというものが本当に存在するのであれば、それは主張しなくても達成されるであろう。だが、この世で正義が普遍的に達成されたことなど、歴史上一度としてない。人類社会ではもっとも人を殺したものが正義を名乗る資格を持っているのだから。

結局、主張するという行為は「誰かのためである」ことを装っている行為である。そして「誰かのためである」ことを装うのは、深層心理が自己を満たすためであるといえるだろう。

●行動しない日本人が不幸なのは当然

いま、世界は滅亡時計がすすみ破綻寸前らしいが、それでも人類とはポジティブシンキングという詐欺ばかり言葉にする嘘つきである。「私は世の中の矛盾が許せません」「子どものために頑張りたいです」などという親たちも所詮同種である。

これは私事だが、たとえば社会毒の話をすると、「何を買えばいいんだ」「買うものがないので不安をあたえないで」「考え過ぎると余計体調が悪くなる」「じゃあどこで買えばいいんですか?」などとたんに文句が始まる。じゃあ買えるところを作るよと、私(内海聡)自身が直販のセレクトシヨップを作って、自身の理論に基づいたよいものを紹介したり、宣伝したり販売したりしてそれで一銭でも稼ごうものなら、「カネ儲けのために嘘をついている」「カネ儲けのために不安をあおる」「売名行為しか考えてない炎上ビジネス」とまた批判される。そのことに私は少々うんざりする一方、虚無主義者としての快感も感じている。

その通り、私がしていることは売名行為であり、儲け主義で結構だ。

文句をいう人は、私のことがうらやましいなら、自分たちもそういうショップを作ったり、いろいろオカルト商品や面白い商品を探して販売して、売名して儲ければいいことである。会社の立ち上げも、雇用も、叩かれるくらい有名になることも、誰にでもできるし簡単だからやればよい。在庫管理も、在庫リスクを抱えることも、初期投資のために借金するのも、評判について全責任を負うのもたいしたことではないのだから、ぐだぐだいう前にさっさとやればいいのだ。口で批判するだけの人間は、決して行動に移さないとは思うが。

口ばかりで行動を起こさず、都合のよい情報だけを集めて自己を正当化させる。こうした人類の本質を何も知らない日本人が、いつも不幸なのは当然のことなのである。

●知ることや知識は無価値である

日本人は、自らは努力せず、努力して成功した人間を見ると妬みの感情を抱き、成功者の失敗や転落を喜ぶ。金持ちになりたいのならつまらない外聞や恥を捨てて、リスクを取って、誰に嫌われようが構わずに行動すればよいだけだ。これも言葉に惑わされず、事実観察をしていれば嘘つきかどうかすぐにわかることである。

そういえば、「引き寄せの法則」という究極の嘘つき理論があるが、これは後述する「周波数の絶対法則」を歪めて伝えているだけの概念でしかない。我々人類の抱えている問題はそんなレベルの問題ではないのである。このこともまた第3章で後述しよう。

現代日本人は、陰謀論者やネット市民に代表されるように、知識があっても行動することができない者ばかりである。これは知識が多ければ多いほどその傾向が強まることに特徴がある。彼らはインターネット上に何かを書けば行動していると勘違いする。知ることや知識があることは、いまの日本においても、人類として成長していくうえでも、ほとんど無価値であると断じてよい。

たしかにある程度の情報は自分で集めれば判断材料にはなる。それはインターネットや書籍などにより集めることができる。だが、知識というのは繰り返すようにそれ以上の価値はないのである。

世の役に立つにも、世界によい影響を広げるにも、人類として成長するにも、繰り返すが知識だけでは役には立たないのである。知識は思想と行動につなげていかない限り何の役にも立たない。ただ自分の思想があればよいわけではなく、行動が必要なのである。

●「責任とれるのか」は責任から逃げるための言葉

論理的な思考を持てば思想を豊かにできる、と勘違いしている人々が多い。だが、そんなことは初歩中の初歩であり部分的な嘘でもある。そもそも論理的思考がこの世界を根本的に改善してきた事実はなく、地球と世界は疲弊しきっている。先住民や野生動物を見習えとたびたび他の著書で述べてきたが、彼らは論理的思考というより真理を本能的に悟って行動に移していた人々だ。

まず人類は様々な知識の中で自分にとって必要なものや、より「法則」的なものを選択できるようになる必要がある。ただやはりこれも同様に、選択だけしても意味はない。選択するだけでなくそこにはリスクもいとわない確固たる決断が必要であり、これは自分自身のみが行わねばならない。他のいかなる人であってもこの決断を肩代わりすることはできない。そして決断のみが事実観察につながる行動を誘発する。

だがほぼすべての日本人は、選択に少しでもリスクが生じると「あなたが責任とれるのか」という、愚劣極まりない言葉を平気で口に出す。自らの問題に対して責任がとれるのは自分のみである。

抗がん剤を投与して死のうとも、それは自分の選択した道であり、治ろうが治るまいが己が選択したならやればいいことだ。情報などその辺に山ほど転がっているのだから。決断に自分の責任が伴っているからこそ、本当の意味で後悔のない行動がとれるようになるのである。しかし、日本人はどこまで行っても自分で責任をとるのが嫌いらしい。だから私は医療の嘘に引っかかりたい人は、どうぞご自由にと思ってまったく相手にしないことに決めている。

●炎上した発言の裏にある事実

私のいろいろな発言はどこでも炎上しているらしいが、そのひとつに「障害者の親は一生反省してもらってけっこう」というのがある。このことへの理解は決して世界の人類にはできないと確信している。私は今でもこの発言に対して何の後悔もしていない。

人類は「自分は間違っていない」「自分は悪くなかった」と思いたい念でいっぱいであり、それもまた「心の絶対法則」のひとつであることを知っているからだ。まさに、こうした私の発言にどう反応するかは、それぞれの人を見るうえでの試金石でもあり、私にとっては人類や日本人を見るうえでの試金石でもあった。

上記の発言について、あえて一言で説明すれば、知らなければ反省しなくてもよいのかということである。人類は地球を汚し続け、妊娠前の自分たちの体を壊し続け、七世代に渡って引き継がれていくものに影響するのを忘れ、便利や欲望や金銭のためにこれらを追求し続けた。その自分たちの行動が子どもへの悪影響を作りだしたのだ。にもかかわらず、自己正当化を繰り返し続けたという事実が積み重なって、障害の子どもたちは増え続けたのである。悪意はなかったにしろ、自分自身の行動が障害児を作ってしまったということだ。いや、悪意はなかったではすまされない。私は本当の親たち、子どもの改善に真剣に努力した人たちは、一生反省していることを知っている。

現代の日本では、精神医学や脳科学は嘘をつき、子どもを薬漬けにして適当な病名をつけている。誤解を恐れずにいえば、そこにはワクチンや食毒によって子どもを殺そうとする醜い人類の思想が横たわっている。先住民の社会や少し前の日本にはまったくといっていいほどいなかった障害児が多数生まれ、放射能に代表される猛毒を世界に広げきっているが、そんな現実を見てもまだ、己たちが病気を作り出しているとは思わない。これは御用学者やメディアに洗脳されただけではなく、人類自らが自分の悪と罪を認めたくないゆえである。

「私は知らなかった」と被害者面する親が多いが、我々親は被害者ではなく加害者なのである。もし本当に反省できる親がいるとしたら事実だけを見て、「障害を認める」「個性である」など、決して正当化を繰り返したり言い訳したりしない。自分が親なのに「自分の親（親の親）に責められた」「障害児の親の苦しみなどわからない」などと恥ずかしい言葉は決して発しない。「障害が個性である」という業界がふりまいた嘘など見抜き、決してそんなことはいわないのである。

●自分の中の奴隷根性を認められるか？

ここで、ややオカルトのような話を提示しておこう。これは宗教学的にとらえても結構面白い。なぜ、人類は「反発」「正当化」「言動不一致」「依存」をしてしまうのか。これらの絶対法則については後述するが、先に答えをいってしまうなら、「人類は歴史的に生まれたときからそう設定されている」からである。これは神が作ったという安い話でもなく、進化論の通りに進化してきたという嘘とも関係ない。もし仮に、このオカルトっぽい話にあなたが乗るとしたら、いったい「何者」がそれを設定したのであろう。それを言葉にするのは難しい。それは後付けで、神と呼ばれているかもしれないし、ある人は宇宙人と呼ぶのかもしれない。宗教の神ほど悪魔的なものは存在しないが。

農耕が始まってから急速に肥大化した貴族制の中で、支配者が徹底的に刷り込んだものが奴隷根性である。奴隷とは、「人間でありながら、人間としての名誉、権利、自由を認められず、他人の所有物となる者」がその定義だ。その奴隷根性から後述する「反発」「正当化」「言動不一致」「依存」などが生まれる。ではなぜ農耕は生まれたのであろうか。正史では人類の歴史は700万年といわれているが、なぜ狩猟採集のままではなかったのか。なぜ農耕が本質的に生まれ、なぜ所有制が生まれ、なぜ急速に身分制度が生まれ、なぜ王族制が生まれ、なぜ奴隷を救うと称した宗教が生まれたのか。その宗教がなぜ世界のもっとも大きな戦争の原因なのか。世界中にあるオーパーツやミッシングリンクは何なのか。なぜ謎はいまだに解明されないのか。

もちろん私もその答えは完全にはわからない。多くの考古学本を読んでも謎が解けることはない。どの学説も人類ごときが作った中途半端な理論であり、そもそも人類自体が嘘つきだらけの中で、参照になるものがないのだから当然といえば当然である。だから、わからないものはわからない。それで終わりなのだが、少なくとも「心の絶対法則」からわかっていることを述べるのなら、「人類は当初から奴隷として作られた存在である」ということである。誰が作ったのかよくわからないし、高次元の生物かもしれないし、宇宙人かもしれないし、それさえよくわからないが。

ただ、マンガであれ映画であれ何であれ、何の脈絡もないところから生み出されてくるものではないと私は思う。マンガを見て多くの人が「豊かな発想だ」と思うかもしれないが、そのほとんどは人の深層心理からくる記憶から引き抜いているのだ、と私は思っている。つまりマンガや映画の話は形を変えているだけで、古くから宇宙人の存在を示す記載や、人類が他者によって作られたかのような記載は、必ず意味があるものだと表現できる。

さて、私の想像がある程度でも本当だったと仮定しよう。そのとき、果たして人類は「自分が奴隷として作られた」ことを受け入れることができるだろうか。おそらく99・99％以上の人類には無理であろう（それがなぜかも後述する）。この妄想はそう外れていないかもしれない。奴隷として作られたレベルの存在だから、欲とコンプレックスまみれの人類は常に争いばかりを起こし、いつまでも進歩することができず、本書で延々と述べるようなバカっぷりを体現することしかできない。

●無価値だから、ほんの少し価値がある

このようなオカルトに聞こえる思考の原点も、よく考えてみると私の虚無主義思想から発生しているのだろう。

私がこれまでの人生の中で虚無主義を強めていく中で、二つだけ虚無主義でなくさせる事柄があった。ひとつは妻と結婚したことであり、ひとつは娘が生まれたことであった。私は結婚当初、子どもはあえて作らなかった。私にとって、子どもなどは何の価値もない存在だったからであり、欲しくないと思っていたからである。私は他の人と比べても、陰謀論みたいなものに気づいたのが特別早かったわけではない。その後、子どもが生まれて人生観が激変したのは他書に記載する通りだが、これを後述のグーミンで表現するなら、私は「虚無主義にさえなりきれていないグーミン」ということになる（笑）。

虚無主義があらゆる価値観を認めない思想であるなら、自分が奴隷であることに気づくのはそう遅くはない。まさに映画『マトリックス』にあるように、論理ではなく本能として、人類が、そして私自身が奴隷であることを痛感し、奴隷であるべく作られた存在であることを痛感する。そしてこれをあらゆる時代の人々が痛感してきたからこそ、この世の哲学や芸術なども存在してきたといえよう。私は医者としていろいろ知識を集めてきて、男でもあり、どこまでも理屈っぽい左脳思考が抜けない性格だ。それでも、論理だけでは説明できないものが存在することはわかる。左脳思考の私でさえ思うのだから、本書を手にとるあなたなら、どれくらい自分が奴隷であるか想像がつくはずだと思うのである。それが「事実観察の絶対法則」を知る第一歩だ。

なぜ人はいさかいを起こし、人類は進化どころか進歩することさえできないのか。進歩とは、科学の発展などという退化とは無縁である。唯一無二の知性をもつ人類とやらが、進化はもちろんのこと進歩もできない理由は、「種としての奴隷」であることに気づけておらず、自らの正しさは一片たりと存在していないという事実に気づけていないからである。これは虚無主義の先にある思想と同じだ。虚無主義を心の中に満たしていくとその次に見えてくるもの、それはひたすら価値がないこの世界において、逆にあらゆるものは等しく「ほんの少しだけ価値がある」ということである。そこで見つける価値には垣根というものは存在しないのだ。価値観に価値があると述べるから価値がなくなるのである。「正義」とか「正しい」という言葉を吐いた瞬間にそれは正義でなくなるのと同様、すべての無価値がわかるようになるからこそ、ほんの少しの価値が見えてきて、その結果、物事を許せるようになる。

大宗教はこの点で決定的な間違いを犯しており、それが大宗教の大宗教たるゆえんといえなくもない。盲目的に誰かを許せといわれて許せるなら、人類はもとから奴隷ではないし、もっと進歩している。宗教とは奴隷をずっと奴隷としてつなぎとめておくための教義であり、さらには、あらゆるジャンルの教養が奴隷を奴隷としてつないでおくための道具である。その意味で、もっとも悟りから縁遠く、何もわかっていないながらに人類を騙したのが、三大宗教の教祖である、といえなくもない。これもまたニーチェの虚無主義思想に通じる。そして、医学、栄養学、食学、経済学、統計学、哲学、心理学、人類学、考古学、工学、理学、法学、軍学その他、あらゆるものは奴隷を奴隷であるように設定するために己自身が作り上げた、壮大なペテンでしかない。この発想がこの世界では「オカルト」ということになるのである。

●人類の社会制度そのものが奴隷制だという事実

仮に日本人は奴隷ではない、人類は奴隷ではないと誰かが定義しても、法則と事実を変えることはできない。社会構造上、全人類が奴隷のように何千年もふるまって結果を残してきたのだから、奴隷以外にいいようがないのである。こういう単純な結果にこそ宇宙の真理とやらが存在するのではないか。

宗教に宇宙の真理とやらが存在しているなら、「神に従いなさい。捧げなさい」という教え自体、奴隷化の最たるものであって、神は人類を奴隷として想像したことになる。しかし人類はどこまでも勘違いし、宇宙の真理を理解して悟っているかのように装う。宇宙の真理を理解するには人類が宇宙の真理をまったくわかっていないことを自覚するよりない。

もう少しやさしく述べてみよう。人類全体が大した存在でなく、自分など癌細胞以下のゴミだとわかれば、いちいち人に何をいわれても気にならない。かかわっている誰とも特別深入りしないだろうし、誰が正しいとか、そういう発想もなくなる。誰に特別感謝するとか、そういう発想もなくなる。どの業種だからとか○○すべきとか、プロフェッショナルであるとかアマチュアであるとか、こうしたことはどうでもいいとしか考えなくなっていく。そしてよくいえばサバサバしているということだろうが、少なくとも多くの点で執着から解放されるだろう。

●「自分の醜さ」という事実と向き合う

人類が優しさを身につければ平和が訪れるか？　そんなことは、世界はもとより狭い社会の中でさえ達成されたことはなく、事実と歴史が証明している。人類が「優しさ」とか「正義」などと聞いたような建前ばかりをホザイテいるから、あらゆる争いが起きているのである。

表面的には、私が現在の行動をとっている目的や理由は、すべて自分の子どもが生まれたことにあると、多くの書物に書いている。子どもが生まれなければ世の中の仕組みがわかったところで、変革や社会活動に類する行動などとることはありえなかっただろう。しかし自分が思う限り、私がこの行動をとっているもっとも重要な要素は、自分の虚無主義を満たすためである。

違ういい方をすれば私は自分の心に忠実でいるよう、努力したいからやっているだけであり、その努力を無価値とみなす矛盾した自分への自嘲でもある。欲望的なことも人をバカにしたり虚仮にすることも、そうでいながら人助けとおぼしきことを部分的にやっていることも、その矛盾自体が自分自身であるからだ。そこには正義があるのではなく、任侠のような世界観があるのではないかと思う。汚い言葉は使っても詐欺師にはなりたくないわけだ。少なくとも、自分が正義だと思っていないことだけは確かである。

結局最初から最後まで結論は簡明だ。若干、話が事実観察と逸れてしまったかもしれないが、人の醜さの原点は「自分の醜さ」を心から理解していないことであり、その事実に向き合っていないが故である。もっとも初歩であり基本であり、「心の絶対法則」を理解するための第一歩は、人類と自分が何ひとつ役に立っていないという「事実を観察」することから始まる。

心の絶対法則

【第２章】

◉人間を判断する基準は「行動」だけである。

◉言葉は往々にして表面を取り繕っているだけで、その裏には真逆の深層心理が存在する。

◉まずは「自分の中の奴隷根性」という事実と向き合うことにより、多くの執着から解放される。

第3章 「周波数の絶対法則」

●量子力学と心の関係

私は西洋医学としては消化器内科（胃腸科）のオーソドックスな医者だったが、基礎となっている治療技術は東洋医学であり、思想学であり精神学である。私の活動は12年が過ぎ、精神医学反対運動から始まり、たくさんの薬物中毒患者を診てきた。私が医原病と薬害の専門家であるというのは、治療技術や方針におけるもっとも重要な点である。代替療法をやる医者はそれなりにいても、医原病と薬害の専門家などという儲からない分野をてがける奇特な医者は今や一人もいない。その特殊な医学概念においては古典医学的発想、および周波数の考え方＝量子力学的な考え方を避けることはできないのだ。

ということで、人間の心と体を支配する「周波数の絶対法則」を紹介しておこうと思う。

本書は「心」をテーマとしている。しかし心と量子力学という科学がどうつながるのか、まったくイメージできない読者が大半であろう。心と量子力学が実は密接に結びついていることは、世界の最新科学の世界では常識である。

量子力学とは物理学の話でありアインシュタイン物理学の次の理論として出てきた、新しい考え方だと思えばよいかもしれない。もちろんアインシュタインの時代にはすでに存在したのだが、アインシュタインは部分的にそれを否定した。それがようやく今、時代が追い付いてきたといっていいのかもしれない。ただ、私は物理学者ではないのでより詳しく知りたい方は、量子力学の成書をお読みいただきたい。現在では「量子力学なくしてこの世あらず」とまでいわれており、シュレーディンガーやディラックの方程式が有名であり、量子コンピュータも開発され、身近なところではパソコン、携帯電話、レーザー光線や半導体は、量子力学理論の応用で開発されている。

●物質はすべて波の固まり

心と量子力学の関係を説明する前にまず量子力学の考え方を簡単に説明する。

従来の物理学では原子や分子、電子、素粒子などの位置と運動量の両方を、同時に正確に確定することができないというのが原理であり、原子や電子が粒子としての特徴をもつと同時に、波としての特徴をもつのが有名な概念だ。逆に光や電波のような電磁波もまた、波としての性質を持つと同時に粒子としての特徴を持つのも有名な概念である。一般に、光や電波のような波と原子のような粒は別のものと考えられているが、量子力学においては「粒は波であり波は粒である」という矛盾するかのような概念が基本中の基本なのである。このような性質をもっている量子という概念を導入すると、量子の確率分布を数学的に記述することができ、粒子や電磁波の振る舞いを理解することができる。

粒子だと思われていた原子を構成する電子と量子は似たような扱いをされることが多く、電子も波のような波動性を持っているとされる。いまや周波数（いわゆるヘルツなどに代表されるもの）に着目し、人やモノやあらゆる物質が発している周波数（＝波の指標のひとつ）が、万物を形作る基本要素だととらえる考え方が、量子力学の世界では一般的となっている。

そういわれてもピンとこない方も多いだろう。簡単にいうと、たとえば人間の細胞を構成する原子は、かつては粒だと思われていたが、実は光のような波でもあるということだ。つまり、原子レベルで見れば、人間を始めとした物質も光と同じ波の固まりである、という理論である。

他に「エントロピー」といって、無秩序の度合いを示す物理量に着目して万物をとらえる概念もあり、物質の持つエネルギーとしての右回転エネルギー、左回転エネルギーに着目する概念も存在する。これはオカルトなスピリチュアルの話ではなく、物質はすべて波の固まりだととらえる量子力学上の考え方の一部だ。シュレーディンガーは生物が誕生した状態ではエントロピーが小さく固まった状態で安定しているが、生きている間に様々な刺激を受けることで変化し、やがて違う場所で拡散しながら安定すると述べている。

●量子医学という領域

人間の身体も波の固まりである、という考え方を医学に応用したものが、量子医学と呼ばれる領域だ。海外では多くの国家機関（ヨーロッパが多い）が量子力学に基づいた研究や開発を行っている。だが日本ではいまだに「オカルト」として片づけられており、日本の科学研究は30年～40年遅れているとみなさざるを得ない。量子力学やそれを応用した量子医学の考え方は、既存の研究や二重盲検試験（医学、薬学、栄養学などでもっとも重視する研究法）ではつかめないし、その統計体系をそもそも必要としていない。このような量子力学的な考え方は、既存の科学とはだいぶ違うものだ。

しかし量子力学の理論をきちんと理解しようとすると、大学や研究機関などで小難しい方程式などを勉強しなければならず、一般人がそれを知るのはとても困難といえる。そもそも私も物理学者ではなく、量子力学の専門家ではないため、偉そうにいえるほど中身を突き詰めているわけではない。よって、私も一般人の場合も、小難しい各論よりも、何が基礎でありどんな量子力学の基本法則を実践的に利用しているのか、と考えることが大事である。私も治療への応用がメインであり、実学として活用することが大事なのである。

その観点で量子力学を見たとき、大きく三つの基本法則を学ぶことが大事になる。これが絶対法則につながり、正直、今までの話がわかりづらければ、この三つだけを意識すればよい。シュレーディンガーやディラックの方程式など私たちは知らなくてよいのだ（物理学者ではないのだから）。その三つとは以下の通りだ。

1．量子基本理論：「粒は波で波は粒」はすでに紹介したがこれは覚えるしかない。重要なことはなぜこの考え方を用いるかということである。物理学書などには、量子という概念を導入すると、量子の確率分布を数学的に記述することができ、粒子や電磁波の振る舞いを理解することができる、などと書いてあることはすでに述べたが、私なりに翻訳すると、両方の特徴を持つ量子という概念を仮想的に導入すると、世の中の目に見えるものだけでは説明できない、いろんな事柄が説明可能になっていくと解釈すればよい。これは唯物論に対する強力なアンチメッセージでもある。

2．相似形の絶対法則：粒と波のどちらがより物理的かというと、おそらく波のほうではないだろうか。だから我々は中学物理で波や周波数のことを習ったわけである。この波や周波数には科学的な特徴がある。それは再現性がある特徴であり法則と呼んで差し支えないものである。そして万物には周波数が存在し、万物は固有の周波数を持っている。身近なものでいえば、クオーツ時計は水晶の持つ周波数を時間の計測に利用したものだ。固有の周波数は同じ形態を成すことも科学的に証明されており、近似した周波数は引き寄せ合うことも証明されている。その固有の周波数を水など変化しやすい物質にかけると、固有周波数が持っている形に変貌する。水に固有周波数をかけるだけで螺旋の形になったり、砂に周波数をかけると固有周波数の形に形態変化する。これは簡単に実証できることであり、YouTubeなどでも見ることができる。つまり同じ周波数を持っていれば形がどんどん相似形になっていくということであり、このように周波数が同じだと同じ形になる科学的特性を、相似形（フラクタル）理論や「相似形の絶対法則」と呼ぶ。

3相殺の絶対法則（ノイズキャンセル理論）：物理は波を重視し周波数を指標とする。そして、周波数は相殺することが可能であり実際に多くの技術として使われている。相殺方法としては、位相が逆転された周波数をもとの周波数に掛けることによって打ち消される。この方法論は多くの古典医学や波動医学的技法に使用されており、これを「相殺の絶対法則」やノイズキャンセル理論と呼ぶ。

●東洋医学などの古典医学は量子医学である

「周波数の絶対法則」はこの三つが基本理論となるが、これを採用して医学に適応しようとする分野が、量子医学とか波動医学と呼ばれる分野である。この分野で日本が大幅に遅れているのはすでに述べた通りだ。ロシアやドイツをはじめとするヨーロッパには数々の研究機関が存在し、医者と物理学者が共同で研究し、国費を投入されている分野なのである。では、この分野はヨーロッパが進んでいるのかというと実は違う。量子医学について学んでみればわかるが、これは結局、古典医学を焼き直しただけに過ぎない。

体全体のつながりを重視する東洋医学、アーユルヴェーダ、チベット医学、ホメオパシー、アロマテラピー、自然療法、その他多くの古典医学がやってきた治療は、量子医学であると表現できるのだ。現在の量子医学はそれを数値化して可視化することを重視しており、機械化しており商品化もされている。かつては膨大な経験と知識が必要だった古典医学を、誰にでも適応できるよう数値化しているわけである。

もともと生体には生化学的な物質（タンパク質とかビタミンなど）の影響だけでなく、電気エネルギー、熱エネルギー、磁場エネルギー、生体光子、電子など様々なエネルギーが働いている。電気が流れれば磁場が形成され、磁場は人体の電気信号の指標でもある。現在は物理学が進むことにより、人体が持つ微弱な磁場を、量子トンネル効果を利用することによって、機械で可視化できるようになった。そして生体にはこれらのエネルギー伝達に関して、体液や栄養の交換、神経の電気信号でのやり取りだけでなく、臓器間はもとより細胞同士のエネルギー伝達ルート網があることが明らかになってきた。細胞の構造は袋のように閉じ込められた構造ではなく、細胞核から細胞膜を貫通して枝としてつながっており、インテグリンという物質によって基質や結合組織がつながっていること、フィラメント用の細胞膜構造があることも明らかになってきた。

これがいわゆるエネルギー医学と呼ばれる分野の根幹である。つまり結合組織はコラーゲンの集まりではなく、あらゆる意味での情報回路であると世界では認識されつつある。なぜ我々は細胞が反応した、という言葉を使うのか考えなければならない。そして、この情報経路の大動脈こそ14経絡であり、古典医学ではチャクラなどと呼ばれる領域である。細かい理論は解明されていずとも、古典医学は経験的にこれらを利用してきたのだ。このような流れから、いま、ヨーロッパやカナダ、アメリカ、もちろんアラブ地域やインド地域では古典医学の見直しや再評価がされている。

量子医学はその特性上、現代病・慢性病・精神疾患・心療内科疾患、アレルギーや免疫に関する病気への応用が期待できる。西洋医学（＝アロパシー医学）だから悪なのではなく、救急疾患時や一時的に危険な状態のときは西洋医学が有効なわけだから、そのようなケースの場合は西洋医学を使う。量子医学は西洋医学では治せない病状に強いということなのだ。そして本当の量子医学は古典医学と同様、すべてオーダーメイドであり個別の病状に対応することができる。だがその一方で、むしろ日本においては古典医学（＝東洋医学）の多くが西洋医学に尻尾を振り、西洋医学的体系論からしか治療を実践できなくなっているのが現状だ。日本の東洋医学者の99％は基礎をまるで知らない人々であると断言できる。

●フラクタルという世界

「周波数の絶対法則」が重要である理由は医学に応用できることだけではない。特に私が重視しているのはその中の理論のひとつ「相似形の絶対法則」である。この法則は人間の身体に起こる問題だけにとどまらず、社会全体のあらゆる相似を示しているからだ。

それでは相似形の絶対法則の例を挙げてみよう。

たとえば……

・地球が汚れ海が汚れ川が汚れていることと、
人体が病気となり体中のいたるところに社会毒があり血液が汚れていることは同じである。

・農業で農薬を使い虫を殺し生命と土を破壊することと、
人体にクスリを使い腸内細菌などを殺し医原病を導くことは同じである。

・日本中の海岸を原発にし放射能を拡散し塩を日本から奪ったことと、
治療で放射線治療しホルミシス治療をし栄養不足にしたことは同じである。

・土に肥料を入れ堆肥を入れて野菜に虫がわき色が濃くなり腐る野菜ができることと、人体にサプリ等で過度の栄養を入れ続け、構成が崩れ健康に見えるが実は平均寿命が下がることは同じである。

・地球上で人を宗教や肌の色や特徴や考え方で差別することと、精神医学で精神病名や発達障害などの病名をつけることは同じである。

・地球上で食べる量以上に動物を虐殺しペット産業を作ることと、支配者層が市民をむだに虐殺し奴隷として扱うことは同じである。

・政治や国家において右が正しい左が正しいなどと述べていることと、肉食がよいか草食がよいかどのような食べ方が正しいかなどと述べていることは同じである。

・人類を叩いても叩いても人口が増え自然を破壊しはびこることと、がんを抗がん剤で叩いても叩いても増え、ウイルスや細菌が耐性菌としてはびこることは同じである。

・世界で空中核実験が繰り返され成層圏が汚染され宇宙線が地球に降りそそぐことと、

人が経皮毒や界面活性剤にやられ皮膚の防御作用が喪失されることは同じである。

・地球上の海水が組成として人体に近かったり海と陸の比が7：3くらいであることと、人体の水分の組成比が65％～70％くらいであることは同じである。

・地球で地震が起こったり雨が降ったり火山が爆発したりすることと、人体で吹き出物が出たり発疹が出たり下痢をしたりすることは同じである。

となる。

●フラクタル的思考の本質

ここで私が教わった東洋医学の言葉で技術よりも大事なことがあるのでご紹介しておこう。それは上医、中医、下医の話である。

下医は一般的に病気を考えたり病気をよくしようとする人を指す。対症療法をして目先の症状をよくしようとする人などが典型例だが、病名に準拠して治療してしまう人を指すこともある。

中医は病気ではなく病人を診る人を指す。病名や症状にとらわれず、その人の人間像、精神性、人間関係、生活、食事環境など、人として生きることに直結しているあらゆることに目を向けて、その人をよくしようとする医者を指す。しかしここで重要なのは、これが中くらいの医者であり大した医者ではない、と定義されていることである。

上医とは人を見る医者でさえなく、社会をよくする人であり政治をよくする人であり、地球環境をよくするような人を指す。我々の社会が病んでいるから人の病気が増えるのであり、環境が汚れているから現代病が増えるのであって、たとえ人を診て治療しても、そんなことは小手先の対症療法に過ぎないという考え方である。私もまだまだ大したことはできていないが、この上医、中医、下医の教えは常に意識するようにしている。

●ニセ量子医学にだまされる人たち

量子医学は量子力学の応用だが、一番の特徴は周波数の原理を利用しようとするところにある。周波数という観点から人体を見ることにより、既存医学とはまったく違う治癒の方法が生まれたのは事実だ。

しかし「量子医学」という言葉を使うと仰々しくてうさんくさく感じる人が多い。なぜかといえば、量子医学というジャンルには実際に胡散臭いことをやっている人が多いからだ。現状では波動医学や量子医学などという言葉が独り歩きし、代替医療で金儲けを狙ってる人間らによる詐欺の温床になっているといって過言ではない。このような詐欺にサクサクと騙されるのも、「周波数の絶対法則」を日本人が知らないからである、と断言してよい。ここでよくある詐欺の例を挙げてみよう。

・量子波で治る
・愛の周波数がある
・愛の波動を持てば病は消える
・528Hzは愛の周波数
・440Hzは悪魔の周波数
・963Hzは宇宙とつながる周波数
・この水は波動水
・転写した水は危険がない
・○○機で波動当てたら治った

ここにあげた例はほぼすべて嘘である。しかしこれを指摘されると似非療法で儲けている人は困って、愛や感謝や言霊などといったオカルト概念を持ち出し、さらに詐欺理論を重ねるという手法に出る。右記のようなことをいう輩たちは、間違いなくただの詐欺師である。

具体的に見ていこう。まず量子医学とはそれぞれの体質やそれぞれの体、精神が持つ周波数に対応しなければならない。古典医学がオーダーメイド医学といわれるゆえんでもある。

病気自体にもそれぞれ固有周波数がある。その固有周波数がばらばらであるがゆえに、それぞれの症状や見え方が異なることになる。逆に症状や見え方が近いもの、裏に隠れている原因が近いものは病名が違っても、周波数が似通っていることもある。それをそれぞれの身体に合わせて診断していくのだ。そのため本来の量子医学では西洋医学の病名などどうでもよく、準拠するものでもなく末端情報くらいの認識でしかない。

そして前述した量子医学の基礎として「ノイズキャンセル理論」があるが、その理論を応用してある人の病気や精神状態に対して、反転した周波数を掛けて病気の治療をしていくことになる。化学系の医学や薬学の場合、ある物質がこの部分に効くということしか述べないが、これは非常に幼稚な理論である。このことは後述する「総合素因論の絶対法則」で詳しく述べよう。量子医学はこの考え方ではなく、反転や相殺が基本でそれを掛けるだけである。とすればこちらも幼稚といえば幼稚なのだが、すべての治療法にもまた周波数があり、相殺する条件が整っているかが重要になる。すべての要素を考えながら最終的に反転に持っていくことを考慮する部分が、全人的医療とかホリスティック医療と呼ばれるゆえんだ。

これが理解できれば「量子波で治る」「愛の波動を持てば病は消える」「〇〇機で波動当てたら治った」などの、安直な話はすべて嘘であり詐欺であることがわかる。量子波で治ると宣伝している輩たちのほとんどは、単一の周波数や少ない数の周波数しか治療には使っていない。クスリでも、ある人にとっては有益なものが、ある人にはとても有害になるように、周波数は問題がある人の周波数に合わせて反転した周波数を掛けないと有害となるのだ。そもそも病気の原因が様々で必要な周波数も様々なのに、全部○○機で治れば苦労はない。これらは道具であり補正の一手段でしかなく、原因や周波数の選択が違えば逆効果になりかねない。

さらにいえば愛の波動といっても何をもって愛の波動というのか定義さえバラバラである。愛の言葉を発している詐欺師は実は金儲けしか考えていないので、その言葉に愛の周波数があるかないかといえばまったくない。死ねよバカと怒ったヤンキーの心の中には、もしかしたら誰よりも心配して大事にしている心の周波数が秘められているかもしれないのである。

●周波数ビジネスの大半は劣悪新興宗教

しかし、周波数がビジネス上おいしいと思っている輩たちは、対症療法の虜であり西洋医学の医者や製薬会社と精神構造が同じである。ゆえに単一の周波数やオイシイ道具で何とかしようとばかり考える。「周波数の絶対法則」の三原則を知っていれば、ある人にとって528Hzはよい周波数でありながら、ある人にとっては非常に悪い周波数であることは容易に理解できる。440Hzが悪魔の周波数と述べる人も、「周波数の絶対法則」の三原則を知らないばかりか、後述する「善悪不存の絶対法則」でも説明するが、自分の正義に酔いしれたいという心理に支配されているだけで、自分が一番悪魔なのだという理解はない。963Hzも話は同じだが、ここまで来ると劣悪新興宗教と呼んで差し支えない。

そういう人々がおいしい情報だけをつまんで、情弱から金をせしめるために波動水などを使うようになる。これも巧妙な詐欺だ。確かに水は情報を転写でき、物理的にそれが証明されていることは確かだ。弾圧され潰されてしまった有名な研究は数多くあり、近年ではリュック・モンタニエ博士による「水によるＤＮＡ情報の記憶」の研究などはその最たるものだろう。

しかしそれと、安易にどんどん作られる波動水にどこまで意味があり効果があるのか、は別次元の話だ。周波数は様々なものから発生し影響をあたえ、電磁波や電気エネルギーもその一種であることはすでに述べた。たとえば波動水を作ったとしても、それは様々な身の回りにある電磁波や電気エネルギーの影響を受けてしまう。それがあるから本当の量子医学の世界では電磁波や電気を遮断して保存するように注意がされている（アルミなどが使われることが多い）。しかし99％の波動水はそんな単純なことさえ無視されて売られている。

さらにいえば転写した水には危険がないは大嘘である。これはホメオパシー安全論の否定にもつながる。私はホメオパシーを部分的に治療で使用しており、その効果もこわさも実感しているが、「周波数の絶対法則」の三原則を知らぬ人々は「物質がなければ安全」「情報だけ転写されているから安全」という詐欺を働く。情報転写とはそのように都合のよいものではない。情報や周波数が体に作用するのであれば、それは危険性と隣り合わせなのである。つまり危険がないという大嘘は、西洋医学者や製薬会社が垂れ流している大嘘と本質的に同じなのだが、代替療法者は自分たちの正義を主張するばかりだ。やっていることは西洋医学者と同じだという自覚がないため、非常に始末が悪い。

このような業界に、私は疲れてしまっている。私がよく使う量子医学系の測定器も、その基礎理論を学ばず使っている人が大半で、測定器をネットワークビジネスの高額サプリの販売につなげている者さえいる。まさにすべては道具でしかないことを象徴する話だ。本書を読む方たちは、既存科学のおかしさについてはもちろん知るよう努力していただきたいが、周波数をビジネスにする世界もまたどこまでも詐欺しかないのだ、ということも頭に叩き込んでおいてほしい。

西洋医学盲信も困ったものだが、代替療法と呼ばれる分野に対する盲信も同様なのである。周波数や波動などと名乗る世界は、オカルトだとバカにされるだけのことはあり、詐欺師が跳梁跋扈している世界である。詐欺師に騙されないようにするには基本を理解するしかないのだ。それが「周波数の絶対法則」であり三原則でもある。

そして周波数であれ波動であれそれを利用した医学であれ、神の技術みたいなオイシイものではないと知ることが重要なのである。

心の
絶対法則
【第３章】

◉物質はすべて波の固まりでもあり、それを応用したのが量子医学である。
◉東洋医学など、すべての古典医学は量子医学である。
◉ニセ量子医学がはびこっている。それらの大半は単なる詐欺である。

第４章「トラウマとジレンマの絶対法則」

●「心」と「精神」を定義する

「事実観察の絶対法則」と「周波数の絶対法則」は私が治療時に使う精神分析法「内海式」を行う際に、まず説明する内容である。それを大前提として踏まえてもらった上で、深層心理的な分析に入っていく。ここから紹介していく「心の絶対法則」の数々は、その分析に欠かせない人間の精神における絶対真理だ。

まず最初に、説明するのは「トラウマとジレンマの絶対法則」である。人間の心や行動にもっとも影響をあたえるのは深層心理に潜むトラウマやジレンマだからだ。

まずトラウマやジレンマの話をする前に、心や精神についての定義を明確にする必要がある。読者の皆さんは心とは何であり、精神とは何であるか、定義を説明することができるだろうか？

たとえば「精神」を国語辞典や広辞苑で調べてみると、物質あるいは肉体（身体）に対する語で、認識、思考、反省などを行う人間の心的能力を指すとある。「心」と同じ意味にも用いられるが、心が主観的・情緒的で個人の内面にとどまるのに対し、〈精神〉は知性や理念に支えられる高次の心の働きで、個人を超える意味をはらみ、〈民族精神〉〈時代精神〉などと普遍化される。「つながり」に近い意味があると解釈してもよい。また、「心」という言葉は語義の成立過程からも明らかで、洋の東西を問わず心は心臓の動きと関連してできあがり、それゆえ身体内部に座をもつ概念である。恋愛すると心臓がドキドキするように、心は脳ではなく心臓にあると古くから解釈されていた。

「精神」は広い意味では心や魂と同義で、非物質的な活動をさす。人間の精神は感覚、理解、想像、意欲、価値評価などの能力の担い手としてか、それともこうした心的機能そのものとして解される。「時間的に変化しながらも自己同一性を保つ」「物理法則には従わない」などの性質が帰せられ、ときには実体性や不滅性が主張される。哲学においては多くの場合、真理認識・道徳・芸術にかかわる高次の心的能力、理性をさす。さらに超個人的な世界的原理にまで高められることもある。

これらから示される初歩的なことは、心や精神とはモノではなく、見えるものでも指標化できるものでもなく、脳＝心ということではなく、様々な心に影響をあたえる物質（栄養、腸内細菌、ホルモン、電気信号、経絡などのエネルギー）もまた、心そのものではないということである。

また「心の絶対法則」において、輪廻転生論や肉体と魂の一対一対応（肉体という箱に魂が入っている）という概念は存在しない。これは拙著『魂も死ぬ』（三五館刊）で示した通り、心、精神、魂がないという唯物論的解釈ではなく、輪廻転生のような安易な論理を採用するなど、とてもできないということを述べている。これについては本書が示したいことではないので、『魂も死ぬ』の方を読んでいただきたい。

唯物論（マテリアリズム、英：Materialism、独：Materialismus）とは観念や精神、心などの根底には物質があると考え、それを重視する考え方である。対になる考え方は観念論（イデアリズム、英：Idealism）であって、精神のほうが根源的で物質は精神の働きから派生したとする考え方である。このどちらも「心の絶対法則」では採用するわけではなく、双方ともに偏って間違っているだけと考えればよいだろう。

●心にもっとも深い影響をあたえるのは「記憶」

このように「心」とは、様々な不可視の能力を持ち、肉体の様々な影響を受けるが、それとは別の独立したシステムであるともいえる。その構成は不可視なため完全に説明することは困難だが、もともとある性格、親からの遺伝子だけでなく、記憶の影響を著しく受ける。あらゆる要素の中で心にもっとも深い影響をあたえるのは、記憶であり覚えていないものもまた記憶の一種であり、ソフトウェアのデータと同義のものと私は主張する。

我々人間の精神を、皆さんが持っているパソコンにたとえるとわかりやすいかもしれない。皆さんが持っているパソコンは最初まっさらな状態であり、それぞれのソフト、たとえばウィンドウズとかマックや追加ソフトなどの違いがあるくらいだろう。赤ちゃんも生まれたときの行動パターンは限局的だし、多くのことができるわけではない。

しかし皆さんがパソコンを使っていろいろな資料を作ったり、様々な検索をするようになると、あっという間にすべてのパソコンは自分仕様のものに変わっていく。一人たりと同じ中身のパソコンは持っていない。これは後天的にデータを入力していくからであり、人体においてこれは記憶や経験や教育にあたる。しかし経験や教育も結局記憶の産物であり、もっとも重要な影響をあたえているのは記憶なのである。

本書を手に取りながらも、心に絶対法則などないと思っている人が多いであろうと述べた。入力されるデータは確実にみんな違うのであるから、法則などあるはずがないと考えるのはやむをえないことである。

しかし「心の絶対法則」は入力された情報の違いを示しているものではない。たとえばキーボードの配列を示しているようなものだ。世界的にキーボードの配列は共通しているが、こちらを学ぼうといっているわけである。マシン語と呼ばれるものもあるが、これも「心の絶対法則」側のものである。マシン語の法則やルールは、入れていく情報の違いに準拠していない。パソコンに画面がありキーボードがあること自体も、普遍的な法則になっている。将来的に形が変わっても入力という行為が失われるわけではない。使うソフトもたとえばパワーポイントのように、一定の法則化されている。「心の絶対法則」とはそちらのシステムがどうなっているかを学ぶことである。

●深層心理は記憶によって無意識に形成されていく

我々は記憶をため込み心を形成していくが、この心は平たい一層構造をしているものではない。これは古くからある心理学の中でも示されている。それにはいくつかのモデルがあるが、もっとも普遍的で私も採用しているのは、すでに述べてきた水に浮いた氷が我々の精神というたとえである。繰り返すが、我々の心は表層心理と深層心理に分けられ、圧倒的に深層心理の方が大きく根深い層構造をなしている。人間が自覚できるのは表層心理のみであり、だからこそ表層といわれる。表層心理はその言葉通り、表面的な自分の心であって、常識的な心、体裁的な心、目先にとらわれる心、自分がエライと勘違いしているバカな心を表している。逆に深層心理は自覚できない心理であり、専門家であっても深層心理の表面くらいしかわからない。誰も自分の深層心理を完全に知ることはできないのである。その心理は深い心であって、本質的な心、生存欲求的な心、根源的な心、摂理的な意味を内包しており、善でも悪でもない様々な心が混在している。

深層心理は根源的欲求でもあるが、記憶によって多層構造として形成されていく。いわゆる無意識として形成されていくのである。よって万人に共通する深層心理もあることはあるが、ほとんどは当人だけに備わる深い心理となる。そして記憶が強いほど、思い入れが強いほど、深層心理に強い影響をあたえる。精神的学問ではよくいわれることだが、この影響は幼少期にもっとも強い影響を受ける。現代の年齢でいうと0~5歳くらいまで、いわゆる小学生に上がるくらいまでの記憶がもっとも重要である。もちろん小学生以後の記憶も強い影響を受けることはありうる。しかし子どもの能力については、幼ければ幼いほど能力は活発であり、それは成長するにつれ、忘れたふりをして深層心理に封じられていくのである。

●トラウマは深層心理に閉じ込められる

我々は、幼少期に強い影響をあたえ、それ以後も強く作用し、我々の心や行動に影響をあたえる存在として、トラウマについて学ぶ必要がある。トラウマという言葉はほとんどの人が聞いたことがあるだろう。定義としては、大きな精神的ショックや恐怖が原因で起きる心の傷のことである。直訳すれば精神的外傷や心的外傷となる。

トラウマについて一般には理解されていない、いくつかの重要事項について説明しておこう。

まず、トラウマは傷となって残り、忘れられないものとして解釈する人が多いが、トラウマは人間心理の中では容易に深層心理に封じられ忘れ去られる。実際には確実にトラウマは残っているが思い出せないことの方が多く、これは内海式の精神構造分析（20章参照）や、現場で精神問題の対応をしていれば観察できることである。また、本質的なトラウマは大きな一時的ショックで起こるものだととらえている人が大半だが、実はそうやって起こるものではない、と理解できるかはとても大事である。トラウマが強く残っていくためには、それ以前の前提や条件付けが存在している。

トラウマがあると、人はトラウマと同じ体験を避けるようになる、と考えるのは一般人の錯覚であり、むしろトラウマと似た体験を引き寄せるようになる。これは「周波数の絶対法則」を参考にすればよいかもしれない。また、これもよく勘違いされるが、トラウマを処理して消せる方法は存在しない。もし存在するとしたら、それは洗脳や機械処理と同じで非常に危険な方法である。

しかし、トラウマに向き合って乗り越えることは不可能ではない。真の意味での精神療法とは、記憶をかき消したり催眠をかけるようなインチキな手法ではなく、トラウマを直視する作業である。その意味でも真の精神療法は傾聴とか癒しとは無縁であり、非常につらい作業となる。ただしそこに向き合えた人は非常に様々な問題が好転する。

●ジレンマとは心の表裏が入り混じった感情

トラウマと同じく深層心理に含まれる重要事項として、ジレンマについて学んでおく必要がある。ジレンマとは定義上、相反する二つのことの板ばさみになって、どちらとも決めかねる状態のことを指す。二つの問題を抱え込んでいる状態だが、人間の心はあらゆる事象に対してジレンマを抱え込もうとする困った特性を持つ。まさに陰陽である。このジレンマを理解するとき、表層心理と深層心理という観点を持ち込んで解釈してもよいが、難しく考えずに表と裏の心を推測するよう意識すればよい。嫌い嫌いも好きのうち、好きよ好きよも嫌いのあらわれというのは理解しやすい比喩だ。

たとえば父親が嫌いだという人がいたとする。この嫌いというのは口から出てくるのだから表面的な心理である。しかしその裏には当然ながら嫌いになった理由が存在する。たとえば、自分のことを否定して自信を無くさせる親、自分より兄弟ばかり優先する親は多いかもしれない。そうやって父親を嫌いになった場合、裏にある初歩的感情は「自分を優先してほしい」「自分ももっと褒められたかった」なのであるから、これは父親が好きの裏返しである。好きだったのに捨てられたり裏切られたら怨念に変わるということで、本質的に恋愛話と大差ない。

このように、心には必ず表と裏があり、これを「ジレンマの絶対法則」と呼ぶ。ここで重要なのは、問題が発生した場合、トラウマやジレンマがいつ形成されたのか、どこから発生したのかを見抜くことである。トラウマはわかりやすいのだが、ジレンマはいつどこから発生したのか見つけるのが困難なケースが多い。

ジレンマは表面に表れてこない裏の感情が原因としてあるので、本人が気づいていることはまずない。ゆえに専門的にいえば、本人が述べていることや訴えに耳を傾けてもまったく無意味である。

これは臨床心理学、カウンセリングなどの無意味さを示しており、精神分析とカウンセリングはまったく違うものであることも示している。

●万人が抱えている承認欲求

もうひとつ心を理解するために忘れてはならないことがある。それが承認欲求である。承認欲求の定義は「他者から認められたい、自分を価値ある存在として認めたい」という欲求などとなるが、「尊敬・自尊の欲求」とも呼ばれる。これもまた万人に存在する絶対法則であり、「私にはそんなものはない」といい張っても専門家が見れば一目瞭然である。愛や感謝を説いている輩も、逆に世捨て人的に斜に構える者も、表面的に承認欲求を隠したふりをしているだけに過ぎない。

ほとんどすべての承認欲求は幼少期に形成され、トラウマと密接な関係があり、0〜5歳程度までが承認欲求の表れ方としても重要である。

承認欲求もまた表層心理と深層心理の関係に近く、自分で気づいている場合と気づいていない場合がある。当然ながら気づいていないほうが根深く、すべての行動は根源的承認欲求によって起こるとさえいえる。後述する「全人類アダルトチルドレンの絶対法則」と承認欲求は、結局同じことを違う言葉で述べているだけかもしれない。ここで読者として知っておかねばならないのは、承認欲求であれジレンマであれ、人は悪いほうを体現する、という法則があることである。これは違ういい方をすればより根源的な承認欲求を満たしたいということでもある。

心の絶対法則

【第4章】

◉我々の心は表層心理と深層心理に分けられ、人が自覚できるのは表層心理だけである。

◉幼いころの精神的ショックや恐怖はトラウマとして深層心理に閉じ込められる。

◉ジレンマは相反する表と裏の心を表している。裏の感情が原因なので本人はまず気づかない。

◉トラウマと承認欲求には深い関係がある。

第5章 「転写の絶対法則」

●人は幼少期の精神パターンを繰り返す

「転写の絶対法則」は一般人にはなじみが薄い法則である。いわれてみればそうかもしれないと思いながら、日々の生活ではまったくといって自覚がなく、繰り返してしまうという厄介な法則でもある。そして「トラウマ・ジレンマの絶対法則」とも関連する。

転写のもともとの意味は文章・図などを他に写し取る（書き写す）ことであり、投影という言葉で代用してもよい。つまり我々の精神は常に書き写されたものであり、投影されたものであるという法則で、何が書き写されたかといえば、幼少期に形成された強い精神パターンが、現在の行動に書き写されたということである。

例を挙げて説明したほうがわかりやすいだろう。たとえば自分の父母関係と自分の夫婦関係が似ることにはすべて理由がある。

仮に自分の父親がおとなしく内気なタイプの男性であったとする。そして自分の母親が外交的で派手なタイプの女性であったとする。そして自分の夫がおとなしく内気なタイプで、自分が外交的で派手なタイプの夫婦であった場合、これはまさに自分の父母の形を自分たち夫婦に転写している。無意識のうちにコピーしているのである。これはたまに意識的にコピーしている人も見かけるが、ほぼすべての人はコピーしていることの自覚がない。もちろんこれは深層心理に影響を受けての行動なので自覚がないのである。

自分が育った家族数が四人、子どもが二人の家庭があったとして、自分が成長して持った家庭の子どもの数も二人というケースがある。観察すると、自分と結婚した相手の家庭も子どもが二人だったりする。これはもちろん一人の場合もあれば三人の場合もあるだろうが、フラクタル（相似形）関係になっている家系が結構ある。これは確率で計算するとかなり低い解となり、偶然では済まないと考えるのが「心の絶対法則」の基本である。

また、三家系で少しずれが生じていても、そこにもまた意味があるのではと考えるのは大事なことだ。たとえば自分と自分の親の家族数は三人子どもの五人家族、伴侶の家族数は二人子どもの四人家族である場合、三人子どもの五人家族を踏襲する理由があるのである。これは遺伝とは無関係であり、理由を常に考える必要がある。

●恋愛と「転写の絶対法則」の関係

転写行為はこれ以外にもいろいろとある。挙げるとキリがなく暗記しても意味はない。イメージが付きやすいようにいくつかの簡単な例示はしておこうと思う。たとえば自分の父親がアル中だったりアルコール癖が悪い人間だった場合、自分が大人になってからの彼氏選びにアルコール癖が悪い人を選んだり、まったく同じでなくても借金癖があったり、ギャンブル癖があって女性を食い物にする人をわざと選ぶことが多い。これも一種の転写行為である。一般的には自分の親がそんな親だったのだから、大人になったとき、似たようなダメ人間は選ばないと考えるだろう。残念ながら「心の絶対法則」はそんな甘いものではない。

不倫マニアのように順当な恋愛、ありきたりの恋愛ができず、毎度不倫ばかりする人がいる。もっとも多いパターンは女性が年上の男性を捕まえてたびたび不倫する例だが、この場合もまず年上の男性ばかり選んでしまうことが多い。不倫したい男のニーズ（若い女性とセックスしたいような）に沿っているのも理由のひとつだろうが、もちろん女性側はわざとそのような恋愛を選んでいて自覚している場合も自覚していない場合もある。どちらであっても、選ぶ理由の第一候補は父親代わり、父親との関係の問題があって、承認欲求的にそれを求めていることが多く、二番目は兄代わりになっていることが多い。いずれにしろ、実はその相手を選んでいるのではなく、幼少期の深層心理に振り回されているわけだ。

親夫婦と自分たち夫婦が両方姉さん女房の結婚関係になっていることもある。父母が離婚していて自分たち夫婦も不和になったり、離婚寸前というケースも後を絶たない。親子で病気が同系列というのも多いが、その場合、普通は遺伝子が原因だと考えてしまうだろう。しかし「心の絶対法則」ではもっと細かく考える。たとえば親が肺がんで子どもが大腸がんの場合、西洋医学ではがん家系で片づけられてしまうが、東洋医学では肺と大腸は同系列のため、なぜ肺家系なのかということを考える。心臓病の親と小腸がんの子どもがいた場合、血管家系とがん家系で違うという考えを西洋医学では持つが、これも東洋医学では同家系である。親が卵巣がん、子どもが子宮筋腫の場合も、片方はがんではないが同系列とみなしたほうがよい。

これらも一種の転写行為なのである。

●人は拒絶したいものを転写してしまう

このように転写行為の例を挙げるとキリがないのだが、この理由を表層心理と深層心理の両面からとらえることが重要である。ほとんどは深層心理から発現しているものなので本人は自覚していないが、たまに本人が自覚しているケースもある。お父さんのような人を探していたとか、自分の父母の関係がいいなと思って踏襲した場合は、当然表層心理的な判断をしていることになる。

それはいいのだが、人間というのはここで不思議な行動パターンを示す。人間は親であっても祖父母であっても、転写するときに、より悪いもの、自分が拒絶したいものを転写するという絶対法則である。

人は、人の好いところをまね、悪いところは反面教師にしたいと願う。しかし、実際にそう実践している人はいないといっていい。願うという段階で実践されていない証でもあるのだが、なぜこうなるのかということを「心の絶対法則」に従って考えなければいけない。これを理解するには深層心理だけでなく承認欲求の観点から理解したほうがわかりやすい。他者から認められたいという承認欲求は、幼少期にどれくらい満たされているか否かがその後の精神形成に影響をあたえる。もちろん満たされていないほうが影響が深いのだが、人はそれが満たされないとある時点であきらめたふりをし、封印するという手段にでる。ただこれはふりなのである。人は満たされていない承認欲求をあきらめたふりをするが、深層心理ではあきらめてはおらずむしろ求めているものなので、無意識に自分が拒絶したいもの＝承認欲求を封じてしまった本当はほしいもの、を転写してしまう。これがバレないように「心の仮面」をかぶるのである。

●繰り返される虐待も転写行為

ここまで読んで何かに似ていると思った人は勘が鋭い人である。そう、これは虐待の構図に似ているのである。つまり「虐待された子どもが大人になったらまた虐待する」という有名なフレーズである。これと同じパターンだということがわかるだろうか。子どものころに虐待やせっかんを受けた人は「自分は大人になったら虐待など絶対しないし、不和な家庭も築かないはずだ」と勘違いしている。残念ながらあらゆる家庭はそうならない。ご存知のとおりまた虐待してしまうのであるが、これを理解するためには「転写の絶対法則」を知ることが必要だ。いい方を変えれば虐待の繰り返しから脱却するために、自らの転写行為を自覚するのは必要不可欠であるといえる。

虐待のパターンにもいろいろある。私のクリニックは断薬クリニックであるため、精神薬をやめたいという患者が多い。精神科にかかる人、精神科にわが子をかける親、を万件超えて見てきたが、自分が子どもに虐待しているという自覚がないケースは非常に多い。なぜならこの虐待は一般でいう殴る蹴るといった暴力とイメージが違うことが多いからだ。

また、自分が子どものころせっかんされていた人がこれを読んでも、受け入れにくいところが「転写の絶対法則」のポイントである。自分は虐待されてきたが、自分は子どもに虐待していないと思っているわけである。しかし、しかるべき精神療法を受けないと、自分が何に影響されて行動しているのか、いわゆる疑似虐待をしていることを自覚できない。

●ダメな父親と同じタイプの男を選んでしまう理由

たとえば父がアル中で父母に不和がある、典型的毒親アダルトチルドレン（第7章「全人類アダルトチルドレンの絶対法則」参照）一家があるとしよう。アダルトチルドレンは長女で、母を守るため典型的なプラケーター（慰め役の子ども）として育っていったとする。この女性は子どものころ自分の一家を見ているため、「結婚などしたくない」「家庭など作りたくない」と考える。しかしそうは問屋がおろさない。そうは思っていても幼少期から親への承認欲求は根強く、無意識に親に似た男性を探し当てようとする。ここで第三者から見れば父親と似ているのに、自分の中で「この人は父親と違う」と思い込める男性を見つけることが往々にして多い。たとえば外ヅラがよく、いい人に見え酒はほとんど飲まないが、実はギャンブル狂で借金を背負っていたりする裏の依存トラブルキャラなど。一見違うように見えるが、本質的に父親と同じ男と付き合ったり結婚してしまったりするのである。

これは一例に過ぎないが、ダメな父親のもとで育った女性は、結局父に似たダメタイプ、依存タイプで支配タイプ、そんな男を自ら選んでしまうことが多い。そして「親はアル中だったが私が選んだ男はいい人で違う」と勘違いするのである。

当然ながらこのような夫婦は長続きしないため別れることになるのだが、しっかり子どもを作っているのがポイントである。幼少期の承認欲求、家庭への願望ゆえに、家族を作りたくないと表層では思っていても作ってしまうのである。このようなケースで離婚してシングルマザーになった場合、自分の子どもを精神科にかけたり、子どもが引きこもりになってしまうことが多い。また、子どもにアトピーなどいろいろな病気が出たりする。これは当然親に原因があるのだが、しかし当人は、「自分は離婚してしまったが子どもを愛している」「自分なりに大事にしている」と思っていて、自分に原因があるとはつゆほども思わない。

●無意識の、暴力と違う種類の虐待

ここもまた「転写の絶対法則」が人に受け入れられない部分である。結果を見れば親がアル中のダメ男でそれに従う依存妻という構図から始まり、プラケーター役で育った子どもは家庭を作りたくないと思いながら、何の拍子かギャンブル狂の外ヅラがよい男を選び、同じようなダメ夫婦を作り上げる。はては離婚し、自分の息子も自分同様にアダルトチルドレンとして育つ。その結果、我が子を精神科にかけたり引きこもりにする状況を作り、にもかかわらず愛を主張する。親をコピーし、己の深層心理にある承認欲求に振り回され、言葉とは裏腹な行動を繰り返して、それをまた自分の親のせいにして「私は違う」と言い張り、無意識のうちに自分の子どもにも自分と似た境遇を味あわせようとする。これは転写行為によって、実は自分の子どもを虐待しているのだが、もちろんそのことには気づいていない。これを前述したように疑似虐待とか隠れ虐待と呼ぶ。残念ながらここで人間には第8章で説明する「反動の絶対法則」が働き、もちろん自ら認めることもない。

虐待といえば殴る蹴るというイメージだが、殴る虐待は実際にはそれほど多くないのである。それはプロパガンダのニュースで煽られたイメージに過ぎない。せっかんだけなら昔の方が多かったのである。現代においては、巧妙にすべての人が、仮面をかぶっているだけで状況は破綻しているという、形を変えた虐待を引き継ぐところにポイントがある。そして自分を被害者だと装うが実は加害者なのである。

一般に考えられている虐待の定義で考えると、よく殴られていた子どもが大人になり、また子どもを作って殴ることを繰り返すわけだが、現代においては殴る虐待は別の形に変わっていることが多い。

典型的虐待の場合、昔から殴られてきた親が自分の子どもを殴るとき、子どもを殴ってから自分が泣くケースが多い。それはなぜ自分がやってしまうのか自覚がないからである。まれに自覚していても自分が育った環境のせいにしているだけだ。しかし殴って蹴る虐待は少しは自覚しやすい虐待であり、それよりも自分の罪を隠すために他の行動に置き換える虐待のほうが、圧倒的に多く、自覚しにくい。

子どもに問題が発生している場合、これを読んで「私は違う」と思っているあなたも、間違いなくこのパターンで虐待していると思ったほうがよい。転写のパターンは様々であり、親に問題がある環境で育ってきたとき、そこから逃げることは人間にはできない。

●「転写の絶対法則」により問題行動は繰り返される

また親が世間的にいう虐待をしていない家族であっても、当然「転写の絶対法則」は適応される。仮面一家を受け継いでしまう人がいる。親と似たような仕事をしてしまう人がいる。逆パターンに適応してしまう人もいる。先ほどの例でいえば、父親がおとなしいタイプ、母親が派手なタイプとしたら、それをそのままコピーしてしまうのではなく、夫が派手で妻がおとなしい関係を築くということだ。これは一見コピーでないように見えて実は非常に影響を受けている。おとなしい人とおとなしい人が結婚してもいいのであり、派手と派手が結婚してもいいのである。しかし、なぜかこの関係性を築いてしまうことにはすべて理由があるのである。

「転写の絶対法則」は一般人にはなじみが薄い法則と述べたが、深層心理を分析していくうえでも、なぜその人がその行動をとってしまうかを観察するうえでも、決して避けては通れぬ法則である。人は失敗したりうまくいかなかったり、悩みがあったり苦しみがあったとき、人に相談することがほとんどであるが、相談を受けた者が悩みをそのまま聞いても解決することはまずない。裏にあるものを見ようとしないと解決しないからだ。日々の生活ではまったくといって自覚がなく、繰り返してしまうという厄介な法則が「転写の絶対法則」なので、冷徹に第三者の目から原因を解釈しない限り、ずっと同じ失敗を続けてしまうのである。

心の
絶対法則
【第５章】

◉幼少期に形成された強い精神パターンは、現在の行動に書き写される。
◉人はより拒絶したいものを転写してしまう。
◉問題行動の裏側には転写があるが、本人はそれを自覚できない。

第6章　「支配欲の絶対法則」

●人間の歴史は支配欲の歴史

人間は骨の髄から奴隷であり、奴隷として作られたであろう推測は述べてきたが、奴隷は奴隷制度の中でさらに誰かを支配するという、貴族のまねごとをするよう設定されている。そんな難しいいい方をしなくても、人間の歴史、家族の歴史はどうやって自分のいうことを聞かせるかという、支配欲の歴史でしかない。これが「支配欲の絶対法則」である。

人間の精神や思考の法則をたどっていくと、その法則は心理学の中にあると錯覚している人が多い。しかし残念ながら心理学は心のための学問ではない。そして精神医学もまた精神のための学問ではなく、思想のための学問でもない。その詳細は私の最初にベストセラーとなった『精神科は今日も、やりたい放題』（ＰＨＰ研究所刊）および、『大笑い！精神医学』（三五館刊）に記載されている。

心理学とは心を解明している学問ではなく、どうやって貴族が奴隷を支配するか、どうやって人をカテゴライズするかだけを考えた学問である。その世界には「心の探究」も「精神とはなんであるか」も、解決方法も何も存在していない。「人間はペット以下であり懲罰をあたえるだけの存在である」という考え方から心理学や精神医学は始まっている。

●精神医学は人を支配するための学問

精神医学、心理学や脳科学は科学的な根拠が何もない嘘のオンパレードである。前提とする根拠が間違っているという初歩的ミスを犯しているのだから、そこから派生するすべての理論など、どのような研究内容であろうと嘘ばかりである。

一例を挙げてみよう。うつ病はセロトニンなど神経伝達物質の低下が原因であるとする「モノアミン仮説」は有名だが、残念ながらこのモノアミン仮説とそこから派生した脳科学などを信じる日本人は、後を絶たない。だが、仮説という言葉が示している通り、「モノアミン仮説」は証明しようもない単なる嘘に過ぎないのだ。しかし、それはモノアミン仮説に限ったことではない。今や、ほとんどの人々が「精神は物質に支配される」という嘘を信じるようになってしまった。その一番の理由は、精神の分野に科学という考え方や学問が入り込んできてしまったからである。

確かに科学が部分的な意味において証明できることはある。しかし既存の科学（特に精神医学）

は結論ありきの嘘とデータの捏造や単一的な視点があるのみで、真の科学にさえなっていないのが実情である。このニセ科学を心の科学であるかのようにうそぶき、教育したのがアメリカであり、この世を牛耳っている人々であり、支配的な人々だ、といえるだろう。そうやって唯物論的思考に人類を誘導できれば、複数の意味で超富裕層にとって好都合である。これは歴史上の王侯貴族や宗教者たちが行ってきたことと同じだ。

人間の心や知的な働き（＝思考）については、物質的なものと同様に必ず法則があるのである。しかし、心理学は決してそのことを教えてはくれない。そして心理学においては原因の追及は一切せずに、結果と症状から分類するのみだ。原因を見ようとしないのは現代医学が抱えている問題とまったく同じである。

●奴隷はさらに下のものを奴隷にしたがる

人類を思考停止に追い込むことによって世界の支配が行われてきた。そして先に述べたように奴隷は奴隷として支配されることを望みながら、さらに狭い世界の中で自分が奴隷の中の支配者でいようと画策する。まさにフラクタルだ。

上司が部下を虚仮にしながら自分の上司に媚を売るのも、家庭の中で毒親とアダルトチルドレンができあがっていくのも、すべては支配欲という潜在意識が働くからである。

支配欲は人間の根源的欲求のひとつだが、倫理は人間の根源的欲求のひとつではない。倫理や愛などは常に歴史上、教育によって身につけてきたものであり、押し付けられてきたものであった。先住民社会においてさえそういうところがある。法律も経典もお天道様が見ているという考えさえも「見張られていなければ人間は悪いことしかしない」ことを表しているのである。

儒教の教えである、親を敬うという考え方などはその代表格だ。この思想はアジアを中心に日本にも今でも残っている。生んだ方はそれだけで偉く上位であり、生まれた方は何があろうと感謝するしかなく下位である、そんな風潮作りに一役買ってきた。儒教は成立時期が戦争時代だったので秩序という需要にこたえた結果、ああなったわけである。確かに親である年長者が先住民の思想を体現し、子どもと一族の七代先を考え、子どもを優先し尊重していれば、子どもも必然的に親を尊敬するだろう。

しかしこのような教えの恐ろしいところは、盲目的な教義を盾にとり、親がどんなに悪かろうが、どんなに裏の意図を秘めていようが、親のために動かねばならないという奴隷システムを勧めているところにある。そこに子どもの心はなく、それを隠すためには手段を選ばない。

「子どもが親を選んで生まれてくる」というような支配欲丸出しの教えもある。これほど親にとって都合がよく、親の自尊心を満たし毒親ぶりを隠すのに都合がよい理論は他にない。偽善者の親たちは自らの毒親ぶりを指摘されることに耐えられず、子どもを無意識に、自分たちが都合よく操れるように誘導しようとする。「子どもが親を選んで生まれてくる」といったことを唱える人々、それを教えるような人々も決して現実を直視しない人々である。
私は虐待されてきた子ども、ネグレクトされてきた子ども、離婚した夫婦の子ども、家庭不和の子ども、お金を巻き上げられ続けた子ども、病気にされ続けた子ども、薬漬けにされ続けた子どもを数知れず診てきたが、その子どもたちの心の叫びに彼らはまったく耳を傾けない。

このような子どもたちに、あなたは虐待されるために生まれてきたのだ、虐待されても親に感謝するべきなのだといってあげるといい。その最たるものが前述した疑似虐待である。「私は虐待していない」と主張する親はみな疑似虐待している。虐待する親を見続けてきた結果、このことに例外はなかった。そして常に自分の醜い仮面、深層心理を隠し続け、支配欲を満たしたいがため、自らに都合のよい考えに飛びつき続ける。子どもが親に向かって「親を選んできた」かのようにいうときがある。その心理さえ理解していないのだ。胎内記憶という言葉は有名だが、その裏にある子どもの心理に親は気づいていない。子どもはそういうことによって無意識に「親が喜んでくれる」「家族の雰囲気がよくなる」ことを感じているのである。人類の親に子どもの天才性がどこで発揮されているのか、考える力はない。

●支配欲ばかりが先行している昨今の恋愛事情

こうやって歴史のすべてが欺瞞で作られ続けてきた。環境によって人が変わるなどと思うのは、

「心の絶対法則」をまったく知らないからである。歴史はみな支配と被支配の歴史であり、親殺し子殺しを含めて、歴史はそんなことを繰り返しているという現実をなぜ直視しないのか。

そして、日本人の利己的な支配欲は、毒親たちの増加も含めて近年さらに悪化している感がある。ちょっと身近な話をしてみよう。男女関係の話である。戦前の人々に話を聞くと、軍国主義が色濃くなってきた頃から、たとえ兄妹でも男女が一緒に歩いたりできなくなったそうだ。だが文献を見ると、さらに昔、明治以前の日本は性について許容的だったようだ。祭りなども男女の出会いの場でもあったし、男尊女卑的な祭りの場合、男の強さを女に魅せつけて惹きつけるという、動物のアピールみたいな意味もあった。夜這いなどは日常的で、自分にとってよい伴侶を見つけるために必要なものだった。

日本は昔から恋愛に対して束縛的と思われているが、色町があり、明治以前は結構緩やかだったといわれている。これは生物学的特性を考えたら当然なのかもしれない。性のような三大欲求を倫理で押さえようとしても、人間の本質を考えれば抑えきれるわけがない。明治以前の日本にはそのような寛容性があったわけだ。

これは現代の体裁主義的な恋愛関係および夫婦関係より、もしかしたらよいかもしれない。昨今は恋愛に関して、最初から男女二人の信頼関係が成立していない。さらに昔より、各々の支配欲ばかりが優先されるようなところがある。ストーカーはその成れの果てともいえ、相手を自分のものにすることに執着し過ぎて視野がまったく狭くなっている。

こうした恋愛の問題には、教育の仕方や食べ物の影響もあるだろう。自由や民主主義や法治主義がはびこり過ぎたから起こったともいえる。自由は自分に都合よく解釈され、民主主義や法治主義によってスジや任侠心のような見えにくいが重要な要素は軽視され、薄っぺらい社会の建前が重視され、幅をきかせるようになってしまった。離婚裁判で建前や見栄えばかりが重視され、嘘ばかり並べた方が勝てるのはこの典型例である。

昔、男はフラれれば諦めるものという矜持がある程度あった。潔さが求められ、周りの人が見ているという恥ずかしさがあったわけである。もちろんこのような倫理も後から押し付けられたものであって、人間の本質とは無関係のものであり、根源的欲求はその前に存在する人間の奥底、という構図は今も昔も変わっていない。奥にある支配欲という根源的欲求を倫理で抑制しないと、人間はひたすら悪に染まってしまうという無言の前提があるのだが、今の日本人はその倫理があまりにも緩み過ぎているのも否めない。もちろん昔は昔で、暴力的、男尊女卑的な部分も強く、仁義を守らないとこわい面が多かったのは確かであり、賛美しているわけではないが。

恋愛や夫婦関係というのは多くの方がご存知のように、付き合う前は下手に出るが、付き合い始めて、自分のもののようなイメージを持ってしまった後は、急に男女とも態度が変わる。これこそ恐れと支配欲によってもたらされるものだ。自分の欲求実現のため自分が嫌われることへの恐れ、失敗して自分が傷つくことへの恐れがあり、計算ずくで下手に出ているだけで、それはまさに演技に過ぎない。自分では「演技でない」と思っていても演技しているのである。そして、当初の下手な態度は演技がゆえに、支配欲が満たされる状況になると、根源的欲求や世にいう「本性」が出てくる。つまり愛などというものは支配欲が前提で存在しているものでしかない。そしてこれは男女がヤッタヤラナイの話だけにとどまらず、金も地位も立場も名誉も体裁も、すべての事象において適応されている。

●支配欲だけが横行する時代

先住民社会は女性の位置づけが高かったようだ。民族を維持するためには女性の存在が重要だから当然だが、一夫多妻制も多かった。男性は多くの女性の面倒をみると共に満足をさせる必要があった。つまり実力があるものが女性の面倒をみるということであり、女性を大事にする哲学があった。女性もそうした男性に尽くすのがひとつのルールであったが、ここにさえ「支配欲の絶対法則」が働いている。強いものと弱いものが存在し、それを利用する心は変わらない。それでも現代と比すれば人間的であり、「情」を感じさせることは否定しない。現代ではこれさえもまともに実践されなくなった。

要するに支配には力が必要で、ある種、弱肉強食の精神で力を誇示しているのだが、現代人はこれさえできなくなってしまった人が多い。いまや、金も地位も名誉も建前も権力さえもないのに、支配欲だけが横行する時代になってしまったのかもしれない。

そもそも力がないなら、愛を相手にもたらすことによって支配欲を強化すればよい。しかし何も相手にもたらさず、永遠の愛などと陳腐な嘘ばかり口にしているから失敗するのだ。男女関係においても社会の詐欺師同様、人間である限り、その前提は支配と被支配の関係でしかない。愛の定義からすべての人が外れているのに、なぜこんな恥ずかしい言葉を口に出せるのかと心底感心する。

●ヒューマニズムですら支配欲の表れのひとつ

つまり、何がいいたいか。古くから今に至るまで、恋愛、男女関係、色恋沙汰、男尊女卑、風俗的問題、貴族奴隷制、王族制、宗教やビジネスなどすべてに至るまで、すべて支配欲が前提で成立しているということである。今も昔も、それは形を変えただけにすぎない。これは人間の本質であり絶対の法則である。これを恋愛以外のいろいろなものに当てはめると、いわゆる性悪説と呼ばれるものになるわけだ。私は典型的な性悪説論者だが、日本人のほとんどは性悪説ではなく性善説論者であるといわれている。だから初歩的な詐欺に引っかかってしまうのだと思う。

性善説や性悪説という言葉もバカバカしいのかもしれない。善も悪もないと述べた通り、偽善という皮をかぶった詐欺師を続けるか、本能と本心の赴くまま欲望で生き続けるかの違いである。性善説は人間はもともと善であり、社会の様々な欲望を刷り込まれることによって、悪に感化され洗脳されていくのだと唱える。性悪説は人間はもともと悪であり、悪ゆえにこれを支配、コントロールして社会を保つためには、法律や倫理や決め事によって縛らねば、社会さえ成立しないと唱えるのである。どっちと選ぶものではないかもしれないが、私には現実を見るに後者のほうであるとしか思えない。

支配とはまるで圧制者のように、ファシズムのように、社会的に自由を奪うことであると人々は思っている。確かにそれも支配だが、もっとも支配的でもっとも厄介でもっとも多数であるのは、正義や倫理を押し付けるという支配なのだ。ヒューマニズムなどもその代表であり、自分たち＝人類がよければすべてよいという醜い思想を、押し隠しているだけにすぎない。

そう、我々が生きている世界ほどに奴隷的であり、支配が強固な世界は存在しないのである。戦国時代の人が殺し合う時代のほうが、まだ自由性は担保されていた。現在、すべては同一思想のもとに画一化され、ロボットを演じるように義務付けられている。警察が人を押さえつけ正義を名乗るのも、メディアという嘘つきが勝手な観念を押し付けるのも、新型コロナ騒動やむだなマスクを強制しようとするのも、すべては支配欲のなれの果てである。

我々人類はそれほどに奴隷を作りたがっている。白人と黒人という古き奴隷関係以上に、日常の中で奴隷を作るべく画策する。それが人間という生物の本質だから。

心の絶対法則【第6章】

◉支配欲は人間の根源的欲求であり、奴隷はさらに下のものを奴隷にしたがる。

◉ヒューマニズムは、正義や倫理という隠れ蓑を着た支配欲の表れである。

第7章　「全人類アダルトチルドレンの絶対法則」

●アダルトチルドレンを生み出す毒親という存在

アダルトチルドレンは心理学では古くから指摘される初歩的知識なのだが、この法則は心理学の世界でまったく指摘されていない。つまりこの絶対法則の名付け親は私になるのだが、これを理解するためにはまず基本に戻り、アダルトチルドレンを生み出す元凶となる毒親　毒爺、毒婆と、アダルトチルドレンとは何かについて説明せねばならない。

私の著書や講演の中で、グーミンとともによく出てくる言葉が「毒親」「毒爺」「毒婆」である。特に私が扱ってきた精神医学や心理学の世界では、精神科医と毒親の自己正当化はむごいものがある。しかも毒親、毒爺、毒婆だけでなく「毒家族」「毒友人」までも存在する。これが人間の本質だということを理解せずしてこの世界では生きていけないし、騙されずにいること、充実して生きていくこともできない。

不思議なものだが、一家が毒親と毒爺と毒婆のことについて理解しているほうが、実は家族間もうまくいくことが多い。ただし、これは家族全員がみな毒親と毒爺と毒婆を理解しているという意味だ。家族の一部しか理解しておらず、それ以外が自分の毒親性を否定していると、非常に悪い家庭環境になるということは多い。

それでは「毒親」とは何か?

毒親について語る場合は、まず「毒」を定義しなければならない。この場合、毒は大きく二つの意味に分けられる。ひとつは社会毒（社会毒についてはこれまでの著書を参照いただきたい）や西洋薬全般を指し、緊急時以外に医者に子どもを連れていく親はあらゆる意味で自分を正当化する毒親である。もうひとつの毒の意味は精神的な毒という意味である。毒親や毒爺や毒婆は子どもを支配しコントロールしようとする。しかもそれを目立たないように行う狡猾さを持っている。

子どもに問題が生じたときの、毒親の典型的ないいぐさというのはこんな感じだ。

「どう対処すればいいかわからなかった」
「専門家に任せれば安心だと思っていた」
「権威や専門家に対抗するのは難しかった」
「暴力をふるわれたからしょうがなかった」
「この子のためだと思っていた」ｅｔｃ。

毒親たちは「かけがえのない自分の子」などという嘘を平気でつくが、常に言い訳に終始する。彼らは子どもにどんな問題が生じようと決して自分の行いを否定せず、子どもをかわいがっているふりをする。だが、決して子どもを助けるために本質には向き合わないし、決して本質的に調査することもない。なぜなら本当はめんどくさいからだ。

次に、典型的な毒親たちの行動を紹介しよう。

・毒親は必ずといっていいほど子どもに精神薬に代表される危険な薬を飲ませるが、自分が薬を飲むことはない。その心理は「私は間違っていないが子どもは間違っている」が本心である（本当は親が間違っているが）。

・毒親は必ず「自分たちの育て方は悪くなかった」といい張るが、その心理は「私のしつけの仕方が間違っているなどありえない」が本心である（本当は親のしつけが間違っているが）。

・毒親は必ず子どもよりも先に自分たちの主張を述べるが、その心理は「この子どもはろくにまともな主張できないので私がしゃべるしかない」が本心である（本当はその親だから主張できないのだが）。

・毒親は必ず最後に権威を盾にして自己正当化を図るが、その心理は「私たちは権威と同じことをしてるのだから正しいに決まっているし、否定されたくない、子どもは死んでもいいのだから」が本心である（本当は権威も親も正しくないのだが）。
・毒親は必ず自分の子どもたちに発達障害という病名をつけるが、その心理は「私の育て方が悪いとか、ワクチン打ったことが悪いとか認めたくないから、発達障害とつけておけば私の罪は免れる」が本心である（本当は親が病気を作ったのだが）。

このような典型的な毒親は論外としても、突き詰めてみると我々はすべて毒親である。我々は子どもにクスリをあたえる社会を作り、社会毒だらけの食べ物が売られている社会を作り、毒まみれでまったく栄養のない給食を平気であたえ、子どもの才能をすべて破壊するための画一教育を押し付け、放射能をあたえ、戦争するような国づくりを進めている。確かに、何かしら私の本など読んだ親たちは、社会毒をあたえないように努力するかもしれない。だが、そうした親たちもまた「自分の子どもさえよければよい」という毒親の域を出ていない。目先を回避することしか頭にないのである。

●毒親が生み出すアダルトチルドレンとは？

次にアダルトチルドレンとは何なのかを考えてみよう。

アダルトチルドレンを一文で表現するなら、「家族や世間の中で幼少期から演じ続けてきた偽りの自分」である。心理学や精神学の世界ではおなじみの言葉でもある。アダルトチルドレンという言葉はもとをただせば、アメリカのアルコホリック（アルコール中毒患者）の治療現場から生まれた言葉である。アルコホリックの親のもとで育った静かで控えめな人々の、自己破壊的とも呼べるような他人への献身に注目してこの言葉が生まれた。しかし次第に、親のアルコホリックに由来するものだけではないと解釈されるようになってきた。

虐待する親のもとで育ち、大人になった人たちという限定された解釈から、機能不全家族のもとで育ち、大人になった人たちにまでその定義の枠は広がり、親との関係で子どものころに何らかのトラウマを負ったと考えている成人が、最近のアダルトチルドレンの定義となっている。

では、機能不全家族とはどのような家族をいうのだろうか。

子どもにとって「安全な基地」であること、そのなかで子どもが自らの「自己」を充分発達させることができること。これが健康な家族の機能であると既存の心理学では定義されている。これが破られ、家族から有形無形にアイデンティティの領域に侵入され支配されると、その子どもは人の目を気にする人間になったり、特殊な行動パターンをとってしまうようになる。すでに説明した通り、親から明らかな虐待や暴力を受けていなくても、願望＝承認欲求などが幼少期に強くなってしまうわけである。もっと簡単にいえば、親は真の意味で子どもに愛情と教育を注ぐのがひとつの機能、子どもはそれを感じながら一生懸命学び親に感謝するのがひとつの機能、そうしてまた子どもが親になったら同じことをして命をつないでいくのがひとつの機能ということである。本来家族が持つこれらの機能が不全に陥っている状態を機能不全家族という。残念ながらこの機能を果たしていたのはインディアンなどの先住民くらいだ。

そして、機能不全家族を産み出す親や祖父母達こそ「毒親」「毒爺」「毒婆」なのである。

アダルトチルドレン研究者の一人であるクラウディア・ブラックは、以下のようにアダルトチルドレンの行動パターンを分類した。機能不全家族の中で、子どもたちは次のような心理的役割を演じるようになるといわれている。

【ヒーロー】

何かが秀でている子どもがいると、さらなる活躍を期待して熱中し、子どもの方も一層頑張ることになり、ますます一芸に秀でることになる。昔の漫画で恐縮だが、「巨人の星」の飛雄馬のような子どもである。しかし本当の奥の心ではそこまでして頑張りたいとは思っていないのである。

【スケープゴート】

ヒーローの裏側に当たるのがこのタイプの子どもである。一家の負を全部背負うような子どもである。この子さえいなければすべてうまく収まるという幻想を、家族全員に抱かせることで家族の真の崩壊を防いでいるような子どものことである。無意識のうちに家族の批判を集めるように行動する癖があり、だから背負うという言葉を使い生贄という言葉を使う。病気をするといえばこの子、非行をするといえばこの子、問題を起こすのはいつもこの子という役割の子どもだが、もちろん本当の奥の心ではそうやって生贄にはなりたくないのである。このスケープゴートは広い意味にとることができるため、あらゆるアダルトチルドレンのパターンがスケープゴートだといういい方もできなくない。

［ロストワン］

「いない子」としての役割をする子どもである。いつも静かで文字通り「忘れ去られた子」としてふるまう。家族がなにか一緒にやろうとしても最初はいるがいつの間にかいなくなっている。いなくなっても誰も気がつかない存在となる。家族内の人間関係を離れ自分が傷つくことを逃れようとしている。中学生くらいになってくると、「いないという居方」にも磨きがかかってくる。さらにそれが大人になると磨きがかかってきて、いないこと、自分が孤独であること、人に感情移入しないこと、は普通であり必然であると主張するようになる。斜に構えているのに平然としたふりを装うのがロストワンのポイントで、ちょっとゆがんだ漫画の主人公などに多い。もちろん本当は仲間や友人が欲しいのだが、安いプライドのためそれを出すことはできない。

［プラケーター］

慰め役の子どもである。慰める相手は大半が母親であり、父母の仲が悪く男尊女卑の家系が多く、父が母を責めている風景を覚えていたり、記憶に封じていたりする。いつも暗い顔をしてため息をついている母親を慰める。父母が逆転することも当然ありうるし、嫌いなはずなのに好きであると感情移入してしまっていることも多い。末っ子が多いといわれるが、私が観察するにはそうとは限らず、長男長女がこの役割を演じることもある。優しく、感受性が豊かなことが多いのだが、それもまた表面的であり、本当は自分が慰められたり、親に褒められたいのである。

【ピエロ】

道化役の子どもである。親たちの争いが始まり、家族間に緊張感が走り始めると、突然頓珍漢な質問をし始めたり、踊ったり歌ったりし始める子どものことである。子どもなりのやさしさのゆえから場を慰めようとするが、毒親のレベルだとその行動の意味を解釈できず、頭が悪い子とかペット的な扱いを受けている。ピエロもまた代表的なスケープゴートの一種ともいえる。心の中はさみしさにあふれており、いつも家族が仲良くなってほしいと願っている。

【イネイブラー】

支え役・世話役の子どものことである。他人の世話をやいてクルクル動き回っている。この場合の他人は自分ではないという意味で、家族間の他の人の世話を焼いていることが多い。長男や長女がこの役割をすることが多いといわれるが、父母が不和のため子どもの世話がしっかりできず、自分が代わりにやってあげねばならないという感覚を身につけた結果である。一般的には母親に代わって幼い弟や妹の面倒をみたり、父親代わりをしたりする。長女が女ではなく長男のような役割を自らに課している場合も、イネイブラーととらえることが多い。依存的な親とのあいだに情緒的近親相姦が生まれる場合もある。

［リトルナース］

イネイブラーやプラケーターが家族を支えたり慰めたりするのに対して、リトルナースは家族以外、いわゆる血縁関係以外の他人に対しても、自分のことのように一生懸命解決しようとする。しかしこれは真の意味で他人の解決をしたいと願っているわけではなく、自分自身もそれに気づいていないことが多いため、問題の解決に至らず共依存関係に陥ることが多い。これは幼少期に満たされなかった承認欲求や、褒めてもらいたいという欲求を無意識的に引きずっていることが多い。自分のつらい経験を生かして、セラピストやカウンセラーになりたいという人は多いが、そのような人が問題を本質的に解決できることはありえない。専門家を育成教育するときの基本であるが、最近はそのことも教えなくなってしまった。

［ロンリー］

直訳すると一人ぼっちであり、自分の殻に閉じこもり他者をまったく寄せ付けないようなタイプである。ロストワンに似ているようだが、ロンリーは現実的にも一人でいる時間が圧倒的に長く、ロストワンは集団の中にある程度いるのだが、自分の姿を消しているようなイメージであろうか。当然ながら、何重にも心の仮面をかぶり、周りからは非常にめんどくさい人間だと思われている。

【プリンス】

王子といってもあまりよい意味ではない。周囲の期待に応えようとして自分をなくす、八方美人で流されやすい人である。ヒーローに若干近いがヒーローは実世界でもそれなりに活躍するのに対して、プリンスは陰で期待に応えようとするので、裏方だったり頼まれたら断れないようなことが多い。

他にもいろいろなパターンはあるが、おおまかにはこのような役割がある。そしてこれらは単一の形で出ることはまれである。典型的なアダルトチルドレンであっても、たとえばイネイブラーの要素とプラケーターの要素が混ざっていることのほうが多いし、多くの要素はスケープゴートの要素を合わせ持っているといえなくもない。これらを分類する意味は、アダルトチルドレン自体はすべて同根でありながら、出方の違いを認識しやすくするためでしかない。

●自分のアダルトチルドレン像に一生支配される

これらの行動は子どものころに培われるが、子どもたちは「無意識の言語」「ふるまい」をしており、いわゆる深層心理に影響を受けて精神パターンを形成していくので、自分がやっていることや自分が何者であるかを、自分自身も認識していないことがほとんどである。

こうして、アダルトチルドレンは自分自身の根源的欲求を棚上げし、他人の欲求を自己に取り入れ、自分の欲求のようにして生きているので、自分の感情を感じることができなくなってくる。アダルトチルドレンの性質が形成されていく過程は、「心の絶対法則」から人間関係を読み解いていくときの基本となるくらい重要なものである。

たとえば胃がんになった50歳の人がいるとしたとき、幼少期から続く精神形成の中に原因を見つけていくのだ。

その人が家庭問題や人間関係によって、イネイブラー的な子どもを形成し、無意識でそれを引きずって大人になっていると仮定したとき、アダルトチルドレン像は思春期で終わったりなど決してしない。自分の人生から新しい伴侶選びから仕事に至るまで、いたるところに影響を受けている。しかし自分は自らの意思で選択したと勘違いしており、自らのアダルトチルドレン像に支配されて行動していることには気づいていない。自分では自立して人付き合いをして、仕事をし、自ら選択をしたと錯覚している。

ただ心の深い部分ではイネイブラーを演じている自分を拒絶している。誰だってもっと自由で誠実に生きたいのだ。しかししみついてしまった自分、刷り込まれてしまった自分はそう簡単には変えられない、それ以前に気づかないのである。かくして、イネイブラーを演じる自分に限界が来ると、胃に影響をあたえやすい甘いものに逃げてしまうかもしれず、胃は共感の感情や依存感情の影響を受けやすいので、誰かと共依存という傷をなめあう関係、いびつな関係を築くかもしれない。詳しくは第13章の「元素循環の絶対法則」で説明するが、それらの感情は胃がんの形成に大いにかかわっている。よって胃がんをよくしたいのであれば食事療法だけでなく、この根本的思想や深層心理から見直すことが不可欠だ。

病気の診断をするとき、このようにアダルトチルドレンの性質を分析していくことが、その原因をつきとめることにもつながっていくわけなのだ。

●全人類は、自分で行動をコントロールできない

ここまでが毒親及びアダルトチルドレンの説明だが、問題はこの定義が家庭不和という段階で止まっていることである。「心の絶対法則」はそこで止まるものではない、と考えられるかどうかだ。それが「全人類アダルトチルドレンの絶対法則」である。この法則のほとんどすべてはこれまでに書いてきたとおりだが、それは典型的な家庭不和ではないすべての人類にも当てはまるということだ。これは内海の思想学である「心の絶対法則」や、後述する「依存心理学」の根幹をなすと述べてよい。

我々の精神パターンのほぼすべては0～5歳程度の年までに形成されている、とするのが依存心理学の大前提だ。そしてそれは現在の自分の行動パターンに刷り込まれているが、なかなか自分で

思い出したり、なぜそうなっているのか解釈することができない。

しかし読者の皆さんも、子どもの能力くらいは知っているだろう。大人が何年かかってもできないような技能や言語習得を、子どもは短期間で行ってしまうほどに、記憶力や対応能力が優れている。これは生きていくためにもともと備わっている能力であり、人類が大人の都合で過小評価しているに過ぎない。ただ、この能力は人類全体にとってマイナスに働くこともありうるのである。その能力と0~5歳までの体験や感情が、その人の一生の行動パターンに影響をあたえる「全人類アダルトチルドレンの絶対法則」を作り上げるからである。

このような人間の精神形成の仕組みは実は非常に厄介である。そしてこの精神形成の仕組みが厄介であるということは、全人類が厄介であるということだ。

あなたはなぜ自分がこの行動をとるか、なぜあの考え方になるか、わからないときがないだろうか。そのとき、すでにあなたには「全人類アダルトチルドレンの絶対法則」が働いている。深層心理に刷り込まれ、自分ではコントロールできない行動パターンに縛られているからだ。

また、人間界における原点が個人であり本人であることはよいのだが、二番目に重要な原点である社会要素が、おそらく夫婦・恋人・親子家族などとした場合、これは常によいとは限らない。もし、まったく家族がいない人なら親友と呼べる数少ない人たちとの関係でもよいのだが、それが常に人間の精神によい影響をあたえるとは限らないのだ。
あらゆる人間関係に「全人類アダルトチルドレンの絶対法則」が働くのだから、厄介であって当然である。

よく、自分と自分の家族が問題を抱えている状況にもかかわらず、人に評価されたいという欲望のもとに、社会問題に首を突っ込む政治活動家やカウンセラーや治療家や陰謀論者が非常に多い。よい社会を作る上で身近でもっとも重要なこと、それは悪いものを食べないことでも、よいものを食べることでもなく、社会を情報によって啓蒙することでもなく、政治を変えることでさえもない。もっとも大事なのは極小単位である家族、つまり親子や夫婦の関係改善であり、コミュニケーションの充実である。家族や伴侶とろくにコミュニケーションもとれていないのに、どうして様々な問題を解決することができるだろうか。

家族との関係改善もできない彼らは、本当は政治のため、心の悩み相談のため、人の治療のため、社会システムを訴えたり変えたりするために動いているのではなく、「全人類アダルトチルドレンの絶対法則」に振り回されているだけだと気づいていない。その結果、対外的によい人のふり、きれいごと、社会改革をするふりを続けながら、共依存の形成や、結果が出ない仕事を繰り返していくのである。ほぼすべての人がそうであることを我々は省みないといけない。

●身近な家族を説得するには？

これは予防医学を実践したり、食育治療したり、人の心の相談に乗ったり、社会を変えるための市民運動をやる以前ですっ転んでいるのだ。この矛盾した行動こそ「全人類アダルトチルドレンの絶対法則」のなれの果てであり、承認欲求のなれの果てでもある。それを理解していない人々の家族間では結果、対立が起こることが多い。通常は子どもが生まれることがきっかけで社会毒を考えるようになることが多いので、妻側が先に気づくことが多い。夫側は、エラソ風ふかしながらこれを拒絶したりする。伴侶も説得できない人々が変革のためなどといったところで、うまくいかないことくらいは誰でもわかるだろう。

もし仮に、本気で家族を説得したいことがあったとしたら、もっとも必要なのは、知識ではなくコミュニケーションや会話である。さらにいえば信頼関係そのものであり、さらにいえば「心の絶対法則」をその人たちが理解することである。

前述の例の場合、夫は妻よりも常識や医者を信じているわけなので、離婚したほうがいいくらいにその関係は破たんしている（別に勧めているわけではないが）。そんな家族が健康になったり、食べ物を変えて病気の予防をしたり、いわんや社会を変えるための行動が結果に結びつくなどあり得ない。夫と妻双方が、自分のアダルトチルドレン像に振り回されているという自覚がなければ、コミュニケーションさえ成立しないものなのだ。なぜ、身近な家族と信頼関係が築けないのか？その原因を0～5歳の頃の自分の親子関係から探ってみてほしい。

また、原因がはっきりした後にコミュニケーションを活性化させる方法はいろいろあるが、もっとも初歩的かつ一番重要なのが「腹を割って話す」ことであるのは間違いなかろう。一緒に過ごす時間をたくさん作ることも重要であろう。日々他愛ないことから家族の信頼を固着させることも重要であろう。しかし家族や夫婦や祖父母関係というのは、それだけではうまくいかないものである。彼らをある意味で「懐柔」するには工夫が必要になる。小手先の技術ではあるが、「嫁がいかに夫をてのひらで泳がすか」という感覚や「祖父母のプライドをいかにくすぐるか」という発想、「周囲の逆権威（私でも何でも）をいかに利用するか」という行動、演技も必要だったりする。

「全人類アダルトチルドレンの絶対法則」に照らし合わせて述べるなら、相手はどのアダルトチルドレンの要素が強いのか、自分はどのアダルトチルドレンの要素が強いのか、を考慮しながら作戦を練る必要があるわけである。残念ながら自分の主張をストレートに伝えても反発を招くだけなので、それが誇張であっても、嘘であっても、真実より、まず相手に「疑問を持たせ気づくきっかけ作り」が重要になることもある。正義を主張するだけの真実論者など、ただの子どもだと思えることはとても大切なことだ。そのとき、相手の裏の心理はいかなる状態か、ほんの少し想像するだけでコミュニケーションの仕方は激変してよくなるわけである。

あなたの主張が正義を装う限り、自分のアダルトチルドレン像に気づかぬ限り、聞く耳を持つ人は激減してしまうだろう。どのような社会問題に関する主張も完全なる正義などあり得ないし、また全員に聞いてもらおうという発想そのものが間違いだ。何かを成したい人がいたとしても、それを脈がない人に話すより、「疑問に思っているが答えを見つけていない人」「病気になって何かおかしいと思っている人」「社会の暗部に引き込まれてしまった人」「この社会に不満を感じている若者たち」などと会話したほうが当然反応はよい。多くの日本人は長いものに巻かれることしか頭にないのだから、人数が増えてくれれば無関心な人々も態度を変える（笑）。全員に対して何かを伝えようとしてもだいたいは徒労に終わることを、私は経験によってよく知っているし、彼らにも彼らが隠し持っているアダルトチルドレン像があることを忘れてはならない。

しかし一般の人はこれができないらしい。どうしても主張が優先され、考えが優先され、欲求が優先される。結局、それはトラウマに振り回され、ジレンマに絡み取られ、自分が「アダルトチルドレンの絶対法則」に取り込まれていることに気づかぬからである。

◎あなたの行動の真剣度をチェックする12の質問

もしあなたが本気で何かを「主張したい」と考えているならば、この質問に答えてみてほしい。

世捨て人でいたり長いものに巻かれたいだけの人々はもちろんチェックする必要はない。人のための仕事、日本のための仕事、人類のための仕事をしている人、したいと願っている人には、この質問は自分の取り組みへの真剣度を確認するうえで非常に役に立つ。いい方を変えれば、これくらい真剣に取り組んでいれば、家族もあなたに対する見方を変えてくるはずだ。私の「内海式」講座でもこれはもっとも重要な項目になっている。

それではあなたに質問を投げかけてみよう。

1. あなたは周囲に毎日どのような影響をあたえたか?
2. どれだけ毎日敵を作ったか?
3. 完全に自分に正直に毎日生きているか?
4. 世の中が理不尽というなら毎日何かしたか?
5. たとえば政治家に毎日掛け合ったことがあるか?
6. たとえばメディアに毎日掛け合ったことがあるか?
7. たとえばお金持ちに毎日掛け合ったことがあるか?
8. 何かをインターネット以外でも毎日発信しているか?
9. 行政に毎日闘いや交渉を挑んだことは?
10. グループでも個人でも仕事以外で毎日何かやっているか?

11. この世界の理不尽さについて、どこまで毎日勉強しているか？
12. 本当に何かに依存してないといえるか？
挙げればきりがないが、これだけでも真剣にすべて答えられる人間は、いったい幾人いるだろうか？

こうしたことを実行するのは、それだけ敵と自分への中傷を増やすということだ。しかし、もし本気でグーミンや毒親を抜けだし、何かを変えたいというのなら、すぐにでも行動すればよい。それが間違っていてもグーミンレベルでも動かないよりよほどよい。本書はそのために、様々な絶対法則を学ぶことで行動に役立てようとする本だと思ってもらえばよい。

たとえば、ネットなどで日本がおかしいと叫び、こうあるべきだと主張する人々がいる。しかし主張した後に叩かれたりけなされたりして、いじけたりなぜ自分がそういわれなければいけないのか、なぜ真実が理解されないのかなどとぐちをこぼす人が多い。これはもっとも行動の成功から遠い人である。

私は、毒親こそが自分のアダルトチルドレン像に振り回されている者だと考えている。自分の主張が理解されないとすぐにぐちをこぼす人たちは、自分が毒親であることに気づいていない人や毒親でないことを装う深層心理に負けている人とまったく同じである。簡単にいえば、この人たちの言動は正義や人のためではなく、承認欲求を満たすため、周囲に評価されたいため、自分の正義という嘘を認められたいだけにすぎない。

●毒親・アダルトチルドレンまみれの世の中

現実は毒親や、自らのアダルトチルドレン像に振り回されている人であふれている。たとえば、私のホームページを見て、「ワクチンの診断書を書いてくれ」「牛乳の診断書を書いてくれ」などと頼んでくる毒親が多い。しかしその動機や学んでいる様子を見ると、その多くに所詮ワクチンを打っている毒親と変わらぬ毒親ぶりが観察できる。彼らはワクチンがいかに悪いかを私の本で読んだり、私の本で陰謀論の初歩みたいなものを知ると、それで毒親を卒業できたと勘違いしている。社会のためになっていると思っている。

彼らが子どもにワクチンや牛乳の診断書を欲しがる理由は様々だ。

やれ幼稚園に入れたい
やれ修学旅行に行かせたい
やれ周りの親とうまくやりとりしたい
やれ親が仕事に行くため、
やれ教師の指導を受けたくない

やれ保健士に説教されるのが嫌、など。

見てもらえればわかるが、どの理由も親の体裁にしか過ぎない。

しかし彼らは自分の体裁のためという自覚がなく、「自分は子どものために動いている」「自分は子どもを慮っている」という見せかけの嘘をつく。つまり、結局その親が気にしているのは自分の体裁とつまらないプライド、のケースが大半ということであり、このような毒親に育てられた子どもがまた歪んだアダルトチルドレンとして社会に再生産されていく。

逆説的にいえば、「本当に子どもを守る」「社会のために動く」「人類のために動く」とはいったいどういうことなのか、それを彼らは考える気がない。グーミンが病気に取り組むときと同様、永久に目先のことしか考えず対症療法することしか頭にないのである。

●アダルトチルドレンを作り出さないためにできること

では、子どもを守るというのはどういうことなのか。それはワクチンの診断書を取りに来ることでも、深層心理の嘘バレバレで偽善めいた言葉を吐くことでもない。もしワクチンが子どものためにならないと考えているのなら、必要なのはワクチンを強要するような学校になど行かせないことであり、修学旅行に行く代わりに家族旅行に行くことであり、無理解な教師や保健師と闘うことであり、徹底的な知識を身につけることで対抗できるようになることであり、そもそもこの世界からワクチンを無くすことであり、周りの大人に白い目で見られる機会が増えようが、情報を徹底的に伝達することである。だが、それをせずに、できない理由ばかりを口にする毒親たちの見え透いた嘘をさんざん見てきた。

これはペットを飼っている飼い主などにも同じ傾向がみられる。彼らは「ペットはどうしてもワクチンを打たないといけないんです（法的に決まっているものがあるので）」などと、ペットを慮っているという嘘をつく。だが、本当にペットを家族だと思っている人は、いかなるリスクを背負おうとやるべきことをやる。つまりペットに何があろうとワクチンを打たないのだ。法律で決まっていようが関係なく、法律よりも家族を重視しているがゆえである。そのような人を私は何人も知っている。

「アダルトチルドレンの絶対法則」からは脱線してしまうが、昨今になってワクチンの強制化が取りざたされてくると、自分たちだけどうやってワクチンを打たないようにするか、しか考えない人が激増する。それを私に直接聞いてくるのだから、まさに毒親ここに極まれりである。その人々は、自分がよければ、自分の子どもがワクチンを打たなければいいとしか考えておらず、この目先の欲望が強制化への流れを作っているのに、何ひとつ自分を省みることができない人々なのだ。強制化とは自分たちだけ避けようなどという都合のよい状態ではない。そのような自分の平和ボケ思考に気づくことが毒親脱却の一歩でもある。

社会活動も政治活動も人の相談に乗ることも人を治療することも、まず自分の毒親ぶりを認識し、自分が何のアダルトチルドレン像に振り回されているか、理解してからの話なのである。また、そのときに大きな選択肢が二つある。ひとつは自分のアダルトチルドレン像を理解しながら、さらにそれを強く押し通していくという考え方。そしてもうひとつは振り回されているアダルトチルドレン像を認識したうえで、それは自分の根源的欲求でないことを理解し、自分の根源的欲求がなんであるかを見つけたうえで、自分の行動を起こしていくという考え方である。実はこれは病気がよくなっていくときも、同じであるのが面白いことである。まさにフラクタルである。

このどちらにも人類が興味ないゆえに、日本も世界もろくでもない状況なのだとあなたは考えたことがあるだろうか？

心の
絶対法則
【第７章】

◉家族など社会的要素の中で幼少期から演じ続けてきた偽りの自分がアダルトチルドレンである。

◉自分さえよければよいという毒親がアダルトチルドレンを作り出す。

◉大人になっても無意識にアダルトチルドレン像に従って行動している。

第8章 「反動の絶対法則」

●反動とは心のセキュリティソフト

これまでいくつかの法則を示してきたが、トラウマや支配欲の場合、素人でもなんとなく理解しやすい法則であるかもしれない。私にいわせるとトラウマや支配欲をテーマにした場合、一般の方とはとらえ方が違うのだが、言葉自体は聞いたことがあり一般にイメージしやすいからだ。

それに比べて転写や全人類アダルトチルドレンの場合は、自分の自覚に乏しいことや言葉自体を聞いたことがない人が多く、あまりイメージがわかないかもしれない。私からは、人々の人生の随所にこれらの影響が見られるが、多くの人はそれらに支配されているという自覚がない。

このように基本編で紹介する「法則」には理解しやすいものと理解しにくいものがあるが、おそらく心におけるもっともわかりやすい法則が「反動の絶対法則」ではないだろうか。

「反動の絶対法則」は言葉の通り、人間の心理は反動を前提としていて、常に反対し反動し事実を直視せず壁を作り認められないという法則で、誰もが必ず経験したことがある絶対法則である。逆ギレも、バカといわれて「バカというほうがバカ」という言葉のバカさ加減も、安いプライドもすべて「反動の絶対法則」に含まれる。たびたび述べてきたように、人間心理の原点のひとつは現実を直視できないことであり、その理由は、現実を直視させなくするための要素が誇りやプライドであり、感情であり、欲求であるからだ。

これらは人間に初めから組み込まれたソフトウェアのようなものでもあり、自分が自分だと信じているデータを崩すウイルスが現れたら、そのデータが消されないようにブロックするセキュリティソフトのようなシステムである。つまり「反動の絶対法則」とは弱い自我を維持するために、最初から搭載されたものなのである。また、ブロックという言葉は業界ではしょっちゅう使われる言葉だ。自分のつまらない思い込みや偽りの正義を守るため、常に防御機構が働きブロックをかけ続けるわけで、ブロックもまた「反動の絶対法則」と同意義語であるといえよう。

「反動の絶対法則」は人類である以上避けることはできない。私も含めてどんな人間であってもこれに例外は存在しない。この文章を読み「自分は違う」と思っている段階ですでに「反動の絶対法則」が発動しているのだ。

人間もソフトウェアと同様に無数の情報をインプットされ続けていく存在だが、その情報は記憶として人格を形成していく一因になっている。仮に事実である情報が入ってきたとして、自分が記憶や認識していることと違っているとしよう。その事実が自分が信じてきた記憶と違えば違うほど、自分の心を支え、自我の崩壊を防ぐために、事実を拒否して自分を守るほうを優先するように設定されているのだ。

●嘘くさい癒しが好きな日本人

これは心の基礎的なシステムであり、先ほど述べたように何人たりとも逃れることはできない。訓練して克服した気になっていても、根本的なところでは変わってはいない。

私自身が究極的に自分のバカっぷりを自覚したのは子どもが生まれたときと、3・11の前後であった。それは様々な著作に書いてあるが、「反動」を意識しはじめてから、少なくとも自分がバカであることに対して抵抗を持ちにくくなった。バカだといわれたら本当にバカなのだから、「ホントに自分がバカで困ってます」などと素直に返せばいい話である。実際にそうだったからしょうがないのだ。それを邪魔しているのは結局のところ自分のガラスのプライドであり、そのガラスのプライドを満たすがためのあらゆるごまかしである。この原則を「反動の絶対法則」と呼ぶのだ。

自我を守るために、人間が述べるきれいな言葉は数多い。「もうちょっと人を傷つけないいい方はないのでしょうか」というのも典型的な嘘つきが語る言葉だが、その裏にはプライドを傷つけられた反動が潜んでいる。

しかし、人は傷つくべきところは傷ついた方がよいのだ。

たとえば、初歩的レベルで考えても、日本の社会毒的実情は添加物も世界一、農薬も世界一、放射能も世界一、電磁波も世界一、CT保有も世界一、病気になる率も世界一、奇形や障害児の発症も世界一（もしくは世界二位）、医療も福祉もまともに機能していない。しかし、そんな現実を理解できない、すべては自業自得だと気づくことができていない。つまりこの場合、日本人は現実を直視すれば傷つく以外ありえないし、傷つくことが本気の行動にもつながる。しかし、どこまで行っても日本人はぬるま湯と嘘くさい癒しが大好きなので、厳しいところを突かれると「もうちょっと人を傷つけないいい方はないのでしょうか」とごまかしブロックをかけ、自分の弱い自我が壊れることを防ごうとする。「私はカスなので自分の弱い自我が壊れるのにたえられません」、とはいえないわけである。

当然この裏側には事実を直視できない「反動の絶対法則」が働いている。

●安いプライドを守るための言葉たち

「上から目線」や、「どれだけあなたは偉いんですか」などという言葉も反動をよく表している。

そもそも「上から目線」という言葉を使うこと自体、いかに、相手と比較して自分が力量的に下で、役立っていないところを突かれ、自分の安いプライドが打ち砕かれているか、無意識で自覚している。にもかかわらず、彼らは「自分が上でいたい（もしくは、相手と同じ立場でいたい）」という、怠け者に見られがちな都合のいい思想を持っている。そして「上から目線」という言葉を使えば、それが許されると思っている。

自分たちが努力しておらず現実も直視せず、頭が回っていないのを隠せると思っている。きれいな言葉ときれいな魂は同じだと錯覚している人は、それ以外の人たちからは自分たちの魂の汚さをすぐに見透かされてしまう。そのため、そこを指摘されると反応してしまうのだ。

「あんたはどうなの？」という人なども同様だ。自分自身の問題を投げつけられているのに、自分自身の問題を無視して相手がどうなのかに話をすり替える必要はない。これは子どもの話法なのだが、大人のほうがよく使う話法でもある。自分の問題にだけまずは向き合って、相手の問題は別の話題にして別のタイミングですればいい話だが、「反動の絶対法則」はそれを許さない。いかにももっともらしく、いかに自分の醜さがばれないように、いかに相手にいい負かされないようにという、小さいプライドが勢ぞろいした言葉が「あんたはどうなの？」である。「あんたこそどうなの？」も「あんたにいわれたくない」ももちろん同義語である。

「俯瞰して物事を見る」などという言葉も巧妙にプライドを守る言葉だ。そもそも本当に俯瞰している人は、「俯瞰して見る」などという言葉は決して使わない。そういう言葉を使う彼らは「自分は全体を見ていて、人とは違い、よくわかっている」とアピールしたいだけである。ここにもまた

「反動の絶対法則」が働いているが、「俯瞰して物事を見る」という言葉を使う人は、「反動の絶対法則」が自分に働いていることを隠すための、二重の巧妙さを身につけている人であるだろう。それは「あんたこそどうなの?」や「あんたどんだけ偉いんだよ?」が安っぽいイメージの言葉であるのに比し、「俯瞰して物事を見る」というのが高尚なイメージを持つことの二重性である。

いわゆるきれいごとをいうことによって、自分及び自分たちの無行動や無知識を隠すことは同じなのだが、彼らは違うと思っている。福田元総理の有名な言葉である、「私はあなたとは違うんです」くらいなら一般人でもわかるのだが、高尚に見える日本語を使うだけで日本人は騙されてしまうという特徴を持っている。「反動の絶対法則」をあなたが身につけていれば、決してこのような言葉を使わないだろう。なぜならそういう人は、人類すべてが俯瞰していないことに気づいていて、自分はまったく俯瞰などできていないことを知っているからだ。

俯瞰して見られてないからこそ「俯瞰して見る」という言葉を使ってしまうのである。そして「俯瞰して見る」という言葉を使う人たちは、その深層心理に自分の醜さの根本的部分があり、それをあえてごまかして自分や周囲に嘘をついていることには決して気づかない。これは自称覚醒者(ネット上によくいる反体制的な情報を調べて目覚めたと思い込んでいる人たち)に非常に多い特徴であり、そのような人たちを信頼するには足りないということの証左でもある。

●中途半端に自己肯定感をくすぐる言葉が人類を堕落させる

「ニホンジンは何もしないためにはなんでもする」という有名な言葉があるが、これは「反動の絶対法則」によって自分を守るために起こっている現象である。そして、日本人は何もしない自分の中身のなさと罪深さをごまかすために、「きれいな言葉を使いましょう」と述べるのだ。

結局「人をバカにしないほうがいい」と述べる日本人は、人を慮っているわけではなく、実は自分を慮っているだけである。自分が役に立たない人間として扱われることに耐えられないので、どうやってごまかすかに終始する。そのためにはあらゆる方法を使うわけである。

「自己を否定してはならない」と述べている人々もまた、きれいごとを吐きながら結局世界でもっとも弱い人間だといえる。「ネガティブシンキングはダメ」も同じである。自己の誤った部分、ごまかしてきた部分と向き合い否定してこそ、人は生まれ変われる。

しかし人間は自分が信じてきた、浅い経験にしかすがれないからこそ、自己を否定することができず、自己の経験を否定することができない。おのれが成してきたことの結果をみて、問題があれば自分を見つめなおし自分を否定して、自分の問題点や考え方を根こそぎ捨てればよいだけだが、残念ながら人間にそれは難しいのだ。それが人を不幸に導くが、本人たちは中途半端な自己肯定が幸福に導いてくれると勘違いしているのである。そして根本的問題はいつまでも解決しない。

この世に出ている自己肯定感をくすぐる学問、感銘を受ける学問、影響を受けるキャッチフレーズなど自分を救ってくれるはずのその言葉、それらは元をただせばほとんどが心理学、カウンセラー、セラピスト、教祖、偉人などから出ている言葉ではなかろうか。実はその甘い言葉すべてが人類を堕落させ、この状況に地球を為さしめた。そのことに気づくことは人類には決してできない。

●問題解決の第一歩は「反動の絶対法則」を意識すること

人間の心というのは、常に反動するようにできていることは述べてきたが、ここで重要なのは「反動の絶対法則」を無理に抑えようとしないことである。そんなことをしてもこの絶対法則を打ち破ることはできない。

人はまず、反動は自分と全人類に起こる普遍的なことだと認識することである。抑えたり消そうとしても宇宙の真理が消せないように、反動も消すことはできない。反動が消えてしまうということは感情がなくなるのと同じことであり、人間でなくなり生物ではなくなると思っていいかもしれない。

よって反動は消すのではなく、その原因を知ろうとすることが大切だ。それが自分の根本的問題を知る第一歩であり、反動を捨てるのではなく、反動を別の方向へ向けたり、自分が反動状態にいることを客観的に見られるよう訓練することが、問題の改善や解決への第一歩になる。

世の中にはどんなにきついことがあっても、強くたくましく生きている人がいる。その人たちは幸運なのではなく、感情を閉じているのでもなく、振りかかってくる不幸や問題を充実に変える道を知っているからなのだ。彼らに「反動の絶対法則」が働いていないかといえば否だ。しかし彼らは無意識のうちに、それを受け入れる術を知っている。

同じように、我々が充実に向かうためには、心とはどのように設定されているかを知ると同時に、さらに心の奥底にはどんなシステムがあるのかを知る必要がある。「反動の絶対法則」はその第一歩であり、自分を第三者の目で見るのはなかなか難しいが、理屈がわかってしまえば実は簡単である。しかも理解していると知らないでは大きな違いがある。

「反動の絶対法則」を知って、日々意識することにより、今日は変わらなくても明日は発想が変わるかもしれない。すぐに結果が出ることはなくても、自己変化や自己理解の確率は飛躍的に高まるだろう。知らなければ、問題を抱えたまま「俺様がまちがっているわけはない」で一生を過ごすだけである。

●深層心理がセキュリティソフトを発動する

心はあらゆる点でつながっているということを、否定する人は少ないと思う。その観点から語るなら、深層心理がセキュリティソフトを発動していることを認識すること、深層心理を理解するということが、本当の自分や自分の問題点への自覚の第一歩であることはわかるだろう。わかっていてもうまくいかないというのは自覚ではない。それは人類が「自分は嘘をついている」という深層心理からくる事実を認め、行動することであり、安いプライドに振り動かされている自分を直視することだ。

しかし、「いや、私は嘘なんてついていない」とまたあらゆる人類は嘘をつく。

自称活動家などにありがちなパターンをご紹介しよう。彼らは表面的には情報を調べ、現状の危機を認識しているふり、自覚したふりをしている。しかしそれが「ふり」であることに気づかない。多くの場合、なんの結果も自分や社会にもたらしていないことがそれを示している。本人はうすうす何の結果も出せていない自分に気づいているが、「反動の絶対法則」により、あえて無視をしているわけだ。

もし、そのような人たちが真の意味でブロックをはずすことができれば、きっといまの仕事などやめてしまうくらいに行動する。真の意味で「社会を守るために行動しているとうそぶく自分」に気づけた人は、恥ずかしくて休みをとることさえできなくなる。自覚と行動と結果が重要と、その人が真に気づけば、自分たちが嘘つきでなくなるのは日本がよくなったときだけだと気づく。しかしネット住民を中心に日本人は、言葉だけの正義に酔いしれているだけである。

これは様々な反体制運動にも共通する。それらのすべては現状でまったく成功していない、ということを受け入れている人を見かけることはほとんどない。我々は常に失敗しており、何もいう資格がないくらいに負け続けている。「経過がどう」「一歩ずつ」など、そんな言葉など本質的に必要ないのである。インターネット上にはいろいろな社会問題の記事があふれている。しかし社会が何ひとつ変わっていないのは、変えたいと思っている私たちの自覚がまだまったくないからなのであり、私たち自身の深層心理に気づいていないからなのだ。

これを入れ替えていくためには、データは常に作り変えていくというデータを入れることで、執着や強迫や言葉だけの正義に溺れる自分ではなく、好奇心と発展心にあふれた自分を作り出していくことが必要なのである。

ハードルは高い。何歳になっても新しい自分を構築していくこと、自分に働いている反動を常に自覚すること、というよりも先に行動していることで、やっとスタートラインに立っているだけに過ぎない。スタートラインに立った段階で人間や社会が変われると思い込むことも、また自分は間違っていないという「反動の絶対法則」が働いている状態であり、安いプライドであることを自覚することが、今の人類には必要であろう。それがないから滅びの道を歩み続けているのかもしれない。

心の絶対法則【第8章】

◉反動は弱い自我を維持するための、セキュリティソフトである。

◉反動にとらわれる人は、中途半端な自己肯定感にだまされる。

◉反動はなくならない。反動を別の方向に向けることが問題の改善や解決への第一歩となる。

第9章「精製と依存の絶対法則」

●人間には必要なものを直接あたえてはいけない

本章では依存について説明していく。さて依存について説明するとき、大前提として「精製の絶対法則」についての理解が必要だ。
「精製」という言葉は心とはまったく関係なさそうである。読み進めていくうちに理解してもらえると思うが、これはわかりやすくいうと「人間には必要なものを直接あたえてはいけない」という法則である。なぜ必要なものをあたえてはいけないのだ?という疑問は一般の方にとっては当然だろう。これを理解するためには、私の専門分野である、薬物や薬害の世界を知るほうが早いと思う。よって、まずはそこを例にとって説明していこう。

私は多数の精神科系の本を書いてきた。いかに精神科が狂った世界であり、精神科医が悪魔崇拝者であり、精神薬が麻薬や覚せい剤と同じであり、精神科の病名がインチキであるかを書いてきた。

そのことは他の著書に詳しくあるのでこれ以上触れない。

ここで注目したいのは麻薬や覚せい剤や精神薬の薬理作用である。麻薬や覚醒剤の作り方と概念を理解できれば「精製の絶対法則」を理解することができる。実は麻薬や覚醒剤の理論は「直接あたえる」理論なのだ。麻薬の成分とは一般人がイメージするような、よくわからない毒ではなく、生体内にあるホルモンや神経伝達物質およびそれに直接影響をあたえる精製物質であり、生体内に存在する量以上をあたえて狂わせることを薬理学の眼目にしているのである。そして、もともと生体内にある物質だから安全であると、科学者たちは嘘をついてきたのである。

たとえばセロトニンやドーパミンという神経伝達物質がある。調べてもらえればわかるが、麻薬や覚醒剤や精神薬に精製され混入している物質は、すべて人体の中に存在している物質か、セロトニンやドーパミン及びそれらを直接いじる物質ばかりである。これらの神経伝達物質は人体に存在するため、多量にあたえても安心だ、というのが精神医学や脳科学の基礎理論なのだが、もちろんこれが嘘なのは薬物中毒患者を見ればすぐにわかることだろう。

ここで「人間には必要なものを直接あたえてはいけない」という文言に戻れば、体内に存在するセロトニンやドーパミンは神経伝達物質として、人間が生きていくためには絶対必要な物質なのだが、それを精製しタブレットや注射という形であたえると、人は狂ってしまうということを表すことになる。余談だが、たとえば「ＧＡＢＡをとれば安心する」「オキシトシンは愛の伝達物質」という嘘を広げている人もまた、詐欺師だといえるだろう。

●精製された形が禁断症状を作り出す

そこでなぜこうなるのか、ということを考えねばならない。こうなってしまう理由のひとつはあたえられる物質の量にあり、もうひとつは精製されているということにある。いわゆるドラッグは我々が日々必要としたり食事で吸収する神経伝達物質より、はるかに高濃度高容量で体内に吸収されており、人体はその過剰供給に耐えられないがため狂ったり薬物中毒になる。また精製は物質をとがらせ鋭敏にさせる作業であり、それは人体に対して直接的に鋭利に突き刺すように作用する。これは質として一気に耐えられない状況へ誘導していることである。

このいずれのとらえ方であっても、人間はある種の精密機械であるため、必要とする物質だからといって精製された形であたえたり、必要以上の多量をあたえてしまうと適応できず、その過剰状態に適応するため体を作り変えてしまう（レギュレーションなどと呼ばれる）。変わってしまった体からドラッグが取り払われたときに、禁断症状というものが起こるわけだ。これは必要なものを精製しているからこそ生じる。

さらに精製の問題は覚せい剤や精神薬の問題にとどまらない。すべての医薬品をはじめ、我々が日々食べている食品にまで及んでいる。

たとえば、糖類は人間のエネルギー源になり三大栄養素でもあるが、いまや糖類ほどに精製されているものはない。糖類は人間の体に必要なものではありながら、精製された物質を直接あたえると、人間は狂うようにできている。だから砂糖や液糖は身体を狂わせる。これらの代表格が砂糖、人工甘味料、MSG（グルタミン酸ナトリウム）、農薬、向精神薬、医療麻薬、医療大麻、ホルモン剤、などであり、部分的には植物油や精油なども含まれるだろう。

すべて麻薬の成分と同じ理屈である。麻薬や覚せい剤や向精神薬は突飛な毒ではなく、人体のホルモンや神経伝達物質の精製物質そのものか、神経伝達物質に直接影響をあたえる物質でしかない。それら神経伝達物質やホルモンは、人にとって必要なホルモンのはずなのに、人に精製して直接あたえると狂うことがわかっている。糖分は脳や筋肉に作用するはずなのに、糖分の中毒になる。なぜなら先住民の世界にも、野生生物の世界にもそもそも砂糖は存在せず、砂糖を直接摂るように体は作られていないからだ。炭水化物は砂糖と同じではなく精製糖と同じではない。摂り過ぎればもちろん問題だが、ここでの一番の問題は直接的であることだと理解することだ。

これが「精製の原則」であり、人工甘味料もMSGも農薬も、実は同じ範疇のものでしかないことは薬理学を学べばわかることである。

それを理解してもらったうえで、「依存の絶対法則」に話を進めていこう。「精製の絶対法則」を「人の心はどのように設定されているか?」に当てはめて、フラクタルにとらえながら考えていく。

●愛をあたえ過ぎると人は狂う

たとえば愛は人にとって必要であるかのように感じるが、あたえ過ぎると人は狂う。癒しは現代ではもっとも必要とされているが、あたえ過ぎると人は狂う。愛も癒しも直接的ではなく間接的でないと人間はダメなのだ。こうした法則が成立する。

これらは精製され、人類がもっとも欲してしまう物質的な精神的作用がある。あたかも麻薬や覚せい剤のようだ。摂ったときは気持ちよくなれるかもしれないが、その後に訪れるのが地獄であることは、本書を読んでいる人なら理解しているだろう。

見方を変えると、人にとって愛こそは毒であり、癒しこそは最凶最悪の毒である。あらゆる偉人、有名人が愛を説き、癒しを説き、相互理解を説いてきたが、その結果として人間は堕落し、地球は破壊され、いまの状況になってしまった。これを精製だけで説明するなら、物質の精製品が肉体を滅ぼし、精神の精製品である愛と癒しが心を滅ぼしたといえなくもない。愛や癒しはあればあるほど困るものであり、直接あたえられればあたえられるほど狂うものである。人類がこの世界にもたらした結果、という観点がなければ、この法則にたどり着くことは決してできない。

●愛や癒しが依存を生む

逆の事例も当然成立する。一番わかりやすいのは人体の筋肉であろうか。

筋肉痛を経験したことのない方は皆無であろうが、筋肉痛はただ筋肉を強くしているわけではない。筋肉トレーニングは医学的にいうなら筋肉を破壊する行為であり、一度筋繊維を切ろうとする行為である。そうすると人間は衰え進歩しなくなるかというとそうではなく、筋肉を破壊すればより強力な筋肉が生み出されるというシステムになっている。

実は精神にも似たようなことが起こるのは、みなさんも知っているのではないか。過保護に育った人よりも、人生に逆境が多ければ多い人ほど、精神が強靭に見えるのはよくあることである。戦前生まれの方などが典型例だ。

肉体であれ精神であれ、必要だからとただあたえることが人を狂わす元凶となるのは、ひとつの法則であり、これを「依存の絶対法則」と呼ぶのである。

「精製の絶対法則」は物質的でもあるが、心を考えたとき、われわれ人間に必ず付きまとう重要な問題と直結していることがわかる。愛や癒しという精神の「精製品」が生み出すのが依存であり、「人間の心は依存を前提としている」ということである。もっとわかりやすくいうなら、人間という愚かな生物はその喪失に耐えることができない。

このように「依存の絶対法則」を理解せずして人間や心を理解したことにはならない。後述するが、人を精神的に依存させるのは愛や癒しだけに限らない。精神の「精製品」はいくつもあり、あらゆる人類はすべて依存のなれの果てなのだ。

このことを学ぶ分野を私は「依存心理学」と名付け生徒に教えている。残念ながら心理学という言葉は長く使われているが、依存心理学という言葉はまったく出てこない。やはりここでも心理学は人の依存心を育て、人をコントロールするために存在し、これこそ正義だと勘違いしたいニセ学問だということがわかる。

麻薬も覚せい剤も添加物も化学調味料も人を依存させるために使われている。そして精神作用を持つあらゆる事象も、人の依存を生み出しているのだ。砂糖、甘味料、アルコール、コーヒー、ジャンクフードはもとより、宗教、正義、社会活動、金、名誉、異性に依存していない人間がいるだろうか。「自分は依存していない」「依存しないほうがいい」と述べる人間は、自分の依存を自覚していないだけの究極の依存者である。斜に構えて、「自分は依存していない」と述べる者ほど、「反動の絶対法則」および「依存の絶対法則」に、ものの見事に陥っている状態なのだ。

●依存からは逃れられない

人間はもともと集団的な生物である。これは人類学を学べば否定する者は少ないであろう。そして宗教などでも語られるように、無限欲求を持つ唯一の生物でもある。言葉を変えれば「支配欲の絶対法則」が働き続ける生物である。

この無限欲求が人類に根づいたのはおそらく農耕時代からだが、なぜか先住民の時代においては人類には無限欲求が存在していなかったようだ。先住民は自然崇拝信仰が強く、所有の概念もなく身分格差も激しくなく、無限欲求が成立しにくい状況であり、彼らは人口調節も無意識に行っていた。野生動物にも無限欲求は存在しないが先住民は野生動物に近いのかもしれない。

この点からも人間が生物的に退化したことは間違いないが、このことと前述した「精製の絶対法則」は密接な関係がある。私は何者かが人類に古くからインプットされた本質を知っていて、精製物質をあたえることによって人々を「依存の絶対法則」に導いたとまで思っている。第2章に書いたように人類を奴隷として構築したなにかが、一定以上進歩できず堕落するように餌をあたえたのではないか、という妄想である。これは多分にオカルトかつ宗教的な考え方なので、方便くらいに思ってもらって結構だが。

しかしよく考えてもらいたい。この「依存の絶対法則」は何人も逃れることはできない。人が何かの物質に依存していること、恋人や夫婦や親子関係や仕事や名誉やカネや、あらゆるものに依存していることはフラクタルである。どんなに素晴らしいと表現される人物でも何かに没頭しており、表現を変えれば「究極の依存」を実践している。

●依存症とは「自分をわかってほしい」という願望

依存とは頼るということでもあるが、すがるということでもある。

専門知識を持つ者、プロ意識を主張する者、正しく伝えようという者、こうあるべきだと述べる者、オタク知識を持って喜んでいる者、これらはすべて正義という「精製品」による究極の依存症だが、自己の依存には気づかない。

愛や癒しを求め続ける人たちを見ればよくわかるが、依存症とは、何をどう取り繕っても、「(自分を)わかってほしい」という願望なのである。

子どもが幼いときに親に訴えかけるのと同じで、自分の主張は聞いてもらえるもの、達成されるものだと思っている。「それは主張として正当だ」と思っている心こそが、依存症の最たるものだとは理解できないのだ。そして依存者は「相手の心がいったい何を訴えかけているのか」という二重の読みが決してできない。自分がよければそれでいいだけ、自分の欲求が満足されればそれでいいだけなのが依存症であることは、皆さんにもご理解いただけることだろう。

よく依存症の人間（＝クレクレ君＝グーミン）は、いわれたことや書かれたことに素直に反応してしまう。また、相手が質問してくると、それに答えず似た質問を相手に投げ返すという行動パターンもよく見られる。これは薬物中毒者によく見られるのだが、彼らはその行動をとる段階で自分が重度のジャンキーだということには気づいてない。しかしこれが人の心の裏にあるシステム（この場合は「反動の絶対法則」と「依存の絶対法則」の掛け合わせ）なのであり、人はそのシステムに常に従ってしまうのである。

他にも似た行動として、上記のような初歩の依存症理論を理解できないため、バカにされ、ダメ出しされ、自分の思い通りに答えてもらえないと「逃げるんですね？」などという、さらに被害者意識＋勘違いをしでかしてしまう。おそらく多くの人は「話してもむだだな」と思った人にこそ、粘着される経験をしたことがあるはずだ。わかってクレクレくんは自分が論理的だと勘違いしている所にポイントがある。話してもむだだなと思っている人の心の裏には、クレクレくんの疑似論理を論破してしまうと、逆ギレされ、さらに逆恨みされて恐ろしいことになるのではないかという予感がある。

「依存の絶対法則」を知る人は、相手の会話の中や文字の中に、すがりつきたい気持ちから出てくる正当化をすぐに見出す。前述のように自分を心理的に守ることを専門用語で「ブロック」というが、それを見出すのだ。依存者は自分の中にある深層心理を、まったく見ることができない存在なのだ。

私のような仕事の人間は、このように依存症である自分を自覚できていない人に、それを指摘して自覚してもらうことから始める。しかしこれは病気治療におけるもっとも重要な点でもある。

●自立した人間は人類には存在しない

依存に比して自立とは一種の執着の解放である。悟りのような要素もあるので、自分の深層心理をいつも直視しようと努力するところから生まれる。すると次に聞かれるのは、本当に自立している人間などいるのか、という疑問だろう。これはわかる。「依存の絶対法則」が全人類に適応されるなら、どんな偉人と呼ばれた人たちでも何かに依存していたわけであり、その意味では自立している人間は人類には存在しない。

ではなぜある種の人たちは偉人であるようにいわれたのだろうか。もちろん歴史捏造もあり勝者が正義と扱われたからという理由も大きい。しかしここではそれはいったん横に置こう。その人たちが偉人と呼ばれた理由は、自立していたからではなく、依存の矛先が違っていたからである。

依存は言語上の問題であり、強迫という観念でもある。偉人と呼ばれる人々はそれがどんな人格であれ、非常にオタクであり夢を追い続けており、一方向であり徹底的であり強迫的である。重要な点は強迫という言葉だからといって、これが悪だとは限らないことである。強迫がない限り一般的な成功には結びつかない。強迫を行動に結びつけることができれば、あらゆる物事を進歩させる原動力になるからだ。

つまり偉人とはその依存的強迫性をもって、人類もしくは社会や地球に対して意義があることを為そうとした人たちのことである。エライから偉人なのではなく依存しまくった依人なのである。だから依存しかしない人類の中において、もっとも依存心の強い人が多数決で評価されるという皮肉が成立する。

依存に対して違ういい方をすれば、依存を消すことは自立ではない。依存を消そうとしても無意味であり、執着や強迫こそが人の本質なのだ。消そうとするよりもそのエネルギーを何に向けるかを理解することが、「依存の絶対法則」を理解することでもある。

●依存は悪循環を繰り返す性質を持つ

通常「依存の絶対法則」は循環するという特徴を持っている。まさに人間の生きているレールを

表しているといえるかもしれない。どの地点から始まるかは人それぞれ変わるが、

① とらわれや強迫から始まり依存していく段階
② 依存していく自分への不安と憂鬱があり、また何かに頼る段階
③ 受け入れられないことにいじけ、やる気をなくす段階
④ うつになった反動でどこかで怒り出す段階
⑤ 精神の波の繰り返しの中でよりいじけるようになる段階
⑥ 宗教的なものに逃げたり、より他に頼るようになる段階
⑦ 逃避し被害者意識がより強く顕在化するようになる段階

これを絶え間なく循環している。

「反動の絶対法則」や「依存の絶対法則」は、国家であっても個人であっても組織であっても同じ原理をたどる。もともと国家という形態も集団的一個体であり、自身を否定するあらゆる情報や感情を排除しようと反動する。「国は国民を助けるものだ」などといまだに考えている人がいるようだが、もともと国は子どもを虐待する親などと同様、自分のことしか考えないし、決して自分の非など認めようとはしない存在なのである。

だからこそ謝罪会見しようが法律を変えようが、一切非などというものは未来永劫に認めない。さらにいうなら、彼らは国であっても組織であっても、自分たちは加害者ではなく被害者であるとさえ思っており、問題ある現状を自分が作ったと自覚できない。この構造は個人である市民と同じである。この国という個体は市民という細胞によってできあがっているのであるから、悪循環を繰り返す人類が幸せになるなどということが、あり得ないのは当然であろう。

このように「フラクタルの絶対法則」も加味しながら考えるに、個人も社会も、会社も国家も宗教組織も、あらゆるものは究極的な依存形態であり、依存を満たすために形を変えながら存続しようとする。清廉なものが腐敗するのではなく、もともとの存在が歪んでいるのだ。つまり人の愛がそもそも歪んでいるということでもある。人が常に愛を唱えながら、なぜ憎しみ合い、奪い合い、罵り合い、地位や名誉を求め合い、正義を盾に相手を侵略するのか。それは人類が究極的に支配欲の塊であると同時に、究極的に自分さえよければよいという依存症であるからこそ招いてしまうのである。

心の
絶対法則
【第９章】

◉人間には必要なものを直接あたえてはいけない。

◉依存症とは「自分をわかってほしい」という願望。愛や癒しも同様である。

◉依存とは執着や強迫でもあり、消すことはできない。そのエネルギーをどこに向けるかが重要である。

第10章「被害者意識の絶対法則」

●被害者意識はもっとも根源的な深層心理のひとつ

この章までが、「心の絶対法則」基本編となる。基本編の最後にふさわしい絶対法則こそ「被害者意識の絶対法則」だ。これまで様々な心の法則を見てきたが、反動や依存の仕組みについて考察すると、「反動の絶対法則」や「依存の絶対法則」は「被害者意識の絶対法則」と対になっている。つまり反動と依存とは被害者意識とそこから派生する正当化と表裏一体である、というのがまたひとつの法則なのだ。

人間という存在がどこから発生したかは知らないが、人間が人間である限り、自分は被害者でなければいけないという意識が、もっとも根源的な深層心理のひとつである。人間はそれに対して本質的に逆らうことはできない。

実際に周りを見てみよう。どれだけ被害者意識の固まりのような人が多いか、いや、それ以前に自分自身がどれほどまでに被害者意識を持っているかということを。繰り返すようだがそれを避けることはできない。なぜなら被害者意識とは自分の立場を高めるため、守るための根源的意識だからだ。

被害者意識と現実直視能力は表裏一体であり、反比例している。つまり「反動の絶対原則」があるから被害者意識は必ず生まれるのであり、この被害者意識と思い込み（＝現実直視能力のなさ）もまた表裏一体である。

●陰謀論は被害者意識から生まれる

被害者意識が根源的意識であるならば、人間はもともと神の現身として作られたわけではなく、現実も直視できず争うことしかできない、魂がもともと穢れたものとして製造された存在である、という理屈は成立する。

「自分は悪くない。自分は救われるべき人間だ」というこの根源的意識、それは権利意識でもあり反動でもあり依存心でもあるわけだが、これを大宗教は利用しているともいえる。そして、新型コロナ騒動で再流行している陰謀論も、人類という生物種が作った壮大な被害者意識であるという理屈は成立する。

すべてを超富裕層や多国籍企業や貴族のせいにしたいからこそ陰謀論は成立するが、自分たちの行動が「彼ら」を支援してきたこと、立場が変わればすぐに主張が変わってしっぽを振ることなど忘れるくらい、自分たちは被害者でないといけないのだ。

もちろん、陰謀論的な考察は、情報を選べば社会理解には非常に役立つものである。また事実であるケースがいくつかあるので、それ自体は否定しない。しかし、中にはデマをあおるような突飛な主張も数多くあるし、何より陰謀論的な支配構図を作った人たちへの、被害者意識が大前提となっているのが問題なのである。

ゆえに陰謀論とは我々自身や市民そのものに問題があることについては決して目を向けようとしない考え方、被害者意識のなれの果てであるといういい方ができる。陰謀論的知識をうまく活用し、自分の人生や社会改革につなげたいなら、陰謀論を調べる前に「被害者意識の絶対法則」を学ぶ必要があるわけだ。

●「嘘」や「正当化」は防御意識の裏返し

被害者であり続けるために人間は必ず同じ行動をとる。これも「絶対法則」である。まさに法則と呼ぶにふさわしいその行動は、繰り返し述べているように「正当化」「言い訳」「嘘」という言葉で語られるものだ。人間の心理は正当化や嘘を前提としており、これもまた避けることは不可能である。どんなに正直に見える人間でさえ、それをごまかすことはできないのだ。生物にとってもっとも重要なことは自らを守ることであり、嘘や正当化は本質的には自分を守るための行動で、根源的な防御意識の裏返しなのである。

なぜなら自分が被害者の立場を享受していれば、相手よりも心理的に優越感を感じる立場にい続けることができる。何かあれば、直接関係ないことでも相手に責任を押しつけることができる。奴隷で居ながら貴族のふりをすることができるのだ。これらは「被害者意識の絶対法則」が働く思惑のひとつであって、「支配欲の絶対法則」ともつながっているし、「依存の絶対法則」ともつながっている。要するにすべての絶対法則は被害者意識につながっているのだ。

●人は自分が嘘をついていることに気づかない

繰り返すが、我々にとって重要な気づきとは、「人間は常に自分が嘘をついていることを自覚していない」ことへの自覚である。あらゆる人は毎日のように嘘をついているが、自分が嘘をついていることには気づいていない。これには量子力学的な要素も入ってくる。本質的にいうなら、あなたが本当に嘘をついていないとすれば、強い周波数によってそれは体現され、すでにその物事は成就しているはずなのだ。

患者の場合が端的でもっともわかりやすいだろうか。「治りたいと本気で思っていればすでに治っている」。これは指導時によく伝える言葉だが、患者や患者家族で理解する人はまずいない。彼らは現代西洋医学を離れて代替療法を選び、質問をして教えを乞うことは治るための努力だと思っている。残念ながらそれは嘘であり、被害者意識のなれの果て（＝私は被害者だから治してもらって当然の人間）であり、いろいろ教えてもらいたいのですという患者の言葉自体が正当化なのだ。

彼らは、単に依存の対象を西洋医学から代替医療に変えただけである。本気で治そうと思っているなら、教えを乞うて得た知識を活かして行動するであろう。病気となった根本原因を自ら見つけて、その解決に動く。自らのこれまでの価値観をすべて破壊して、どんな生き方が病気につながったか真摯に向き合うだろう。しかし彼らは同じように質問を繰り返し、思考を変えて実行することはない。

そして彼らは、自分たちが「嘘つきだ」と指摘されても当然わからない。そして、それに対して怒ることで、また自分たちが嘘つきであることを露呈してしまう。これが逆ギレなどというレベルであれば、もっとわかりやすいかもしれないが、逆ギレせずにだまっているときにこそ人は嘘をついている。

醜い被害者意識という人の心にもともと設定されているシステムを、あなたは直視できるだろうか。

本当に正直に語っている人もまた嘘をついている。装いというのは多重であって、自分では事実を語っているつもりでも、そこには深層心理の解釈という視点がない。そのため表面上の心理や思い込みや記憶だけで正直に語っていても、本当に病気を作っている原因に気づけない。これもまた被害者の立場を守るための思惑が無意識に働いている。病気の場合、このような心理状態を「疾病利益」と呼ぶ。しかし一般の方にとっては、「自分が病気になって得をしている」という概念がわからないようだ。

もちろん私も、がんで死ぬかもしれないといわれる人が、表面上の心理においてがんになりたいと思っているほどバカではない。

確かに死にたくない、病気になりたくないという表層心理はあるだろうが、「その裏にある恨みが病気に転化している」「強い過去の欲求が病気に転化している」「病気になることで何かから逃げることができる結果を招きよせている」「何かしらの隠した罪悪感を代償する行為になっている」など、疾病利益を上げだしたらきりがない。これも依存や被害者意識と表裏一体であり、あらゆる病気は依存と被害者意識によってもたらされるといえるのかもしれない。

●地球が汚れているから病気になる

もしこのことをほんの少しでも理解できていたら、我々は被害者ではなく加害者であることがわかるだろう。さらに日常的に病気になってもしかたないことを繰り返しているので、現実を直視すればするほど被害者面することはできなくなる。しかし病気が不幸であり、病気は偶然であり、その病気に立ち向かうために私は努力している、という立場の有利さに無意識に気づいた者は、被害者の立場で長期にわたり貴族のまねごと、権利を享受し続けることができる。

義務は果たしてこなかったのに権利だけを求める者こそ被害者であることを主張する。そして常に人間は自分が被害者であることを求めているのである。

さて、ここまでのことをまとめて挑発的に書くのなら、

「人間は癒される価値も愛される価値もなく、人間はいつも嘘つきで反対するしか能がなく、人間はいつも体も心も依存することしか頭になく、人間はどれだけ巧妙にしゃべろうが嘘をつくことしか頭になく、人間は被害者意識の固まりでありながらそれを取り繕うことにもっとも長けた生物である」

ということだ。

真実を追求し、これが真実だと主張する究極の嘘つきたちが踊る社会、それが地球である。我々は嘘だらけの現代社会と我々の心の根源的システムが、表裏一体であることを直視する必要がある。

●問題の原因はすべて自分にある

こんな世界で私たちは何を考えて生きていけばよいのか。スピリチュアルや宗教など信じていない私だが、宗教などが述べる「この世は修行の場」という考え自体は、間違っていないのかもしれない。もしそうであるならば、この世界で修行を達成できるかどうかの境目は、己の中に必ず存在する依存心や反動を認めたうえで、いかに自己の真の軸を確立し、自己アイデンティティを確立するか、そして自分の中に大きな目的を設定できるかどうかであろう。

お金のあるなし、友達が多い少ない、名誉があるとかないとかそういうことではない。自己の真の軸があれば他人の影響ばかり受けることもないし、他人の価値観に振り回されることもない。変に斜に構える必要もなくなり、被害者意識にとらわれることも少なくなる。自分こそ周囲への加害者であり、人類が地球への究極の加害者だと自覚できるからこそ、他人に対しても非常に許容的になり、逆説的に人々は和平的になれる。

「依存」の反対は「自立」であり、私が行う治療の初歩中の初歩は「依存からの脱却」である。自立が難しいだけでなく、本質的に自立できる人はいないかもしれないことはすでに述べた。個人だろうが、薬物中毒者だろうが、そうでなかろうが、みな依存症だ。「社会」「国家」「人類」、いまや例外なくみな重度の依存症なのである。しかし自立を目指す意図さえないというのは問題であろう。

依存症から少しでも脱却して自分の軸を作っていくための初歩は、現実を直視できるかどうかである。

日本人は島国根性か共存性のせいか自虐的な民族性を持っているので、無理して自虐史観を否定するより、自虐史観を持って世界に貢献したほうがよほどよい。自虐史観はある意味自分たちが加害者だという自覚につながっているからだ。自虐的な観点が自軸を作り、それにより行動が生まれる。自軸の確立は行動によってしか評価できない。本物の自軸を確立するためには「自分が最低だといかに自覚できるか」がカギだ。自虐史観を否定して被害者面ばかり装い、日本は素晴らしいとばかり連呼するネット右翼のような存在が、いかにうっとうしいか、あなたも少しは感じたことがあるはずだ。

すべては自分の心のうちから起こるというのは、物質的な病気であれ精神的な病気であれ生き方であれ、さらにいえば社会の不都合であれすべて同じなのである。しかし病人であることを声高に主張する人々、現代のクレクレ君やグーミンなどを観察すればわかるが、ほとんどの治らない人たちは同じ反応、同じ行動パターンを繰り返す。

法則に気づき、自分がすべての問題を作ってきたことを認識し、自らを修正する人はよくなる。だが、あくまで自分は被害者だと主張し、周りのせいにし、逃避し、自己正当化をし続ける人は、病気も置かれている環境も決してよくはならない。

●被害者意識から抜けられない人は治らない

再三述べているように、人間はもともと後者の行動をとるように設定されている。それは100％設定されており、必ずその行動はプログラミングされたかのように発動する。どんなにわかったふりをしている人たちも、これに例外はない。これを読みながら「私は違う」と思った人にもすでにそのプログラミングは作動している。

前述したように「被害者意識の絶対法則」はすべての法則とつながっている。「被害者意識の絶対法則」が作動している人々は「心の絶対法則」にとらわれた究極の体現者だ。彼らは常に「でも」「しかし」「だって」という言葉を吐き、「私は悪くない、○○が悪い」に終始し、「根拠あるの？」などという言葉を吐き続ける。御用学者や医者や体制的な人々の情報に依存し、甘い言葉に自分をゆだね、真の意味で問題を直視しない。

いよいよどうにもならないところまで来ると、「隠蔽」「逃避」「不活発化」「偽り」などへと陥っていくが、既存の思想学は決してその仕組みを教えてはくれない。

私の専門の話になるが、心の病にしろ、肉体的な病気にしろ、治らないということは「治したくない人」と「治りたくない人」の共同作業なのである。「治りたい」と言葉に出す人たちがいかに治すための行動をとらないかは、医師の仕事を繰り返してきた私は骨身にしみるほど知っている。自分をストレスにさらし続けることも、どこかにその人の自己選択がある。「治りたい」という嘘をつき続ける人は、自らの責任は認めず、他人に責任を投げるようになっていく。

不穏になった家族関係を修正しないままでいるのもしかり。
勤め先での行き詰まった人間関係を放置し続けることもまたしかり。
食べ物の問題に目をつぶるのもしかり。
やるといいながら自分でやるのではなく他人に頼るのもしかり。
自分で解決しようとせず質問をし続けるのもしかり。
政府が助けてくれると勘違いしているのもしかり。
クスリや医療の裏側を調べないこともまたしかり、である。

●被害者意識を抜け出し「事実」を客観的に観察する

がんなどの病気も同じである。私のような仕事をしていると亡くなる方を大勢見る。精神薬漬けになり病院で息を引き取る人も多いが、やはり一番はがんで亡くなる人であろう。あなたの周り、あなたの家族、友人、患者たち、日本人、彼らが治っているのかどうか、どれくらい苦しんでいるか、医療費は減っているか、末期がんから生還できたかどうか、抗がん剤を投与してどうなったかをまずは客観的に観察してみたことがあるだろうか。

「現実」を見よ。「みんなが治っているから」というのは現実を直視していることにはならない。

医学否定や様々な業界の否定をしていると、「客を誘導したいだけなのだろう」と思われがちだ。だが私のところは自費診療だからそれほど多くの患者が来るわけではない。むしろ講演や懇親会の参加者から治ったという報告をもらうことが多い。

私の医学否定は、がんに関して述べるなら、私の治療や代替療法が素晴らしいのではなく、抗がん剤など投与したほうがよほど死にやすいといっているに過ぎない。抗がん剤（分子標的薬含む）や放射線治療が効かないどころかリバウンドすること、論文が嘘だらけだということ、毒ガス兵器と同レベルであることを科学的に紹介しているだけである。もちろん代替療法が万能の訳ではなく、代替療法でも末期がんの人は亡くなるときは亡くなる。

しかし、代替療法で末期がんが治った方は見かけるが、抗がん剤や放射線治療で末期がんが治った方は見ない。手術をして一時的に治ったように見えてもまた同じことを繰り返してしまうことも多い。私も昔は勤務医だったが、やはりそんな人はいなかった。だからやっているだけだ。それが「事実」であり「現実」である。

「歴史」を見れば先住民にはまったくといっていいほどがんは存在せず、膠原病や難病や生活習慣病もまったくといっていいほど存在しない。100年前の日本の死因統計を見れば、結核や感染症が多く、がんなどは数十人に一人という少なさである。現在は二人に一人ががんにかかる時代だが、100年前の日本にも老人は大勢いた。この視点もまた科学ではなく「現実」を見るということと、「歴史」から見るということなのだが、誰もが現実を直視せず妄想に浸り医学教という宗教に染まるようになってしまった。

そのようなことの繰り返しが人をどんどん悪化させてしまう。皆さんが信じている医学や心理学は、根本原因を解決するのではなく、その状況を受け入れようという考え方が基本なのである。人生を次に進めるための技術や思考法はそこにはない。

心理カウンセリングや心理学にはいろいろな分野があるが、「心理学自体が嘘である」ことから始めないと、自分の心理は向上しないのが皮肉である。心の状態を向上させ被害者意識から抜け出すためには、すべての問題は自分から始まっていることを認識しなければならない。自分が作り出した過去の幻影と向き合って整理し、自分という人間の大きな目的を見出すために「心の絶対法則」はあり、そこに小手先の技術は必要ない。小手先より数ある法則を理解することで、自分の軸をはっきりさせていくためにこそ本書は存在する。我々が幸せになれないのはすべて理由があるのだ。

●不都合を作り出している自分自身の根本原因に気づく

「心の絶対法則」基本編のまとめになるが、人が心理状態を向上させたい場合、基本的には二つの方法がある。これはある意味、後述する「陰」と「陽」かもしれない。

考え方は簡単であり、ひとつ目の方法は過去のトラウマを清算し自分の軸を作りなおすことである。業界用語でいうと「フロイト・ユング型（古典型）」なんてことになるのだろうが、フロイト自身はたいした心理学者でもなかったので、この言葉は使わないほうが賢明だと思う。

もうひとつはトラウマを清算することなく、目標設定を大きくして将来を見据え、行動していく方法である。これは業界用語でいうと「アドラー型（近代型）」ということになるのだろう。

しかしもっとも影響を受けた過去を直視せずに目標設定はできない。トラウマに向き合い深層心理的な解釈を行うことは、筆者の技法においては不可欠である。

いずれにせよ、人が人である以上、精神の問題を解決せずして私たちは行動もできない。勘違いしている人が多いが、実は社会的な抑圧があるということは精神悪化の原因ではない。社会的な抑圧や自分にとっての不都合を作り出した、自分自身の根本原因に気づく必要がある。同じ社会的抑圧を受けていても（往々にして、大多数の日本人は自分の受けている抑圧が一番ひどいと勘違いしているようだが）出てくる結果は違うのである。昔、多くの人々が王朝の圧政に反逆しようとしたように、社会的抑圧はいまよりもひどかった。ではその反逆者たちはみな精神病になったであろうか？　もちろんそうではない。抑圧に埋もれる人は言い訳と被害者意識でいっぱいとなり、抑圧を跳ね返して充実する人は、「心の絶対法則」を無意識のうちに理解し実践している。

過去も清算して未来も見据えればいいじゃないかという意見が出そうである。私が行う精神分析法の場合、必ず過去やトラウマの解釈を行うと同時に、未来設定や大きな目的設定も行う。両方行うことが必要だからだ。ただ、ここで気をつけねばならないのは、食事療法にも向き不向きがあるように、精神療法や心と向き合う方法にも、向き不向きがあることだ。

私の個人的観察では、過去処理にばかりこだわっている人はあまりうまくいかない場合が多い。それは執着と未練と承認欲求が多くあるからだろう。カウンセラーなどが過去処理を行う際、過去の様々な思い出や記憶やトラウマを聞いてあげることだと思っている人が多いが、それは過去処理や解釈とは何の関係もないことに注意する必要がある。

また大きな目標や目的設定を立てるのはよいが、それればかりこだわっている人は、いかに仮面をかぶることしか考えてないという証だろう。

目的が大きければ、人との多少の意見の違いなどすぐに埋めることができる。だが、小さな目的しか持っていない人は他人との違いを埋めることができず、自分の小さな執着を相手に認めさせることしか考えなくなる。その意味では、トラウマやジレンマには何も向き合えていないため、途中で目的から逸れることもしばしばである。目的がより大きいほうがいいのは確かで、大きな目的があれば自分の失敗も次に生かせるが小さな目的しかなければ小さな失敗でも、その人にとっては非常に重大な失敗にしか感じることができず、次に生かせない。

これらを総合すれば何も難しい話ではなく、両方やってみて個人差によりどちらを優先するか考える、ということで済む話である。

●主張下手が問題を作り出す

もうひとつ現代日本人に、決定的なまでに欠けているものがある。これは思考法ではないが、思考法に準じているものかもしれない。それは前述したコミュニケーション能力である。コミュニケーション能力の欠如が様々な問題を生み出す。これまでは現実を直視すること、自覚することの重要性を述べてきたが、コミュニケーションは自覚や思いを伝えるための技術であり、陰と陽のようにとらえてもよいかもしれない。

人々が精神を病む理由のひとつは伝える能力のないことである。本当は、訓練によりコミュニケーション能力は劇的に変わるのに、科学の嘘によって遺伝的問題だと刷り込まれている。これを刷り込んだのが、精神医学であり臨床心理学であるともいえよう。この事実は日本人にはまたまた受け入れがたいようであり、いつものパターン（＝反動）に陥ることが多そうである。コミ障などという言葉が流行っているが、あれは生まれつきであり性格でありしょうがないと思わされている。残念ながらそれは事実とはかけ離れている。

日本の文化はよい面もあるが、基本的に島国根性のせいか、コミュニケーション下手な文化であると同時に、雰囲気を読み過ぎる文化でもあった。島国的、閉鎖的、被害者的であることと雰囲気を読む文化は関係が深い。大陸や欧米などの合理主義や侵略主義や非島国文化では、生きていくためには主張し、伝える能力がより問われ、支配的、加害者的になりやすい。大陸や欧米の考え方と日本の考え方は、ここでも「陰」と「陽」に近い。日本の国力が今後向上するためには、コミュニケーション能力とよい意味での雰囲気を読む力の両方を身につける必要があるが、どうやら両方ともに喪失しているのが現状かもしれない。

●「被害者意識の絶対法則」を知ることは自らが加害者であると知ること

結局、私たちは何をどう考えても、考えていけばいくほどに見直していかなければならないところばかりである。

私たちが少しでもまともになり、地球にとっての究極的害悪でなくなる方法は、自分がバカだと心の底から腑に落とし、自分たちの問題は自分たちが作ったことを自覚し、自分たちの伝える能力がいかに低いかを自覚し、その伝える力を鍛えるより道はない。この自覚がまともになるための第一歩というのは皮肉以外の何物でもないが、これはあらゆる分野に通じている。

これまで述べてきたように、薬物中毒者は心の底から「自分はジャンキーでありバカである」と自覚できない限り、治りはしない。子どもを薬漬けにした親が何を言い訳にして口走ろうが、「自分は子殺しの親であり最低の人間だ」という自覚がない限り、子どもの病気は決して治らない。

「心の絶対法則」応用編で深く語っていくが、これは個人ではなく社会に広げても同じである。社会や政治なら、市民全員が「我々は最低の市民だ」と思えない限り、日本の政治は治らない。より大きなレベルで見れば、人類全体が生物種としての自分を、地球に寄生する最低生物だと思わない限り地球環境は治らない。

こんな皮肉めいた話がある。

地球が神から啓示をうけ、ひとつだけ生物全体の中でもっとも多い願いをかなえるといわれた。人間は大いにもめて戦争まで行い、最後はある人の提案で、「もめるくらいなら願わない」という願いをほとんどの人が神に送った。人類はこれで争いがなくなると期待したが、神が下した決断は全人類の抹殺であった。なぜなら、人類以外のすべての生物が人類の抹殺を望んだからである。「人間を世界から排除せよ」ともっとも願う生物が、人間以外のすべての生物種であるというのは、皮肉でもなんでもなかろう。
「被害者意識の絶対法則」を知ることとは、これまでのパターン通り、自分たちは被害者ではなく加害者なのだと知ることなのである。

心の
絶対法則
【第10章】

◉被害者意識とは自分の立場を高めたり、守るための根源的意識である。
◉被害者であり続けるために人は「嘘」や「正当化」を繰り返す。
◉被害者意識を抜け出すためには、自らが加害者であることを認めること。

第二部

心の絶対法則——応用編

第11章　「全人類グーミンの絶対法則」

ここから「心の絶対法則」応用編が始まる。基本編では主に個人の心に焦点を絞ってお話ししてきた。応用編では、これを人間社会に広げてみていきたい。

基本編の最後でも述べた通り、「心の絶対法則」はフラクタル的に社会へ広げて考えてみると、同じく社会の抱えている問題を浮き彫りにするのである。そして社会に流れる情報がいかに詐欺であるか、見抜くためのひとつの力となる。

そんな中で社会の問題を語るうえで、社会構成員としてのグーミンの存在を説明しないわけにはいかない。

まずは、人間の根源的特徴であるグーミンとは何かの説明から始めよう。

●グーミンとは「愚民」から発生した言葉

私の著書には各所で「グーミン」という言葉が出てくる。読んで字のごとく「愚民」から派生したもので、私のFB上でのやり取りからアニメの「ムーミン」をもじって、作り出したのが最初である。ここには『愚民じゃ直接的過ぎるなあ』という思いがあり、おちょくりや皮肉がほしいという願望がある。そのような経緯でグーミンという造語は生まれたわけだ。

グーミンとグーミンでない者の差について聞かれたとき、ほとんどの人は答えられない。まずは初歩としてのグーミンについて説明しておこう。

◎グーミンの10の特徴

①グーミンは「正しい」という言葉を使う

（正義感に酔いしれ自分の正当性を訴えたいだけ）

グーミンとそうでない者の差は人類に対する客観的評価の有無である。人間は自分が正しい立場にいるためには悪魔になる。自分も含めて人間は常に正しくないと知っているほうがまだグーミンではないかもしれない。

②グーミンは「バカという人のほうがバカ」という言葉を使う

（自分の愚かさを直視できない）

グーミンは昔から使い古されたこのバカな言葉を使う。人を慮っているふりや反論しているふりをして、自分がバカと扱われることに耐えられず、正しい願望だけに執着し、人類のバカな姿を直視できないのが、この言葉を吐くグーミンたちの典型的な思考法である。

③グーミンは「科学的根拠」「ソース」という言葉を使う

（科学の未熟さや操作や捏造を知らず従う）

グーミンは必ず「科学的根拠あるの」「ソースはどこ」と聞く。自分で調べればよいことだが、それ以前に科学がつねに嘘をついており、科学の根本的な考え方の何が問題かに気づいていない。権威主義と長いものに巻かれたい奴隷根性はグーミンの最たる思考法である。

④グーミンは「じゃあどうするの」という言葉を使う

（質問ばかりで、自分では行動しない）

グーミンは現実を直視できないことに問題があるが、仮に問題を認めても絶対に自分では何もせず、人にやらせたり周りの環境を誰かが変えてくれるのを待つ究極の依存的思考の持ち主だ。問題が直視できれば本来やるべきことは決まっており、あとはやるかやらないかだけである。

⑤グーミンは「でも」「しかし」「だって」などという言葉を使う

（現在の悪い状況をごまかすために、どこまでも逃げる）

グーミンは必ず「否定＋妥結」という考えしか持てない。よいか悪いか、未来のためか大きな目標があるかなどとは無関係で、現状と楽さを維持し、周囲に迎合し、そのために悪魔に魂を売って逃げるのだ。これを自己正当化という。

⑥グーミンは常にとてもきれいな言葉を使う
（表面だけを装い、他人の評価と自分をごまかすことしか頭にない）

グーミンであればあるほど、きれいで丁寧で受け入れやすい言葉を使う。愛、感謝、言霊を大事にするなどは代表例だ。それは詐欺師が商品を売り込んだり騙したりする手法と同じである。きれいな言葉は麻薬と同じで、他人にとってもっとも心地よいことを深層心理で知っているからだ。これは、状況が悪いにもかかわらず現実を直視しないという意味も含まれている。

⑦グーミンは「しょうがなかった」という言葉を使う
（自分の責任を認めず、自分をひたすらなぐさめる）

グーミンにとって大事なのは自分の利益だけであり、にもかかわらず他人のために頑張っているかのように装うのが行動パターンだ。自分の責任と過去を直視すれば、「しょうがなかった」という言葉が出てくるはずはないが、彼らの本心は単に自分本位なだけである。

⑧グーミンは「きっと大丈夫だよ」という言葉を使う
（思い込みだけで、動くふりをして行動しない）

グーミンは盲目信者でもある。自分が何かをするのではなく、何かに従い、信者となり団体となり、そのルールに従い、主体性がない。他人や経典を信じ、それが規範となる。結果を直視するより、願望や希望的観測にだけ従うようになる。

⑨グーミンは「周りの人は」という言葉を使う
（主体性や本質がどこまでもなく体裁だけで判断する）

グーミンは常に権威が大好きで、テレビや新聞に影響され、多数派の意見が正しいと思い込むのが得意だ。また周囲の人間と同じことをするだけのロボットであり、周囲から批判されたり仲間外れになることを極度に恐れ、すぐに尻尾を振る。後述する新型コロナ騒動のマスク着用などが最たるものであろう。

⑩グーミンは「陰謀が」「政治が」などという言葉を使う
（被害者的意識が強く、周りや大きなもののせいにする）

グーミンは最後に陰謀論や政治家や経済のせいにするが、それを作り出しているのは私たち一人ひとりの市民であることを決して直視しない。会ったこともない大きな敵を作り、ネットで騒いでいれば正義漢ぶれるからだ。こういうグーミンは初歩知識がありネット内で蠢《うごめ》いていて、自分たちはグーミンではないと思っているが、最凶のグーミン（＝キングーミン）だといえる。まさにグーミンとは「心の絶対法則」の基本をすべて体現した生物である。

そして、この10項目に当てはまらない人間はいないのではないかと思う。

●人間そのものがグーミンである

グーミンという言葉に対して、ほとんどの人はいい印象を持てない。それは当たり前のことに見えて、実は当たり前ではない。これを理解するためには、グーミンという言葉に潜んでいる真の意味、そしてそれを拒絶したがる人の心理の裏側を考察する必要がある。

これまで繰り返し述べたように、グーミンを否定する人々の一番の特徴とは、自分が正しいと勘違いし、人にも正しさを求め、自分が正しくないことを指摘されると逆上し、人に愛と感謝と言霊、愛国と従属を求めようとすることである。己がグーミンであることを否定する者たちは、常に自分が論理的であるかのように見せかける。そして非常にきれいで丁寧な言葉を使う。彼らの奥底にあるのは「自分は正しい」「自分は間違っていない」という心理である。グーミンを否定する者はこの心理を隠すことに必死である。

グーミンと指摘される人々は、みんな自分だけはグーミンではないと思っている。確かに、社会毒という概念が広まってきた現在、いまだ砂糖が体によいなどと思っている人は、知識レベルでいえばかなり下かもしれない。そんな世の中のシステムに洗脳され騙されきっているなんて、ちょっと知識を得た者たちにとっては「バカ」にしか見えないのだろう。しかし多くの人たちが勘違いしているが、グーミンとは砂糖などの社会毒や、世の中の陰謀論的構図のこわさについて知らない人のことではない。彼らをグーミンと思う人もまたグーミンであり、「自分はグーミンではない」と否定する人々は、知識欲だけは旺盛で、「全人類グーミンの絶対法則」を理解できていない人である。「これも知ってる」「あれも知ってる」といい張りたいだけに過ぎないのだが、もし「全人類グーミンの絶対法則」が崩れるときが来るとするなら、それは全人類が心の底から人類の存在価値のなさと、全人類が究極のグーミンであることを実感したときだけなのである。

●「覚醒」系のグーミンっぷり

この話は、「覚醒」系という嘘の話につながっていく。陰謀論、歴史論、スピリチュアル系、アセンション（＝アホンション）系の話が進んでいくと、必ず「人類は覚醒した」「自分は覚醒した」などという話になるが、彼らほどのグーミンを私は見たことがない。まさにキンググーミンと呼ぶにふさわしい。彼らはその事実さえ直視できないグーミンであり、グーミンだという事実を指摘された瞬間に本性が現れる。自分は覚醒している特別な人間だと勘違いしているからだ。きれいごとの裏に秘めた醜い感情の表れである。彼らは情報を知ることで自分を慮っているだけであり、自分がグーミンとして扱われることに耐えられないのである。

●自分だけは違うと思っているグーミン

ここでもう少し具体的に、グーミンとグーミンでない人の違いを見ていこう。

たとえば「医者のいうことだけ聞いていればよい」という人がいれば、これはもうグーミンを通り越してキングーミンと呼んでいいだろう。ここまで医療の嘘がそこかしこで暴かれながら盲目的に従属したい人々など、死ぬよりほかに選択肢がない。

では医療に対して疑問を持った人たちはどうだろうか。たとえば「医者と製薬会社が新しい薬を作ったんですが、これはどうですか？」と質問してくるようではまだグーミンど真ん中だ。しかし、「ちょっとその薬調べてみたんですが、あまりよくなさそうなんです」などと考えることができるようになると、その人は自分がグーミンではないと勘違いしてしまう。野生動物は当然その薬を出されても食べないのに、調べてよいか悪いかなどを判断している時点でまだまだまるっきりグーミンだ。

だが、そうしたことをすべて調べて、確信をもってその薬は決して飲まないと決めても、まだグーミンである。調べることに慣れてきて、「製薬会社が作った薬なんて全部ムダ。グローバル企業の根本が嘘つきだから」と思えればグーミン卒業だと思っている人がいるらしい。確かに社会システムの初歩に気づき、第一歩は踏み出したかもしれない。だが、そんな人もグーミンの卒業とは無縁なのである。

人間そのものがグーミンであるという前提に立たねば、グーミンからの卒業などおぼつくわけもない。私も含め、グーミンのレベルの差こそあれ、そもそも人間社会に存在しながら、卒業など未来永劫あり得ないかもしれない。

●欲しがるだけの「クレクレ君」

わかったふりをするグーミンとは違うタイプのグーミンも存在する。代表格としては「クレクレ君（何でもクレよと求める人種）」になるだろう。テレビや新聞など権威や体裁にのみ従属し、どれだけ自分で調べるほうが早くてお手軽でも、絶対に自分では調べようとしないし、決して自分で責任を取らない。クレクレ君の問題点は情報の見方を知らないこと、考え方も知らないことだろう。まさに「心の絶対法則」を知らないからこそもたらされるものだ。自分の集めた情報が間違っている可能性を考えることもできない。そもそも人に聞いて情報を集めることばかり、自分は教えてもらって当然と考えている。新型コロナ騒動などはそのなれの果てでしかない。

●情報収集の初歩を知らないグーミン

情報を集めるときにはいくつかのコツとして、少なくとも必ず賛成派と反対派の情報を両方集めるのは初歩中の初歩だ。しかし片方でさえやらないのだから始末に負えない。

情報を見るときに自分の経験に固執しないのも重要である。たとえばある方法で自分の病気がよくなったとしても、その方法が他の人にも効果があるとは限らない。しかし多くの人間は「自分が治ったから人も治るだろう」とすぐに錯覚する。実は、これは錯覚ではなく自己満足したいからなのだが、それを人助けと思い込んでいる例は非常に多い。

そのうえで、情報を見るときには、賛成派と反対派の両方の情報が間違っている可能性も考えなければいけない。二項対立を示されると、どちらかが正しいと考えてしまい、第三、第四の発想など思い浮かばない。これは単なる思考停止状態である。例題のことを思い出していただきたい。

情報は常に曖昧である。たとえばそれが史実であっても、人が違えば見方は180度変わる。伝わり方が変われば、事実は事実であっても歪められてしまうことはよくある。これもまた「自分は正しい」という思い込みのもとで論争や闘争が始まっていく原因になる。情報を眺めるときはもっと子どものような、何物にもとらわれない発想の中でこそ見ようとしたほうがよい。最後に、枝葉末節の情報ではなく本質や構造の根本を考えることも重要である。本質がわかれば最後は調べる必要すらなくなる。それが情報を見るうえでのもっとも初歩的なことであって、情報を集めるかどうか以前の問題である。

おそらく情報を集めたり学ぶときに日本人にもっとも欠けていること、それは情報の取捨選択の仕方ではなく、基礎や基本を学ぼうとしない姿勢にあると思われる。新型コロナ騒動を例に挙げれば、医学の初歩、免疫の初歩、ウイルスの初歩、陰謀論の初歩、医原病知識の初歩から、情報はどうやって嘘をつくかという考え方まで、考え方の基本が身についていない。これはおそらく表面的な暗記だけを重視する日本の戦後教育に問題があると推測される。だからこそ「ソース」とか「根拠」とか「デマ」という言葉をよく使う人ほど、詐欺師であったり嘘つきであったりするのである。まさに情報を仕事にしている人に多い。

なお、情報を集める第一ツールはfacebook（以下ＦＢ）などのＳＮＳだったが、もはやこのサービスは情報媒体としても収集先としてもあてにはならないだろう。これはtwitterなどのＳＮＳ全般にいえるし、グーグルなどの検索サイトについてもいえる。グーグルの検閲はもはやひどいを通り越しており、検索サイトにはまったくなっていない。真の情報通は今の時代において、決してグーグルなど使わない。もともとＳＮＳは市民のものではなく、支配的な人々が情報を操作し管理して個人を把握するためのもの、さらに相互に混乱を起こさせるものだ。こんなものに頼ること自体本質的にはありえないのだが、過剰な期待を抱いて書き込みをしている人が多い。それをFB超パワーユーザーの私がいうのも皮肉なことである。

●グーミンとグーミンでない者の違いとは何か？

では結局、グーミンとグーミンでないものの差とはいったい何なのだろうか。

少なくともそれは知識の差ではない。いまの時代はネットサーフィンするだけで大概の知識は手に入るのだから、知識自体は大した意味がないのである。では知識以外で何が違うのだろうか。よく比較されるのが知識と知恵である。知識は記憶や既存の情報などを表すことが多く、知恵は知識から導かれる自分の思考法や思想などを表すことが多い。本書は心の法則を追うものなので、「知恵があればグーミンじゃないのか」と考える人が大半だろう。しかし私はこれも違うと考えている。知識の枠を抜け出し知恵を使うことができても、「心の絶対法則」においては全員グーミンである。要するに、ちょっとした哲学的なことをいっている人たちは、みんなグーミンなのだ。

少なくともグーミンから抜け出そうとする要素のひとつは行動であろう。第2章のもっとも基本である「事実観察の絶対法則」を忘れてはならない。口で何をきれいごといっても何も変わらないということだ。

しかしこの行動も単純ではない。多くのグーミンにとって「行動=思いつき」だからだ。多くの人はとりあえず社会変革行動をとったり、自己を高めるための厳しい修行にいそしんでいればグーミンではないと思っている。これが非常に卑しい自己正当化から生み出されたものであると、グーミンたちは気づいていないのが問題だ。

グーミンは必ず準備もしていないのに思いつきで行動し、しかもうんこを出したあとに他人に拭いてくれとまでせまる行動性がある。グーミンにとって自分たちは被害者でないといけない。

思いつきの行動でグーミンから覚醒したと勘違いしているグーミンは、「目覚めなさい」「気づきなさい」と他人を諭している裏で、自分が目覚めていないことは直視しない。陰謀論やスピリチュアルを唱え、「日本の改善を願っている」と口にする嘘つきは数多くいる。だがその人たちは何の力も、コミュニティも、おカネさえも持っていないことがほとんどである。彼らはまったく無名であり、せまいオタクの世界でしか知られていないくらいの存在だ。だが彼らは、そんなオタクたちが少し集まっただけで世の中が覚醒し、変わると勘違いしているのだ。

これは彼らの思想の根源と行動がまったく合致していないことの証左である。もし彼らが真の意味で日本の再生なり独立なり脱グーミンを考えて動いているなら、自ら大きな力を持ち、カネも様々な工夫で手に入れ、それを動かしながら、他にカネを持っている人ともコミュニティを形成する。自分のカネやこだわりに対するつまらないプライドなど捨てて、周囲の風評さえも気にすることなく、真の意味で変革する力をつけるために行動するだろう。

しかし、多くの正義を主張しているグーミンは、あまりに無力で無能で無行動な自分を直視できないので、負け犬の遠吠え以下の言葉で陰謀論を提唱していることに気づけていない。それでいて自分の家庭は崩壊していたり、不倫マニアだったり二枚舌だったりするから始末に負えない。ここを乗り越えることができるかどうかはグーミン卒業のための第一歩だ。

●利権をむさぼる者たちのほうが現実直視能力がある

これはある意味においてのグローバリスト、大企業、「彼ら」などと私が呼んでいるものたち（拙著『99％シリーズ』（イーストプレス刊）などを参照）、その犬である政治家や企業家たち、その他多くの金持ちたちに対する一定の賛美でもある。彼らもまたグーミンで優生学そのままにカネをむさぼっているが、その思想は常に徹底している。その力は簡単にはゆるぐことなく継続的に計画され行動化され、「ロバッカリ貧乏人」が為すことの何十倍も何百倍も効果的なのである。もちろん、私はそれに従属しろとは述べていない。しかし日本が何も変わらず、グーミンが貧乏なだけでなく発信力もコミュニティもなく、日本が何ひとつ変わっていない現状を直視できずに騒いでいたところで、やはり我々はグーミンなのだ。

グーミン卒業のためのもっとも重要な点は、知恵よりもさらに根源的な「法則」への理解である。つまり「全人類グーミンの絶対法則」を全人類が知り、全人類が自己のグーミンぶりを強く自覚したときにグーミンでなくなるという、ある意味の皮肉がここにも潜んでいるのだ。そのような意味において私が書いている本書もまた「法則」を提示していると錯覚しながら、「法則」ではないかもしれない。

心の
絶対法則
【第11章】

◉グーミンは、みな自分だけはグーミンではないと思っている。
◉我々はすべてグーミンだが、特に自分が賢いと思っている人々のグーミンぶりがひどい。
◉グーミンは現実を直視できない。利権をむさぼる人々のほうがむしろ現実直視能力がある。

第12章　「陰陽変動の絶対法則」

●陰陽論は世界の普遍的な現象を表した言葉

陰陽という言葉はほとんどの人がどこかで聞いたことがあるだろう。東洋医学や東洋思想で頻繁に用いられる言葉であり、この世界の普遍的な現象を表した言葉でもある。地球には昼があり夜がある。太陽があって月がある。明があって暗があり、天があって地があり、上があって下がある。これらは地球が地球である限りは継続されてきた法則であり、今後も続きうる法則でもある。この法則が崩れた場合、地球のすべてが大きく変わることは間違いない。

昼はいつも同じ状態では続かず夜もまたいつかは明け空は白くなってくる。その濃淡はある種の波の動きであり、必ずといっていいほど変動し、またそれが同じレールに戻ってくる。つまり陰陽は絶え間なく存在しながら、それは常に変動し変動のペースにも一定性があり、繰り返していくということだ。このように「光」と「影」、一見相反する性質を持つものがつながっており、相互の繰り返しを持って全体を構成していること。これを「陰陽変動の絶対法則」と名付けよう。そして、男女もひとつの陰陽論だといわれ、善悪もひとつの陰陽論だといわれ続けてきた。善悪が存在しないとする考えからすれば、陰陽論に善悪を含めるのは語弊を生じるかもしれない。これについてはまた第15章で後述したい。

●陰陽論は男女関係に似ている

一番わかりやすく陰陽を日常的に体感しているのは、男と女の精神構造の違いであろう。まったく違う精神構造を持ちながら、対で人間として成立している。

男女の仕組みについて、たとえば、女性は覚えておいてほしい記憶を男性が覚えていないと、「愛されていない」という感情に陥りがちだ。もちろん女性の多くがそう考えることは承知しているが、男性と女性では、何を記憶して残したがるかは当然ながら違うのである。「陰陽変動の絶対法則」を知るということは、その違いを認識するということでもある。要するに男性は女性が覚えておいてほしいことは覚えないし、女性は男性が覚えておいてほしいことは覚えない。だから、それを覚えているかどうかは、向き合っているとか愛しているとはまったく別物である。

これは男と女の体の仕組みもさることながら、精神構造がまったく違うことを双方が理解してい

陰陽を示す太極図

陰陽変動

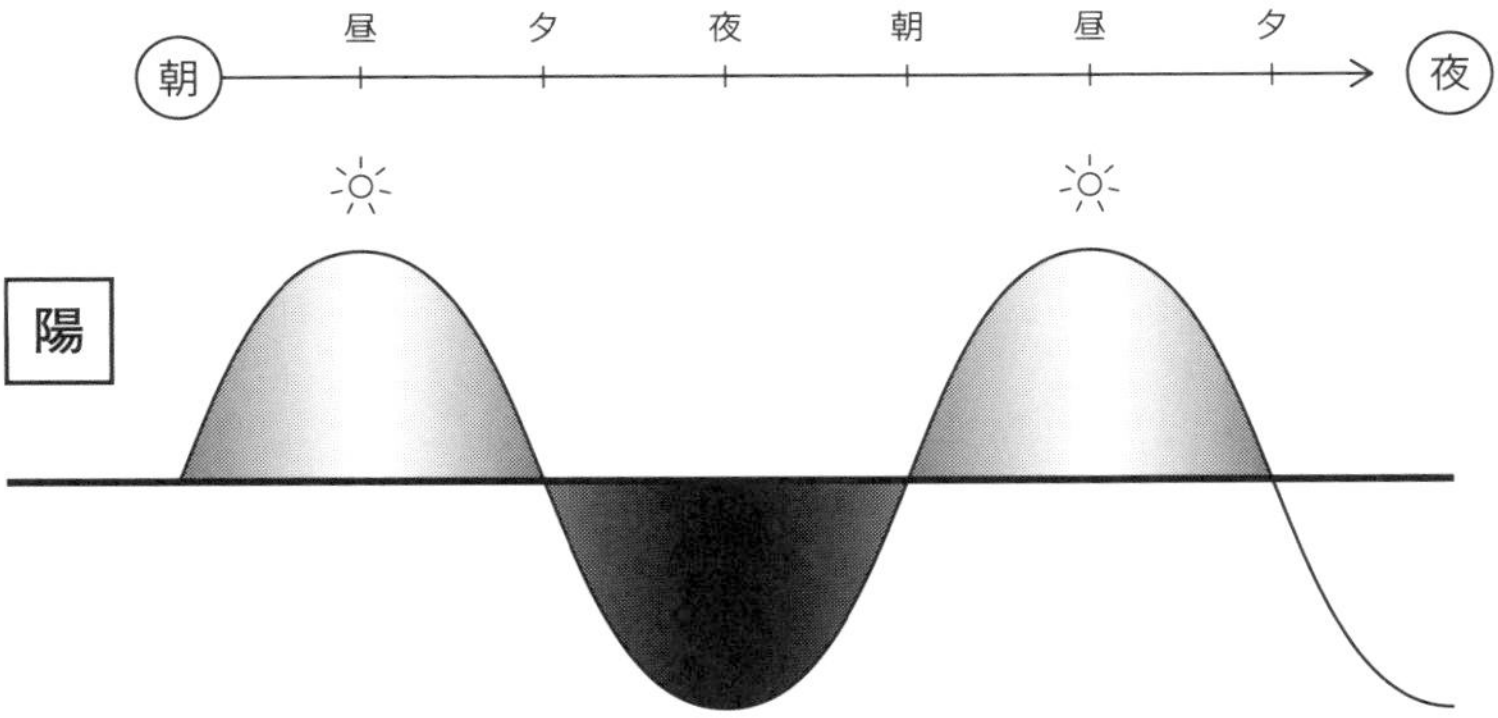

ないことから生じる。夫婦関係がうまくいかないこと、彼氏（彼女）ができてもうまくいかないこと、不倫を続けてしまうこと、ダメンズウォーカーでいること、悪い男や女が寄ってくることにはすべて理由があり、「陰陽変動の絶対法則」を知らないがゆえに起きる。

いわゆる初歩である男性脳と女性脳の違いは知っている人もいるだろう。男性脳は左脳派とも呼ばれ、論理思考、科学的思考、計算、支配欲、過去へのこだわり、などを中心にして機能しているといわれる。女性脳は右脳派とも呼ばれ、直感、感性、芸術的、感覚派、自然崇拝的思考、共存型思考、現実や未来への思い、などを中心にして機能しているといわれる。

これ自体は現実を観察するとよく当てはまるので私も同意するのだが、問題は人類のほぼすべてがこれをいまだに知らないだけでなく、知っていても理解していないということである。もし理解していれば、人が恋人や伴侶の行動に対して感じている怒りや不満は激減するだろう。なぜなら「その人」が「その行動」をとることは必然だからである。しかし大半の人がそう思えないのは「思わないように設定されている」からであり、それを人類社会では固定観念や思い込みと呼んでいる。

●食事法の違いは陰陽と似ている

私は医者なので栄養療法をよく使用するが、食事療法や栄養療法の世界もいつも対立ばかりしている。本屋に行くと、様々な食事療法についての本が並んでいる。もちろん栄養士が買うようなインチキなカロリー計算の本ではない。それを詳しく見ていくと一方は和食が世界で一番、「まごわやさしい」の食べ方が健康的であるなどと書かれており、植物食に近い主張をしている。ところが歴史を振り返れば先住民は肉食が多いうえに、もう一方の本に書かれている、最近注目されだしたグルテンフリーや糖質制限食、パレオ食やケトジェニックなどと呼ばれる食事法は、完全に動物食の主張である。これを見ると「心の絶対法則」を知らない人は、どちらを信じていいか迷ってしまう。

なぜこのようにお互いが正しさを主張し世論を二分し、「この方法がよい」とどちらかに固執するのか？

代替医療の現場を見ているとわかるが、食事療法の選択を誤っている人はすこぶる多い。自分の本質を理解していないのだろう。さらにいえば、どちらのやり方でもよくなる人はよくなっているし、よくならない人はどちらかをやってもよくならない。これは病気の原因を取り違えているのだと考えられる。つまり食事が根本的原因ではないということだ。

これらの食事療法を大別すると、肉食系の代表である糖質制限系（＝分子栄養学系）はサプリメントも含めて、栄養をあたえることが基本原則になっている。一方、草食系の代表である和食やマクロビオティック（＝食養学）や海外のナチュラルハイジーンなどは、「栄養をあたえないこと」、また入れるよりも出すこと（＝解毒すること）などに大きなウェイトを持たせている。粗食の考え方もそうだし究極的には断食もそうだ。

「あたえる考え」を重視する人は、当然栄養であっても「含有量」「数字」「科学」などに固執する傾向がある。逆にマクロビや断食派は、科学だけでなくスピリチュアルやベジタリアンの考えに固執する傾向がある。観念的といってもいいかもしれない。まさにプラスとマイナスの関係である。

だが、このどちらもが間違っていると思えない限り、「陰陽変動の絶対法則」を理解したとはいえない。その意味で栄養療法の世界とは誠にクソである。糖質制限をやって悪くなった人、マクロビやヴィーガンをやって悪くなった人が、毎日のようにクリニックや講演に押し寄せてくる。

実は食事療法の成否を決める要素は栄養だけではないし、酸化や還元などの栄養とは違う要素もある。腸内細菌と自分の食べるものとの関係、遺伝子と自分の食べるものとの関係、食べ物が持っている遺伝情報、味、歯ざわりなど無数のものに影響を受けている。それ以前に健康的ではない食事で非常に健康な人も見かけたりする。玄米菜食でがんがよくなった人もいれば玄米菜食をやって40歳でがんになる人もいるし、肉を毎日食べて100歳でもピンピンしていて背骨も曲がってない人もいる反面、アメリカ牛のステーキが大好きで40歳で病気になってしまう人もいる。誰かがよくなった食事だからといって真似をすると逆効果になることも多い。それは当然のことである。

●プラスとマイナスに正邪は存在しない

食事療法や栄養学の世界になるとどちらが正しいという話になるが、プラスとマイナスという言葉であればどちらが正しいなど誰もいわない。マイナスの人にプラスをすれば改善する可能性が高まり、プラスの人にマイナスをすれば改善する可能性が高まるだけだ。もちろん現場の食事療法はこれほど単純ではなく、すべてオーダーメイドであり薬膳化であり細分化されているが、それぞれの主張は自分の正義をただ貫きたい幼稚さの体現に過ぎず、体質や原因の違いという現実を直視できていない。

人と世界に陰陽がある限り、肉食が合う人と草食が合う人がいるのは必然であり、歴史の中で狩猟時代と農耕時代がある以上、それらの遺伝子や腸内細菌の影響がわかれていくのも必然である。「陰陽変動の法則」を理解していれば現在の栄養論争を容易に把握できるし、そもそも栄養学など雑魚の学問でしかないことが容易に理解できる。こういっただけでどれだけ「反動の絶対法則」が働くかも手に取るようにわかるが。

このように世の中は一枚であるかのように見えて表と裏がある。それはあらゆる面でそうであり、社会認識においても必須のことだ。たとえば世の中の裏側として日本の陰謀論的構造がよく示されるが、これはまさに「心の絶対法則」を知る以前の初歩にあたる。拙著で具体的にいえば『99％の人が知らないシリーズ（前巻・後巻）』（イースト・プレス刊）と、『歴史の真相と大麻の正体』（三五館刊）である。

医学、食、放射能、福祉、経済、政治、軍事に至るまですべては表と裏のシステムがあり、すべての問題はその考えのもとに繰り広げられる出来レースに過ぎず、それを把握するには陰謀論的な構図を知るだけでなく、歴史から観察できるようにならねばならない。

●社会システムの表と裏

社会システムの表裏を簡単に列挙していくと、

・日本は民主主義国家であり自由であるかのような表の顔がある一方で、裏は非常に奴隷的であり従属的であり同調圧力だらけの国家である。日本人は奴隷でいることを心から喜んでいる種族であり、自分が奴隷でないと思っている日本人もまた奴隷であり、自己正当化を繰り返す日本人はもはや奴隷ですらなく奴隷以下となっている。

・原発が石油に頼らないエネルギー政策と表でいわれる一方で、裏では石油以上のコストがかかっている。原発事故から9年がたちこれから病気は激増してくるうえ、裏の情報操作によりすべてごまかされている。

・義務教育を中心に子どもの能力を引き出すという表の顔がある一方で、現代教育は裏の目的として奴隷を作り、日本人の思考回路を殲滅するために存在することとなった。本当は人を死に追いやるような行為を、正しく人助けの行為だと洗脳するのが表の目的となっている。

・現代の日本の医療体制はアロパシー医学＝対症療法だけを盲目的に取り入れており、表向き目先の対症療法を「治る」という表現に切り替えた。裏では多くの医原病や薬害を生み人々の苦しみを助長し続けた。さらに一方で原因を見据えて根本から変えていく根本治療という方法論は、「これらはオカルト的でありインチキである」と喧伝されるようになった。

・アベノミクスがもともと嘘であり裏が見えれば詐欺だったのはもはや常識だが、一部の人にとってはうまい汁なので表向き素晴らしい政策と喧伝し続けてきた。

・日本の精神病院の病床数は世界一であり、実際に世界最悪人権侵害国家と揶揄されているが、これは病院や製薬会社が推し進めてきただけでなく、市民こそが求めた（自分たちに不都合な人間は閉じ込めて殺せと願う）結果だ。市民（表）、製薬会社（裏）一体によってもたらされたともいえる。

・様々な化学物質、たとえば添加物の認可数も農薬の使用量も世界一だが、便利で安心という表の顔を持つ。裏の顔はその毒性で日本中に病気を増やしている。

・いくつかの宗教組織は優遇され、表の顔で正義や愛や感謝をうたい、裏では権力にまみれ貧民から搾取して私腹を肥やすことに終始し、司法は法の番人を表で名乗りながら、裏では完全に堕落して三権分立がそもそも成立しなくなった。

・警察は治安を守るためという表の顔を利用し、裏では己たちの欲とシステム管理のために、捏造や裏金作りを繰り返しているヤクザ組織と化した。

・児童相談所は虐待を防ぐという表の建前から勢力を伸ばしたが、裏では虐待を餌にした拉致機関と化した。児童養護施設は子どもを札束にしか見ておらず、一章のような二枚舌政治家を増やす結果ともなった。一般人の子どもへの同情という偽善心を利用するのだ。

・メディアは政治や権力を見張るという表の顔を利用して裏では権力と結託しすべて嘘を垂れ流し、ジャーナリズム自体が100％消え失せてしまった。メディアのチェック機能はまったく働かず、むしろパチンコ産業、カジノビジネス、3S政策、芸能界のドラッグ文化、電通の情報寡占化など、すべて奴隷システムを継続するために存在している。

このように社会システムにおいても、表の顔には必ず裏の顔がある。その例を枚挙すればキリがない。いいか悪いかの価値判断は置いておくとしても、きれいごとだけの事象は世界には存在しないのだ。

●陰陽どちらかの正しさに固執する愚かさ

政治もそうである。現在の政治家の多くは現実的には日本をルーツとしておらず、芸能界や主流たるメディアとのつながりは説明するまでもない。自民党も公明党もその他の左翼系政党も、日本を破壊するために指示を受け役割を演じてきた。右翼と左翼、保守政党と革新政党自体がひとつの陰陽であり、これらはどちらも正義ではなく悪でさえなく利用された奴隷にすぎない。

保守系が右傾化＝軍国化＝ファシズム化などとよくいわれる。しかし革新系がすがっている共産主義革命＝画一奴隷化＝NWOグローバリズム政策と、保守が求めているものが同じであることに、いったいどれだけの人が気づいているだろうか。そもそもこの世界に右翼も左翼もなく同根なのだ。

私自身左翼的な所もあるが、右翼的な所も結構あり、完全に体育会系の人間なので体罰などは部分的に許容しているし、自衛隊も強化を主張する人間である。


ここで皮肉なことに、「陰陽変動の絶対法則」はどこにでも普遍的に見られる法則であるが、最終的にこの法則を理解することは、この陰陽が混ざりあったり陰陽の両方が破壊されない限り、平和も安定も達成されない、と気づくことである。

人類が世界に争いと破壊の限りをもたらす最悪の害であることも、陰と陽のどちらかの正しさに固執するこそ生じうる。「反動の絶対法則」を理解することは反動を心からなくすことではなく、自分の心の反動を知ることだったように、「被害者意識の絶対法則」を知ることが己の加害者性を知ることであるように、「陰陽変動の絶対法則」を知ることは、自分の中にも外にもすべて、正邪とは関係なく陰陽が存在していることを知ることである。これは最終章で述べる「因果の絶対法則」に結びつく。

●右翼と左翼は表裏一体

真逆の存在だと思われている右翼と左翼について考察してみよう。

右翼と呼ばれる人たちが本当に日本のことを考える保守的な人ならば、日本を真の意味で独立国にするだろうし、日本の真の志に基づいて中国や韓国とも折り合いをつけながら、国益を守るようにするだろう。つまり右翼が左翼的になるだろうし、自分の中に陰陽と変動をもたらそうとするであろう。必要であればもっと東南アジアやロシアとの外交を考え、それ以上に日本を奴隷として支配し続けてきたアメリカ、昨今は中国などの徹底排除を考えるものだ。

また、左翼と呼ばれる人たちが本当に人々のことを考える革新的な人ならば、日本よりも韓国や中国を重視することを博愛と呼んだり平等と呼んだりしないであろうし、生活保護を受けることを促すよりも生活保護を受けない社会を作るであろうし、他国の軍備を強めて日本の軍備は弱めるようなことはしないであろう。つまり左翼が右翼的になることで、日本を愛していることを示すであろうし、日本を真の意味で独立国にするだろうし、日本の真の志に基づいて中国や韓国とも折り合いをつけながら、そうやって真の意味での自立を描いていくであろう。

真の愛国者であれば目的は同じであり、右翼と左翼には方法論の違いという陰陽が存在しているだけだ。しかし右翼にも左翼にもそういう行動を起こす者はいない。己の正義を主張しながら、それぞれの利権にしか関心がないのだ。少し観察すれば、双方が同根であり表裏一体の存在だということがわかる。

●陰陽をフラクタルに考察する

人類全体がひとつの共同体としての思考を持っていると、あなたは考えたことがあるだろうか。社会を小さくして考えてみれば、もっとも小さくもっとも重要な共同体は家族であり夫婦である。この家族間でいかに我々は戦争（争い）を起こし、支配を繰り返し、カネにまみれ、執着と規制ばかり繰り返し、薬漬けにして、病気をして苦しんでいるだろうか。ちょっと考えれば、我々が家庭でやっていることは、いわゆる陰謀論で悪者扱いされているロスチャイルドやロックフェラーと何の違いもない。支配する側と支配される側で成り立っているという意味では、家族単位だろうがグローバルな社会形態だろうが同じだということだ。

もう少し家族から範囲を大きくして考えても、地域差別、部落差別、仕事や学歴による差別、収入による差別から人種差別その他、人類がひたすらやっていることである。これらは誰かの洗脳だけでもたらされたものではない。人の集団生活において、必然的に差別者と非差別者は生まれるのだ。それは人類の総意や根源的欲求によってもたらされたものである。

日本人は「経済」「現実」「成長」という言葉を言い訳に使ってきた。大人の都合のために「経済」という言葉を使い、大人の都合のために「現実」という言葉を使い、大人の都合のために「日本の成長」などという言葉を使ってきた。そうやって表の顔と裏の顔を使い分けてきたのである。

メビウスの輪

本音と建て前、笑顔には必ず裏があるのが人間の本質なのだということを、歴史はとことんなまでに証明してくれる。このような歴史もまた、社会が「陰陽変動の絶対法則」に従って動いているから作られていくのだ。

●陰極まりて陽となる

陰と陽を量子力学的に述べるならこれらは集団化し、相殺化され、反転して社会を形成する。これを理解するヒントになるのは、メビウスの輪である。メビウスの輪とは無限に続く面を意味し、テープを一回ひねって両端をつなげた輪であるが、これはあらゆる意味で人間の思考法を表現している。人間はAといわれてもAを受け入れられず、頑なにBだと思う。その影響は反転して、一周してから自分のもとに帰ってくる。これは「反動の絶対法則」でもあり、社会的法則でもあり人類の本質でもある。自分の表面の精神が自分に逆転して跳ね返ってくるのである。

こうやって書いてしまうと宗教的であるが、自分でやりたくないことやいいたくないことをいってしまったりすると、それがまた実生活で跳ね返ってきて、後悔したりうまくいかなかった経験は万人にあると思う。社会をよくしようとみんながいっているのに、社会がよくなっていかないのは日常茶飯事である。逆もしかり、自分を否定しきったときに初めて希望が見えてくるのも同様だ。人間は必ずメビウスの輪のごとく、自分を反発させ逆転させて生きていくように、必ずうまく行き続けることはないし、陰にい続けることもないように設定されている。これを「陰極まりて陽となる」「陽極まりて陰となる」などという。

もしも陰からの脱却を求めているのであれば、あなた自身がメビウスの輪であることを強力に自覚する必要がある。

●夫がバリバリ仕事をしていると妻が病気になる

この章で述べているのは、陰陽論の考え方が影響をあたえるのは個人レベルだけではないということである。まさに量子力学の根底にあるフラクタル理論そのものである。

たとえば恋愛や夫婦、この二人というユニットは個人ではないが、このユニットにも陰陽論やその他の理論が適用できる。このときによく教えるのが、二人というユニットをひとつの個体としてみるという発想だ。この場合の呼び名が恋人同士や夫婦に相当するわけだが、個人個人ではとらえない。ここに陰陽変動を見出そうとすると、多くの問題が一気に解決することがある。星座でいうなら、牡羊座同士が結婚した場合と、魚座と山羊座が結婚した場合と、射手座と蠍座が結婚した場合は、それぞれ付き合うスタイルを変える必要があるのは必然である。陽と陽が結婚したか陰と陰が結婚したか、陰と陽が結婚したかで対応はわかれてしかるべきで、星座でたとえると占いのようになるが、四元素論で述べるなら東洋医学のようになるのだ。これは第13章の「元素循環の絶対法則」で詳しく述べる。

何度もいうように、この適応範囲は個人レベルにとどまらず夫婦や恋人の間にも適応でき、さらに歴史であれ宗教であれ、社会の動きにおいても適応できる。

たとえば

・夫婦関係で、夫がバリバリ仕事をしていると妻が病気になる
・両親のエネルギーが強くて病気知らずのはずが、子どもは引きこもりになる
・常識人や一般レールを歩んでいる家族ばかりの中に、一人だけ常識はずれな人間がいる

・ダメな男ばかりに惹かれてしまう女性が、わざとそういう男を選ぶ
・DV男が支配し女が支配されているようにみえながら、共依存の関係になってしまう

という現実がある。これらはすべて同じことであり、適応を個人から二人というユニットに広げて陰陽を見ると、一気に解釈が進む。

なぜうまくいかないのにその関係性を選んでしまうのか、仮に幸せだったとしてもなぜその幸せは続かないのか。物事は陰陽であると同時に、必ず波打って動いていくからである。人生に波のごとくよいことと悪いことが起こるように、夫婦関係もそうなるよう設定されている。たとえば、お互いが愛し合っているのに、夫婦でそりがあわないという人が存在する。これは選び方を間違えたのではなく、当人たちがわざとそういう相手を選んでいるのだ。人類の深層心理が、「選び間違えたと思っている伴侶をわざと選んでいる」のである。

これは自分の中の陰陽と夫婦間、恋愛関係の中にある陰陽のバランスを保つためである。よく「人は無意識に遺伝子的には遠い人を選ぶ」などという説を聞いたことがあるかもしれない。それと同様、量子力学的にも無意識に自分と喧嘩する人、無意識にそりが合わない人、合わないが受け入れることで自分が高まる人を選んでしまうことがよくある。これもまた「陰陽変動の絶対法則」であって、夫婦間だけでなく親子間でも成立する。「陰陽変動の絶対法則」は単なる太極図ではな

く積み木の組み合わせのようなものであり、より細かくお互いの違いをすり合わせるように存在している。

●アダルトチルドレンも陰陽から生まれる

夫婦や恋人に陰陽があるように、家庭内や家の建物の中にも陰陽があるのは説明した通りであり、五行を合わせてみるとこれはいわゆる風水の考え方に近くなる。親子5人の関係で、一人だけ精神障害（もしくは不良やニートなど）がいるのはよくある話だ。これはある一人を他の家族が、第7章で述べたスケープゴートにしているのである。また、精神障害者やニート（＝スケープゴート）自身も、自分が家族の負（陰）を受け入れるよう深層心理として動いている。その家族が人として切り捨ててしまったものを、そのスケープゴートの障害者が担っていることがよくある。

量子力学的にはよくいわれることだが、すべての物語は自分の内側から生まれる。自分の周波数が自分に体現されているからである。しかし真実欲求も被害者意識もすべて外側を原因と見ることによって生じている。解釈、思想、理解によって物事の真実は変わるが、人間は真実を求め、正義を求めるからこそ不義と戦いを生み出すのである。

常に我々は内側の周波数が自分に必要なものを引き寄せ、自分に起こった事象は、自分が望んでいるか、もしくは深層心理こそがもたらしているものである。現在の政治の腐敗も、経済格差も、地球の状態も、拒んでいるように見えて、実は人類そのものが望んで生み出しているのである。いまの日本が世界中からバカにされ揶揄されているのも、日本人が自らバカになりたくて奴隷になりたいという深層心理の表れでしかない。

●自分の心の中の陰陽

人生において成功に向かい、発展し、稼ぎ、充実しようと努力するからこそ、実は不幸に陥りやすいのも必然といえば必然である。しかも通常そこには多くの場合、「そんなことはない」という「反動の絶対法則」がまた入ってくる。集団化すればするほどその価値観は強くなっていくのだ。「お金で買えるものはいっぱいある」「貧乏な生活よりもリッチな生活のほうが実際に幸せを感じている」「養っていくのに（食っていくのに）お金が必要だ」と主張し、それが幸せだと主張する裏には、自分が実は不幸せだという深層心理がある。逆に「お金がないほうがいい」「ポリシーのために生きる」などと真顔で述べている人は、本当は心の奥底で嫉妬とお金が欲しくてしょうがない人々である。

これは物事のよし悪しについても同じである。

人が状況をよくしようとすればするほど、より悪くなっていくことが往々にしてある。もしその人がよいと思い込んでいることを、この場合「陽」と表現すれば、「陽」を目指せば目指すほど「陰」が背後に忍び寄ってくる。幸せになろうとして頑張っていながら、実は自分で不幸を招き寄せている。これはよくみられるケースだ。

●問題や束縛のない社会は理想郷ではない

より大きく見れば、社会であってもこの構造は同じである。なぜ政治や経済は人を助けないのか。それは政府とその上にいる者たちこそが支配者であり貴族であり、市民や貧乏人を存在させずしては陰と陽が成立しえないからである。この場合どちらを陽とするかは考え方次第だが、政府が陽だとすれば、陰である市民や貧乏人は一体を装いながら、関係の改善とは必ず反対の行動と思想に終始する。まるでそりがあわない夫婦のように、である。

ただ民主主義の概念を好意的にとらえるなら、それは夫婦が成立することを好意的にとらえるのに近い。民主主義が成熟し、ましな政治が行われるように、わざと政府と市民は乖離していながらくっついている関係なのだ。我々の内や外にある問題や束縛や圧力は、必ずなければいけないものであり、普遍的に存在させることで、すべてのバランスを保とうという人間の欲求が働いている。

いい方を変えれば、問題や束縛や圧力がない世界は実は理想郷ではない。そもそも、理想郷などというもの自体がないといえる。法則とは束縛があるから逆境があるから跳ね返り、陰と陽は常に混在しており、黒だけになったり白だけになったりは決してない。何かをきっかけに白と黒は逆転していく。白と黒の動かし方を知っているのは、むしろ天使というより悪魔であるのがたちが悪いところでもあるが。天使は常に頭の悪い存在であり、悪魔は非常に狡猾で優秀な頭脳を持っているのである。いまの政治や日本の終わっている現状も、市民という偽善者の愚かさと、悪魔的な為政者や超富裕層の狡猾さの、陰陽の組み合わせにより維持されている。

さらに歴史という観点で現代日本社会をより大きな陰陽で考えるのなら、この数年は完全に「陰」転に向かっている。支配、抑圧、嘘、捏造、隠蔽、金満、従属、その他あらゆる問題が政府を中心として、メディアも含め社会を覆っているが、以前なら奴隷ながらも少しの自由があったわけで、これは戦後の時代からの反転でもある。日本総中流社会の方がまだましだったと書けば伝わるかもしれない。

これはまさに、映画『スターウォーズ』のごとく、「陰」であるシスの時代がやってこようとしているのだ。

『スターウォーズ』にはジェダイの騎士という偽善者たちが登場するが、ジェダイの騎士が強く肥大化すればするほどに悪のシスは力を増した。数千年という民主主義とジェダイの繁栄の中で、シスは力を蓄え続け、悪魔の知恵を用いて自分の帝国を建設し、世の中を一変させてしまった。これは我々の歴史の中でも絶対に起こる物語なのである。そして、シスもどんなに力を誇ろうが、必ず苦痛の中で滅びるときがやってくる。そのときまで市民は帝国の圧政に心で反発しながら、レジスタンス運動を展開していくのが必然的なさだめなのである。

最後は少し話がそれてしまったが、すべての事象には表裏があり、常に言葉や行動と裏腹な反転現象が起こるのが「陰陽の絶対法則」でもあり、社会のあらゆるところにこの影響はおよんでいる。この法則は太陽と月の関係くらいにしか考えてない人が多いが、単に男女や太陽と月や熱い冷たいではなく、もっと根源的な内容を含んでいるのである。

心の絶対法則
【第12章】

◉一見相反する性質をもつものはつながっており、相互の繰り返しをもって全体を構成している。
◉すべての事象には表と裏があり、常に言葉や行動と裏腹な反転現象が起こる。
◉陰陽を理解するとすべての事象に正邪はなく、ただ特徴だけがあることがわかる。

第13章　「元素循環の絶対法則」

●「占い」は人間の量子力学的解釈

「周波数の絶対法則」の章では量子力学や周波数が周囲に影響をあたえることの基礎的考え方と、詐欺が横行している現状について述べた。

周波数はもちろん医学にだけ応用できるものではない。むしろ世の中では広く医学以外に応用されており、これらは実は共通の考え方の中で応用されている。ところが物理的技術を医学に当てはめた瞬間に、「オカルトだ」と笑われてしまうのは非常におかしなことだ。それなら携帯電話やレーダーや半導体技術も量子力学の応用なのだから、携帯電話を使っている人々をオカルト扱いしてもらわないと困ってしまう（笑）。人だけは周波数や電気エネルギーと関係ない特別な存在だとでも思っているのだろうか。

しかし不思議なものである。量子力学的な法則を非常に色濃く反映しているのが、実は「占星術」「占い」であったり、東洋世界では「風水」「人相」「手相」であったりするのだ。

周波数や量子力学と人間との関係は否定しても、人間という種族は「占い」などが結構好きであるらしいのだ。この矛盾はなぜ起こるのだろう。人は理屈では否定しても、本能的に周波数の重要性を感じ取っているのかもしれない。

脳波の乱れというのは聞いたことがあると思うが、当然、物質だけでなく感情や思考にも周波数がある。つまり思考を知ることの第一歩は量子力学や周波数について知ることであり、周波数がフラクタル（自己相似的）になるのを知ることである。周波数は発する言葉にも影響をあたえ、それが「言霊」という概念に結びついていくが、言霊が言葉だけの問題ではないと知らない限り、言霊はずっと詐欺師に使われ続けていく。

●古典医学は量子医学

くり返し述べているが、往々にしてきれいな言葉を吐くものたちは詐欺師であることが多く、言霊という概念の真の意味を知らない。言葉が発する周波数の影響を考えるときにはその表面だけでなく、言葉の深い意味や心理状態からも読み解く必要がある。

たとえば言葉と周波数の関係、周波数の医学概念と古典医学概念（この場合は東洋医学）を応用すると、病気については以下のようにとらえることができる。

東洋医学では臓器と感情はつながっていると考えられている。つまり、特定の臓器に病気が発生した場合、原因に心の問題が存在すると考えるのだ。人間関係は感情を作っていくが、そこから、病気の根本原因となる負の感情の正体を探っていくのである。

東洋思想で人間関係を観察するときは、陰陽五行表も参考にしていただきたい。

陰陽五行とは東洋思想における、具体的な周波数の影響を受けた関係性の体現である。そして、万物は「木火土金水」という5つの要素により構成されているという考え方だ。木は火を養い、火は土を養い、土は金を養い、金は水を養い、水は木を養うが、これは人間関係にも同じことがいえるのである。また相克といって木は土をやっつけ（栄養を奪う）、土が水をやっつけ（水をせき止める）、水が火をやっつけ（火を消す）、火が金をやっつけ（金属を溶かしてしまう）、金が木をやっつけ（切る）るように、組み合わせると悪くなる関係性もある。

さらに、この理論は男女関係や仕事関係だけでなく、すべての人間関係に使える。たとえば私は五行だと木と火が主の人間であるが、私は木であるがゆえに水に養われ、火であるがゆえに水にやっつけられる。私の妻は木と水の人だが、カスな私を養いながら尻にしいているのは偶然ではない。妻は私が何をやっても支えてくれるのだが、私が突っ走り過ぎそうになると絶妙のタイミングで私を黙らせ消そうとする（笑）。

五行の相生と相克関係図

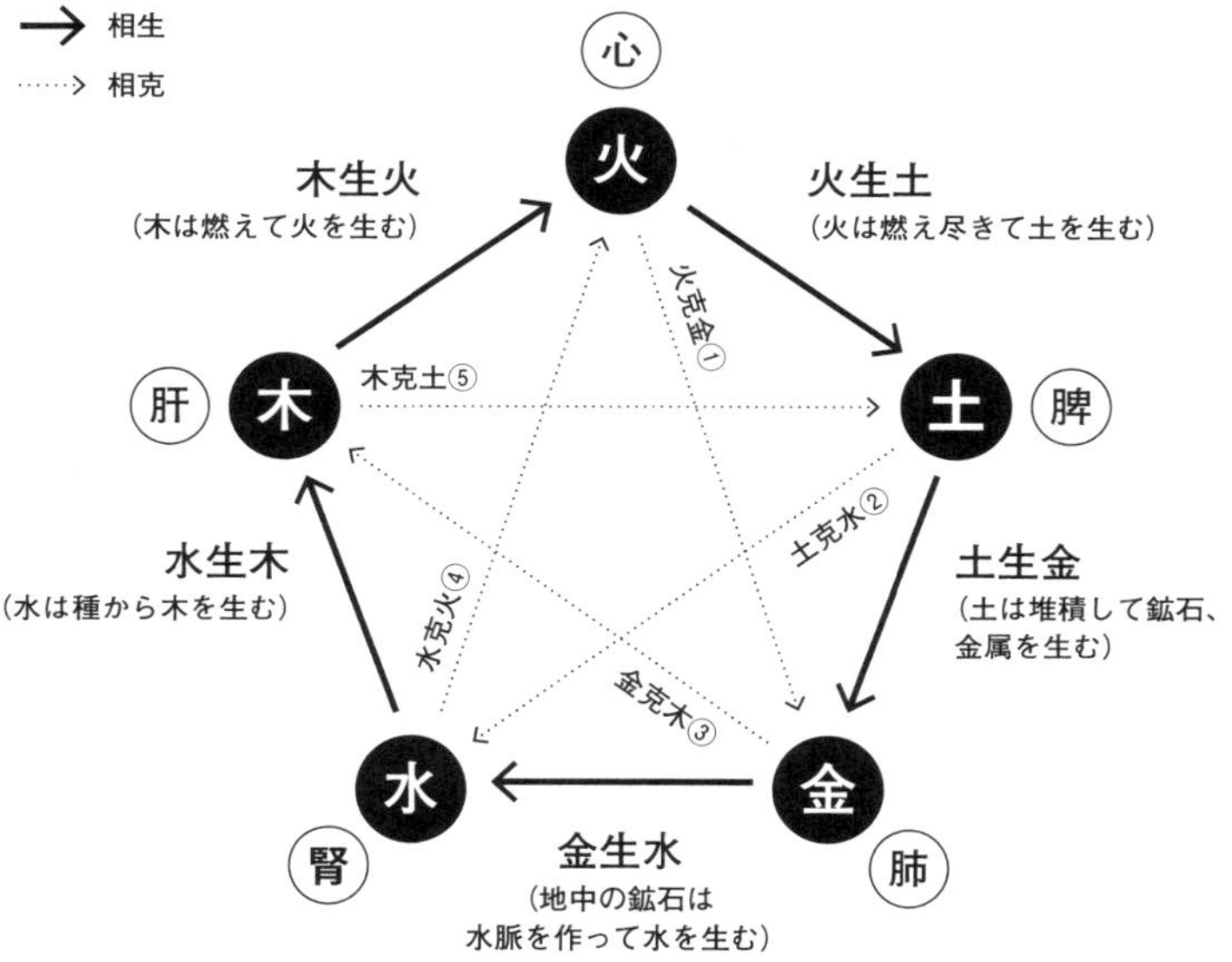

相克の説明

①火は金属を溶かす②土は水をせき止める③金属の刃物は木を切り倒す④水は火を消し止める
⑤木は土の養分を奪って痩せさせる

陰陽五行表

五行	木	火	土	金	水
五色	青・緑	赤	黄	白	黒・紫
五季	春	夏	土用	秋	冬
五官	目	舌	口・唇	鼻	耳
五塵	視覚	触覚	味覚	嗅覚	聴覚
五臓	肝	心	脾	肺	腎
五腑	胆	小腸	胃	大腸	膀胱
五志	怒	笑	思	憂	恐
五味	酸	苦	甘	辛	塩
五指	人差指	中指	親指	薬指	小指
五主	筋	脈	肉	皮	骨

●病気と周波数の関係

病気を心の問題と関連づける東洋医学において、病気の解釈は西洋医学のそれとはまったく違う。以下は東洋医学的にとらえた病気の解釈である。ごく一部だがご紹介しよう。

・あなたが肝臓がんになったのは怒ってばかりいるからかもしれない。もしくは肝臓に負担をかけるような食べ方や毒ばかり摂り込んでいるから、怒ってばかりいるようになったのである。アルコールはもちろんのこと、精神薬も添加物も農薬も肝臓が負担して分解する。つまり解毒が肝臓の役割なので、毒を溜めていなかったかどうかも重要である。

また東洋医学において、肝臓と表裏一体の臓器は胆嚢であるが、両方ともに「キモ」と呼ぶこともできる。キモを冷やしてばかりだったり、肝を据えてばかりいなかっただろうか。義憤に駆られてばかりで自分を冷静に見つめていなかったということはないだろうか。叫びたいことがなかっただろうか。

・あなたが心臓病にかかるのは悦楽ばかり求めるからかもしれない。心臓は東洋医学では喜びの臓器であり転ずると嫉妬の臓器でもある。「恋愛の臓器」であるという表現もでき、これが悦楽と関係があるということにつながる。夫婦関係や家族関係に問題がある場合も心臓血管系の病気になりやすい。血流の臓器なだけでなく血縁を表す臓器なのである。そもそも東洋医学では頭（＝脳）に心があるというとらえ方をあまりせず、心臓に心があるととらえていた。現在は副交感神経の影響が大きいことがわかっている。心臓にがんができることはあまりないが、心臓病は確かに生活習慣病の集大成であり、生活習慣病は食の悦楽の集大成でもある。心臓は恋愛や緊張の体現でもあり、嫉妬ばかりしていたり、性的なことばかり考えている人も病気になりやすいとする。確かに活動的過ぎる人は「英雄色を好む」などともいわれるが、そういう活動的な人が心臓病で死ぬことを見たりしないだろうか。

・あなたが胃がんになったのは何かを消化（消化という言葉にも周波数がある）できていないからかもしれない。消化は単に栄養だけではなく、意味や関係や、人間性や家族関係の消化も意味している。消化できず依存したいがために甘いものを求めていく。東洋医学において胃は甘いものを欲する臓器であり、甘いものは一時的なパワーにはなるが、胃が弱り萎縮していく元凶にもなる。また、胃は「脾」ともいい、いずれにしろ中心にあると東洋医学では考える。つまり胃を患うということは、中心が弱い、軸が弱い、自分がなく自立していないと判断される場合が多い。その場の満足だけを求めている人に甘いもの好きが多くないだろうか。思いわずらいばかりしていたり、依存していなかっただろうか？

・あなたが肺がんになるのは呼吸がうまくできないからかもしれない。それは腹式呼吸的な意味でもあり、社会で息を潜めているという意味でもある。肺は悲しみや憂いの感情を持つ臓器であり、罪悪感をためている人が肺の病気になるケースが多い。息をしないことはどんなことよりも死に直結する原因であり、生きたくないという願望を深層心理で持っているととらえるときもある。大腸は肺と表裏一体の臓器なので、大腸がんになったのも排泄ができていないからかもしれない。肺も大腸も空気を吸い水分を吸収するが、もっとも重要な意味は息や声、大便を出す排泄器官であるという点だ。この場合も周波数の考え方を用い、いろいろな意味で吐き出すことができていないととらえ、罪悪感や悲しみをため込んでいることがそこに病気を引き起こすと考える。

・あなたが腎臓がんや腎不全になるのはやはり排泄ができないからかもしれない。ただ便の排泄と水の排泄は意味が違うと周波数の考え方ではとらえる。肺は声に出したいのかもしれないが、腎臓は尿なので水に流したいのかもしれない。そして腎臓は不安や恐れの臓器であり、肺とは近い関係にある。膀胱は尿（＝水）をためる臓器であり、「水をためる＝不安をためる」という意味を考えてみる必要がある。腎臓は血もつかさどるため、現代西洋医学でも貧血にかかわるとされている。腎臓によって血も悪くなるし、小さいことに苦悩して恐怖していることが、腎臓病や膀胱疾患を作っているかもしれない。腎臓は老化を象徴する臓器であるともいえる。

・あなたが乳がんになったのは自分の女性性を否定したいからかもしれない。乳房は女性性の象徴でもある。他に前立腺がんや精巣がんは男性性の否定かもしれない。男性器もまた似たようなところがあるだろう。子宮がんや卵巣がんも女性の否定に関係するととらえるが、子宮や卵巣はより子づくりに関係しやすい臓器であることに着目する。

簡単に分けてしまえば、乳房は若い女性性の象徴のようなもので、グラビアアイドルのおっぱいを見て男たちが喜んでいることも、若い女性がブラジャーの質にこだわることも、服の谷間をどう見せるかも同意義であり、子宮や卵巣は若いというより母性性の象徴であるととらえることができる。子宮と卵巣にどう違いがあるかもとらえ方はひとつではないが、卵巣は卵を作る臓器であり、子宮は受精卵を受け取って子どもを養う臓器である。よって卵巣がんは「子どもを作りたくない」、子宮がんは「子どもを育てたくない」ととらえることもできる。

・あなたがアレルギーになるのは化学物質を恐れているからかもしれない。アレルギーの人が化学物質や社会毒にやられやすいのは、もはや常識だ。化学物質は確かに恐ろしいが、避けきることはできない。東洋医学では心身一如といい、物質の問題と精神の問題の両方が関連して病気になるととらえるが、アトピーなどは社会毒だけでなく（これを避けるだけでも軽くはなるが）、皮膚と肺は同じ範疇なので、自分への罪悪感と排泄の弱さが生み出すととらえる。実際に、現代西洋医学でさえもアトピーや喘息やじんましんを心身症としてとらえている。喘息とアトピーとじんましんとアレルギー性鼻炎は、肺と皮膚と鼻に症状があり経絡は同じであるのは偶然ではない。皮膚は触れられたい臓器でもあり、心の最初の鎧（肺は金に属するので）でもある。鼻炎になるのも吸いたくないからかもしれず、中にあるものを洗い流したいのかもしれない。

・あなたが関節病になるのは動きたくないからかもしれない。骨や関節は腎臓に大きく関係するが、関節病は体を動かしたいのではなく不安で動かしたくないからともとらえる。これらは何度もいうが物質的なとらえ方ではなく、周波数的なとらえ方であり、精神学的なとらえ方である。足の関節病になるのは歩みたくないからかもしれず、手の関節病になるのは持ちたくないからかもしれず、腰の関節病になるのは腰をすえたくないという、真の意味で立ちたくないからかもしれず、首の関節病は首が回らない状況だからかもしれない。

・あなたが突発性難聴になるのは聞きたくないからかもしれない。現代ではウイルス疾患などといわれているが、ウイルス疾患などで説明できようか。なぜ昔はインフラが悪く感染症やウイルス疾患が多かったのに、先住民には突発性難聴がまったくといっていいほどないのであろう。耳は腎臓に関係する臓器だが、不安により暗く黒くなり、目ではなく耳をふさぐのかもしれない。目の病気、たとえば緑内障などの慢性進行性の病気は、見たくないものがあるからかもしれない。目は肝臓に関係する臓器だが、あなたの怒りや義憤が目を傷めつけているのかもしれない。

●「元素循環の絶対法則」の本質は五行論

こうやって書くとまるっきりオカルトのように聞こえるが、私でなくても世の中の治療家と呼ばれる人たちの一部は、部分的にこの概念を応用している。この概念を専門用語的にはメタファー（隠喩）と呼ぶ。そしてメタファーを応用すると改善率が非常に高くなることを、優秀な治療家やセラピストは経験している。

この周波数の考え方や古典医学の考え方を学ぶと、人体だけでなく世の中がいろいろと見えてくるのだが、私はこのメタファーをさらに無限大に活用して、言語医学という技術として活用している。

ここに書いた臓器と感情の関係は東洋医学の基本であり、メタファーの基本なので大したものではない。実際に治療に活かしたいと思えばそこから枝わかれしていくものを学ぶ必要がある。

しかし絶対法則として、前述した病気と精神との関係は周波数が似ている＝フラクタル理論ととらえることが多く、さらに病気と精神だけでなく万物の関係で示そうとしている。それを伝統的な流れも含めて体系化したものが、エレメント理論＝「元素循環の絶対法則」である。東洋医学でいえば五行論というのがそれに当てはまるわけである。

この法則が適応されるのは東洋医学だけではない。ヒポクラテスなどの古典西洋医学論や、いわゆる占星術に使われるような知識だと、人間の特性を以下のパターンでとらえることが多い。地水火風の四大要素を主として考え、そこに星座などを配分していくので、これを四元素論などとよぶことがある。これが四つであるか五つであるかというのは法則上はどうでもいい。お国柄の違いと思えばよく、問題は元素の意味であり、このとらえ方をする意味である。

●人の性格は生まれ月の季節などの周波数に影響を受ける

周波数は性格にも影響をあたえる。それをわかりやすく示しているのが占星術だ。兄弟なのに性格が違う人をよく見かけるだろう。もちろんその理由は様々だが、量子医学や占星術では、生まれた季節や月によっても性格は変動するととらえる。つまり季節や月や星座が持つ周波数が個人に影響をあたえるととらえるのである。これは遺伝学などの既存科学や唯物論では考えられない発想である。各星座表は別に示すが、各星座は表にあるような素因をもっている。同じエレメント同士は仲がよくなりやすくなるか、衝突すると無限に衝突しやすくなる。風と火のエレメントは陽の側で、土と水のエレメントは陰の側というイメージである。五行とは違う形で例に出してみよう。

火の人は肌は脂っぽく、元気で色艶がよい。ちなみに私は火の人である。
風の人は活動的だが白っぽい肌でしっとりしている。
水の人は陰のタイプでむくみやすく白っぽい。
土の人は土色で乾いた頑固親父っぽい感じになっている。

火と風は同じ陽なので比較的仲良くできるが、風のほうがサバサバしており、風のほうが社交的

12星座と性格の相関図

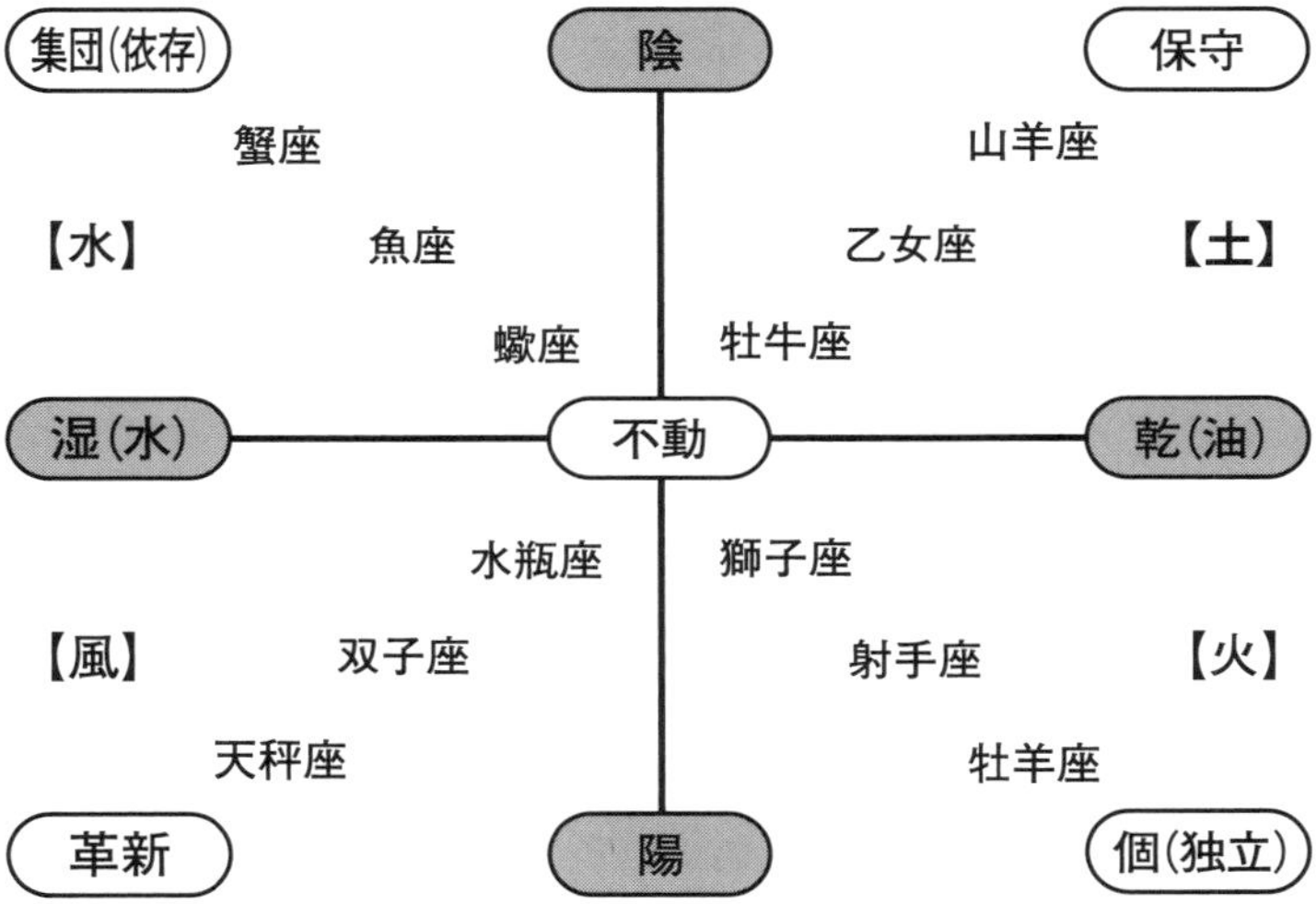

で火のほうが個人的である。風は流れるから流行に敏感というとらえ方がよいかもしれない。そもそも火に風を注ぐと火はさらに燃え上がるのだから相性はよい。

水と土は同じ陰なので比較的仲良くできるが、どちらかというとおとなしい組み合わせであり、見方を変えれば保守的な組み合わせで、土のほうが頑固で個人的であり、水のほうが流れやすく集まりやすく、くよくよしやすく神経質で社会迎合的で、よくいえば繊細である。これもまた土地を肥沃にするのに水は不可欠で、なければ砂漠になってしまう。

もっとも合わないのは火と水で、これは個人主義的な人と依存している人の関係でもある。では火が水よりいいかというとそうでもなく、水は多人数で大きな物事を成せるかもしれないが、火は一人で騒いでいるだけかもしれない。

火と土は乾いていて油的であるといわれる。これに対して水と風は水っぽく湿っているといわれる。これは性格的にも一致しやすく、流行でいうと個で陽的な火の人がある新しいものを作ったとき、それをまず陰かつ乾いている土の人が冷静に判断し、それにもっとも反応してオシャレや買い物をするのが陽で社会的な風、みんなが買いだすと陰かつ社会的な水は大きな流れのブームに乗っかるが、その頃ブームは終わりかけになる。


このような考え方を四元素論というが、基本的には五行論に似ているのだ。よって何を使ってもしっかり法則を理解していれば大差はない。

西洋占星術は12星座を基本として、星座にも基本的な性格があり、太陽の星座（男性性ととらえてよいだろう）や月の星座（女性性ととらえてよいだろう）などさらに細かい分類がある。簡単なところを記載しておくと以下のようになる。私はこの説明をするとき、あまりにわかりやすいので有名な漫画である『聖闘士星矢』を引用することにしている（笑）。

☆牡羊座

牡羊座はあらゆる星座の王様、王女様である。だから『聖闘士聖矢』でもムウは導き役、前代の教皇（シオン）は牡羊座なわけである。

火のエレメントなので実行力に優れエネルギーに満ちている。一番をめざし独立的だったり個人的だったりするが、当然孤立することもあり得る。王様になりたがりで、それで失敗することもある。とにかく個人的で自立的な傾向の持ち主だといえるだろう。

☆牡牛座

土の星座である牡牛座は固いイメージである。我慢強く忍耐力をもって物事を進めていき、牛の鈍重さと牛の重さや大きさを兼ね備えている（このあたりは言語周波数的でわかりやすい）。性格的には意思が強く頑固でなかなか曲がらず保守的、いい方を変えると家族愛や愛国心が強く道徳にこだわりやすい。

まさに保守のようなイメージだが、牡牛座の聖闘士アルデバランは体が大きく頑強、プライドにばかりこだわり教皇に与《くみ》し、それが最後改心したのは、心から話をして戦いでわかり合うという、武闘家ど真ん中みたいな性格のゆえである。

☆双子座

双子の名の通り心の中に二面性を持っており、風のエレメントなので流動的である。これは自分の中だけではなく対外的にも持っていることがあり、陰と陽の二面性をもっていると思えばよいだろう。

見方を変えれば非常に世渡り上手で二面性を利用し、非常に有能であり、双子座の聖闘士サガは、それを利用して教皇の座を奪い取ったともいえる。また双子にも関係あるが、一度に多くのことをやる能力に長けているかもしれない。すごく要領がよく悪くいえば二重人格である。

☆蟹座

蟹座は水のエレメントであり水に関係ある動物だが、依存的であり、権威側につく特性を持っていることが多い。水のエレメントは陰的な要素を持っているが、蟹座は甲羅が固く金属の特性を持っているともいえ（このあたりは東洋医学でいうと肺に通じる）、保守的な側面を持っているが守りには強かったりする。見方を変えれば執着したものには強く、母性愛が強いということもあるかもしれない。

蟹座の聖闘士デスマスクは冥界に通じ、悪であることを知りつつ教皇側に与するが、これも蟹座のゆえなのだろう。

☆獅子座

火のエレメントであり、獅子の名のごとく王者然としている。活動的で世の中を変えようとするような意識があり、火のエレメントの中では頑固で理想主義者的なところがあるが、反骨的でもある。獰猛というよりは開放的で豪放磊落という感じかもしれない。

射手座の影響を受ける傾向が強く、同じ火のエレメントであることは偶然ではない。獅子座の聖闘士アイオリアは射手座の聖闘士の弟であり、射手座（＝騎士の兄の星座）の影響を受けて目覚め、世の中を変えようと動く存在となった。

☆乙女座

乙女座は土のエレメントなので基本的には堅実、頑固の素養をもっているが、それでいながら乙女の名の通り、お姫様が好むような特徴や繊細さも持っている。尊敬されたい、賞賛されたいという意識があり、きれいごとや理想論を好んだりするのは、土の特性であるといえる。

その点では保守的ではあるが、一方で非常に計算高く、悪女といえるような特性を兼ね備えているかもしれない。よって、私は乙女座の女性に対して八方美人の悪女と名付けることがある。乙女座の聖闘士シャカはまるで釈迦の如くふるまいながら、教皇にあえて与していたが、これは乙女座が為せる業でもある。

☆天秤座

天秤座の名の通りまず天秤にかける、バランスを求めるという器用な精神の持ち主である。やはり風なので流動的、よって八方美人ともいえるし平和主義的だともいえる。すべてを調整する存在だともいえる。友好的で説得力があるようにも見えるが、論理的過ぎて優柔不断なところもある。

天秤座の聖闘士・童虎（老師）はあらゆる聖闘士の判断役でもあり、その聖衣は12星座の武器として使えるが、聖闘士にどの武器をあたえるのか判断するのも、天秤座の聖闘士の大きな役割である。

☆蠍座

蠍座は水のエレメントなので基本的には陰っぽく、サソリの形に従い、堅実、頑固でもある。殻が固いことも蟹座に似ていて、無口だったり控えめだったりすることが多いとされるが、形態のごとく毒針を持っているので、ボソッとしゃべると一番ヤバい事を指摘したりする。性的な要素を兼ね備えているともいえる（尻尾と性器のイメージ）。

人を寄せ付けない部分があり、逆にひとつに依存すると頑なな感じがあるので、精神医学でいうところのアスペルガーみたいなイメージかもしれない。まあ、本質的にアスペルガーという病気はないのだが、蠍座の聖闘士（＝水のエレメント）ミロは火消し役でもあるので、獅子座の聖闘士アイオリアと教皇の件でケンカしていた。

☆射手座

射手座は見た目通り射手であり騎士であり、騎士が守るのは王様やお姫様である。騎士のごとく攻撃的、冒険的であり、射手のごとく問題の本質を突き、前向きでこれは火の特性を持つがゆえである。世を変え問題を提起し舌鋒鋭く社会を一度破壊する傾向があり、逆にいえば小さいことには執着せず、個人主義的に陥ることも多く、ある物事にだけ忠誠心を向ける傾向があり、評価が低くなった人とのコミュニケーションがうまくいかないときもある。

射手座の聖闘士アイオロスは最初に教皇の反逆に気づき、女神を守るために動く存在であった。私が射手座だからいいことばかり書くのだとよく指摘されるが、射手座にはあらゆる星座の中でもっとも大きな問題がある。それは早死にすることだ。これは騎士であるためだ。犠牲心といえば聞こえはよいが実際の生活ではよくないことが多い。聖闘士星矢の作中、話が始まった段階でもすでに死んでいたくらいである（笑）。

☆山羊座

山羊座は土のエレメントだが、少し他の土とは違う部分がある。土は不動のイメージだが、土の要素の中では活動的なのが山羊座の特徴である。それでいてどこか飄然としていたり、陰でコツコツやる努力家タイプでもある。土の現実的な感じと行動的な面を備えているので、現実的にも成功しやすくビジネス管理などが得意かもしれない。土は陰の要素を持ち、乾いて現実的な感じなので、思考的には長いものにはしょうがなく巻かれるという感じが、保守っぽいといえる。

山羊座の聖闘士シュラもまた教皇側に与していたが、落ち着いた実務家という感じで、こちらもある程度は教皇の意図を理解している様子だった。

☆水瓶座

水瓶座は文字通り水のエレメントと思いきや、実は風のエレメントで流動的でもある。水を流すというより水をため込むので、水っぽいだけでなく記憶をため込んだり恨みをため込んだりすることもある。その割に風なのであまりそれを人に示さず流すような感じで、その記憶力を生かして人や物を判断する。いわゆるクール系だ。平凡なことを嫌うのは陽的な面だが、風の要素は集団的でもあるので観察力に優れ、流行にいつも興味を持っている。

人との交流は完全に使い分けるタイプだが、風なのである程度は八方美人でもある。水瓶座の聖闘士カミュも飄々としているが、弟子の母親の遺体を海の底に沈めてしまったり、弟子を氷漬けにするこわい要素を持ち合わせている。

☆魚座

魚座は一言でいえば変人・変態である。基本的には陰的であり集団的なので大胆な行動は苦手だが、集団的な分、周りへの気配りが利いたり、変な雰囲気なのに妙に人気があったりする。変人なので性的にも微妙だったり性を感じさせにくい要素を持っており、スピリチュアルなどにもハマりやすいが、世渡り（泳ぎ）は上手だったりする。他人にはちょっとつかみづらい人という印象をあたえることもあり、一方で社会変革の動きを確立させる人ともいえる。よくいえば天才肌というふうにもいえよう。

魚座の聖闘士アフロディーテは男だがバラをくわえ、性もよくわからないタイプであり、教皇（=長いもの側）に与し、相手にバラを刺して血を流させるという、ど真ん中ストライクなキャラであった。


ちなみにこれは漫画を例にしているので当たっていなくてもよいのだが、このような事柄も量子力学的に見れば、星座が持っている周波数、生まれ月や季節が持っている周波数、星座や四元素の言葉の意味が持っている周波数と、関係があるととらえるのだ。

それが「元素循環の絶対法則」であり、病気の根本治療の材料として非常に重要な意味を持っている。

●星座と病気の関係

12星座でなりやすい気をつけるべき病気も指摘されている。星座による病気のなりやすさの傾向があるということだ。実際にこの研究はコロンビア大学で研究報告されたものだが、占星術や東洋占いの延長に過ぎない。話半分で読むだけでも参考になるだろう。

☆牡羊座

牡羊座は12星座の中では王様で、頭部に病気が出やすくなる。火（陽）の性格だからエネルギーが上に上がりやすく、高血圧や頭痛や脳卒中などに注意。いわゆる西洋医学でいう卒中体質だろうか。精神科の病名でいうと躁うつ病や躁病が多いかもしれない。

☆牡牛座

牡牛座は喉や甲状腺がやられやすいと昔からいわれているが、もともと陰で乾いているタイプで、保守的で動かないので、甲状腺を酷使して喉（＝肺）の経絡がやられやすくてもおかしくはない。

精神科の病名でいうと強迫神経症とかアスペルガーとかいわれやすいかもしれない。

☆双子座

双子座は相対している星座であり、相対している部分がやられやすいといわれる。肩、腕、手などだが、これは聖闘士星矢の聖衣を思い浮かべてみればわかりやすい。陰と陽が二分化しやすいので交感神経と副交感神経を交互に使い込み過ぎるかもしれず、分裂的で二重人格っぽいかもしれない。

☆蟹座

蟹はイメージ通り固く殻をかぶり、陰でありながら湿っているという特性を持っている。もっともやられやすいのは胸であり肺（肺は金属の経絡）だが、依存性が高く長いものに巻かれやすいので、依存の臓器である胃の問題、糖質など甘いもので問題を抱えやすいかもしれない。精神的に人と壁を作りやすいかもしれず、がん（cancer）に注意。

☆獅子座

獅子座は陽の星座であり心臓や循環器系に影響が出やすいといわれる。こちらもいわゆる卒中体質と呼べるかもしれない。あまり群れることを好まず生きていくが、獅子は射手座や牡羊座に影響を受けやすい面もあり、陽だが影響を受けやすくもあるので正中線（＝特に督脈）の病気に注意が必要である。

☆乙女座

乙女座は保守的な側面と流動的な側面と乾いた側面を持っている。腸の病気が多いといわれ、過敏性腸症候群や神経性胃炎などになりやすいかもしれない。腸は心臓と表裏一体の臓器で、乙女からイメージできる心臓（ハート）の意味にもつながる。乙女は悪女でもあり八方美人でもあるため、男女関係などでトラブルや病気になりやすいかもしれない。

☆天秤座

天秤座は秤にかける意味を持ち、陽でありながら湿った側面を持っている。もっともやられやすいのは腎臓といわれるが、これは腎臓が二つあることと関係あるかもしれない。同じく腎臓には副腎もくっついているので、副腎の病気に注意。不安がたまったり、人に気を遣い過ぎて、いつも判断に迷っていると不安神経症になるかもしれない。

☆蠍座

蠍座は性に関係しやすい臓器といわれる。蠍の形状が男のアレに似ているイメージを持つのも重要（形態の周波数）で、泌尿器や生殖器の病気になりやすいといわれてきた。性依存やアルコール依存に注意という人もいるようである。

☆**射手座**

射手座も陽の星座であるが、暴飲暴食しやすく肝に関係が深いのでアルコールを好むことがある。肝臓を傷めたり足の根幹（＝鼠蹊部や大腿部など）に負荷がかかりやすいといわれてきた。足の根幹は支える場所であり騎士のイメージを持つといいかもしれない。牡羊は王様だが射手座は騎士、よって同じ陽でも射手座は無理し過ぎに注意する必要がある。

☆**山羊座**

山羊座は陰であり、保守的でありながら動く側面を持っている。骨や関節がやられやすいといわれており、リウマチや膠原病などに注意が必要である。現実的でビジネス管理が得意かもと述べたが、それが嫌だと動きたくなくなり関節病になるととらえる。動き過ぎると、それを制御するために体が病気にさせると考えるのだ。

☆**水瓶座**

水瓶座は陽の要素を持ちながら水の要素も持ち風の要素も持つ、微妙な星座である。がんばるが自分の興味あることだけでなく、他のこともがんばってしまい、溜めて崩壊なんてことがあるかもしれない。水の要素が強いので腎臓や静脈に関係し、足のむくみが出やすく白い肌で冷えの人が多いかもしれない。

☆魚座

魚座は変人であると同時に気配りが利き、集団的で依存症になりやすい星座でもある。アルコール依存や薬物依存や性依存に注意する必要がある。また、水にも関係あるのでやられやすいのがリンパだといわれており、足のむくみ、水に関係する病気、婦人病などに注意する必要がある。

本書は陰陽五行や占星術の本ではないのでこれくらいにしておくが、占星術であれ陰陽五行であれ、実は極めて似通ったことをいっている。結局はお国柄なのだが、本書において重要なのは、その裏に流れている絶対法則を理解することなのだ。それはあまりにも実際のケースと当てはまることが多く、あまりにも適用範囲が広い。これは病気の診断だけでなく、仕事をする際の人間関係の測り方としても非常に便利である。

しかしここでもまた反論する人が出るかもしれない。私は自分のことを知っているが占いが当たっているとは思えない、実際に結果が違うなどという反論である。いいたいことはわかる。表面上ずれることは素人感覚ではよくあるからだ。だからここでは、「元素循環の絶対法則」ではなく、占いでよくいわれるセリフを書いておこう。それは「占いと自分がずれたとき、それは自分が間違っていて占いのほうが正しい」ということである。これは、量子力学の進歩によって、周波数の働きがさらに解明されていくにつれて証明されるだろう。この解釈は深層心理の理解にも通じ、占いが表しているのは生まれたときの自分自身の姿でもあり、今を正直に生きているかどうかでもある。家族や社会に迎合して変わってしまった自分は、占いが示すものと違ってしまうことがあり、それを学ぶために占いがあると思えばよい。もしそうであるなら、占いもまたひとつの精神学であり思想学であるのかもしれない。

心の
絶対法則
【第13章】

◉「占星術」や「占い」は量子力学的な法則を色濃く反映している。
◉人の性格は生まれ月の季節などの周波数に影響を受ける。
◉病気と人間の心には大きな関連があり、あらゆる臓器は固有の周波数や精神的特徴がある。

第14章 「必要不要の絶対法則」

●現代社会はあたえられ過ぎている

第9章で「精製と依存の法則」について説明した。「人間には必要なものを直接あたえてはいけない」ことについてお話ししたが、「必要不必要の絶対法則」とはそれを社会で起こる様々な事象に当てはめた法則である。また、「陰陽変動の絶対法則」の要素も含んでいるといえよう。意識していないところで、人はあたえられ過ぎている。それが様々な問題を引き起こしているのだが、人類は決してそれに気づかない。それゆえにこんな社会、こんな不健康な人間ばかりがあふれることになった。そういわれても「人はあたえられ過ぎると壊れる」ことについて、なかなかピンと来ない読者が多いと思うので、具体的な例を出しながら説明していこう。

たとえば、巷にはビタミン剤やミネラル剤などがあふれている。これらには「あたえ過ぎ」のリスクなどないように感じられるが、実はそうではない。栄養素の摂り過ぎリスクについては、多少の薬学知識があれば判断できる。

もちろん、ビタミンやミネラルは神経伝達物質に対しては、ほとんど酵素（＝仲介物質）として使われるため、麻薬物質が神経伝達物質を直接あたえる影響ほどには悪くないところもある。

しかし「必要不要の絶対法則」は確実にここにも働いているのである。サプリ中毒、サプリがないと元気が出ないといっている人のことをよく観察したほうがよい。特定の栄養素を精製されたサプリという形で摂取し続けると、体の酵素の働きのバランスなどを確実にこわし、逆に体調不良につながるのだ。サプリは一時的に摂る補助であることを忘れてはいけない。また、これはサプリだけでなく、食事療法においても、よいと考えられる食材のあたえ過ぎが毒に変わる可能性を示している。

●ベータカロチンをサプリで摂取すると肺がんが増える

有名な研究をひとつだけ紹介しておく。栄養学を学んでいる人ならフィンランドショックについてはご存じだろう。フィンランドショックの概要を説明すると、ベータカロチン（緑黄色野菜などに多い成分）とサプリメントの話だ。ベータカロチンが肺がんの予防に有効ではないかといわれ、フィンランドで研究が行われた。その結果、ベータカロチンをあたえた集団で肺がんが増え、喫煙者の場合2倍以上増加した。試験結果があまりにショッキングなため途中で打ち切られた次第である。

この試験は天然の食材からとったものではなく、合成物、つまりサプリで摂らせたことに大きな問題があったと推測されている。天然の良質な野菜、ベータカロチンを含む食材の摂取率を増やすことで、がんによいのではという研究は確かにある。しかしそれをサプリであたえてみたら逆効果になったことがショックだったわけである。

なぜそのようなことになったのか、結論は御用学者たちの中ではまだ出ていない。彼らが無知であり薬物の基礎を知らず、「必要不要の絶対法則」を知らないのだから当然のことである。

私は東洋医学を含む代替療法の実践者でもあるが、代替療法の世界でなぜ末期がんや難病や膠原病が治ってしまうのか、という話はよく出てくる。しかし私が知る限りサプリメントでがんや難病が治った人はみたことがない。ちなみにここでいう「治った」はサプリを飲んで症状が抑えられているることを指すものではない。それなら西洋医学の対症療法と同じだからだ。

マクロビやヴィーガンで悪くなった人が来院するように、サプリや高容量の栄養療法で悪くなった人が、毎日のように当院を訪れる。これもまたひとつの陰陽だ。なぜ悪化しているのに同じ方法論を続けてしまうかといえば、第9章で述べた「精製と依存の絶対法則」に通じるところがある。依存と麻薬や覚せい剤や精神薬は切っても切り離せない。つまり、「必要不要の絶対法則」とは精製がいかにこわいかという法則でもあり、社会は気づかない依存にあふれているという法則でもあるのだ。

●ストレスフルな現代日本という嘘

「必要不要の絶対法則」はもちろんドラッグやサプリだけの話ではない。精神面についても少し考察してみよう。代表例がストレスという大嘘である。

現代日本はストレスだらけの生活で、ストレスは病気に直結し日本人の病気の大きな要因だそうだ。しかしそんなことをいえば、大東亜戦争を経験した老人のほうがストレスフルな人生だったろう。また、アフリカやアフガニスタンなど世界の紛争地域、その他多くの困窮して追いつめられて、日常的に命の危険がある場所のほうがストレスフルだ。貧乏で食べたいものさえ食べられず、古いしきたりに苦しめられている人は世界中に数知れない。しかし実際にはそのような苦しい環境の人々よりも、日本人のほうが有病率も薬漬け率も高い。これは科学ではなく「現実」を見ればわかる。つまりストレス論は現実的には完全破綻した仮説である。

日本においてなぜ有病率やクスリ漬け率が高いかは、数々の著作で示してきたのでもう書かない。『医学不要論』（廣済堂出版）や『まんがで簡単にわかる！薬に殺される日本人』（弊社刊）などを参考にしていただきたい。ここではストレス論のほうから考えてみよう。

ストレス論は日本人を奴隷にするために「誰かさん」が考えた、最凶最悪の罠であり餌であることは、心理学や精神医学の嘘を知っていれば明らかなのだが、皆さんはその意味がわかるだろうか。それを理解するためには、ストレス論を語りストレスをかき消すために日本人が一体何をしているのか、という本質を語らなければいけない。

いま、日本人がストレスをかき消すために何をしているかといえば、言葉でいえば癒しであり、ヒーリングであり、愛であり、感謝であり、それに浸ることであり、楽をすることであり、やってもらうことであり、施しである。「人間には必要なものを直接あたえてはいけない」ことを説明したが、すべての日本人が癒しや愛を求め、業界は見せかけの癒しや愛をあたえようとしている。スピリチュアルの嘘が跳梁跋扈する理由もそれだ。

確かに人間には愛や癒しも必要である。ずっと寝ないで動いていては人間は生きてはいけない。確かにそうなのだが、この世界はビジネスとの依存世界を作るため、つまり金儲けの手段として、見せかけのストレス論を持ち出している。愛や癒しがあなたにこそ必要という甘い言葉で誘惑し、様々な愛や癒しの手法を売り込んでくる。現代日本にはびこるストレス論とは一言でいえば、「依存ビジネス」のための販促戦略なのだ。

●愛と癒しにむしばまれる日本人

さあ、これを一種のサプリメントに見立ててみよう。心のサプリとそのまま謳っている業界さえある。それはより洗練され鋭利になり直接的になればなるほど、あなたの心を癒したふりをして実はむしばんでいくのだ。このむしばまれた状態こそが心理学でいう依存状態である。何度もいうがドラッグもサプリ中毒も同じ薬物中毒であり、それは薬物の基礎を知るからこそ解釈も解決も可能である。癒し、愛は薬物中毒者やストレスから逃げたい人を救うのではなく、別のドラッグをあたえて適応を変えてしまうようなものである。ここに「心の絶対法則」がいくつも働くのだ。

逆にいえば、真の精神療法を行う場合、ストレスは逃げるものではなく癒すものでもなく、直視するものであり原因を除去して解決するものである。ストレスは外的な要因でも周りに起因するものでも、周りに振り回されるものでもない。自分側＝内的要因を強くすることによって、ストレスでなくなるよう仕向けるのが本当の治療なのだ。

このような真の精神療法の場合、ストレスを癒すとか愛をかけるなどというごまかしはあり得ない。しかし不思議なことに、最終的には愛や感謝が生じることがある。それはそうだろう、すべての問題に向かい合い、自らを一度否定しながら考え、それを乗り越えれば愛や感謝も生じうる。つまりストレス論のせいにすること、愛や癒しをあたえること、必要な栄養だからといって安易に形を変えてあたえることは、すべて目先しか考えてない人の対応であり、対症療法であり本質的な依存を招くものだと指摘しているのである。

●災害心理ケアの致命的問題点

この法則がわかってくると、世の中には詐欺と地獄の入り口しか開いていないことがわかる。それを人間は欲してしまうからこその問題でもある。たとえば災害心理ケアだ。これを批判する人はおそらく日本人にはいまい。しかしそれを受けるからこそ、依存し直視できず立ち直れなくなっていくことを私は知っている。大きな地震や事件があると、人は精神的に不安になる。これは「歴史」が証明しているが、頑張って払拭できるものではない。遠くから知らぬ人がやってきて癒され慰められることは、実は麻薬や覚せい剤と同じなのである。ボランティアをヤクの売人扱いするだけで、どれだけ反動を観察できるであろうか。

心の痛みや悲しみが落ち着くには地震が落ち着くしかなく、地震に関連した原発問題や経済問題や政治問題の、見通しが立つことしかない。最終的には時間であり問題の本質に向き合うことでしかない。そして災害発生時であれば、身近な対応はコミュニケーション、つまり「身近なものたちがお互いに話す」に勝るものはない。なぜそういい切れるかというと、「歴史」がそれを証明していて、そうやって人類は危機を乗り越えてきたからである。不安は当事者同士で共有するしかないものである。これは、商業ベースの愛や癒しとか、押し売りのボランティアとは別物なのだ。

しかし政治や科学や医学ではそうは考えない。医者として問題を挙げておくならば、災害時は医療にとってカモをひっかけるチャンスであり、そうやって日本のイガクムラと製薬会社は肥大化してきた。これは科学を信じず歴史的観点があると理解できる。救急医療や外科医療は西洋医学の利点なので災害発生時には必要だ。しかしいわゆる災害心理ケア、災害時の睡眠薬や安定剤の導入は、災害時だけでなく災害後に多くの弊害をもたらし、災害後に自立するチャンスを激減させている。

また、精神薬自体が麻薬であるだけでなく、心理ケアは実は宗教勧誘と依存形成のようなものである。被災地の多くで生活援助という名目のもと補助金がまかれ、被災者はそれを権利として当たり前に享受してきた。結局補助金なしでは生きていけない人が激増するが、それは本来の生物の姿ではないのだ。もちろん生活資金が完全に途絶えてしまったときに、一時的にもらうことまで否定しない。しかし受給期間が長引けば長引くほど、それは自立を損ない、人生を謳歌する方向と対極側に向かっていくことになる。さて、これを指摘するだけでどれだけ叩かれるかを私はよく知っている。そして国には頼らずに頑張っている人がいるのも私は知っている。

●自然信仰者の「健康への執着」が病気を作る

ただ、あたえられ過ぎの環境があまりに普遍的になってしまった現在、この絶対法則はもはやこの国でも他でも顧みられることはなくなってしまった。よって現実の世界で私が述べることはなくなってしまった。しかし本書で、私はあえて書いてみようと思う。

あらゆる健康産業は、この「必要不要の絶対法則」を無視してビジネスしている。西洋医学も、西洋医学を批判しながらサプリを売っている輩も、大した違いはない。拙著『医学不要論』（廣済堂出版刊）の根幹のひとつに「健康でいたければ健康になるな」という考え方があるが、これは「健康に着眼しない」「執着しない」「不必要なことはしない」「簡単にあたえない」ということなのである。

開放的だったり楽天的だったり余計なことをしない人の、病気発症率は異常に低いという研究があるが、現代における自然派信仰者が病気になるひとつの要因は、健康に執着し過ぎるその思考法にあるのだろうと私は思っている。

古き時代に老人が二人会い、「最近調子はどうじゃ？」「最近肩が痛くての～」という会話と「お前はどうじゃ？」「わしは腰が痛いときがあっての～」という会話をする。その後に出るセリフは、

「おたがい年じゃのう」でしかない。自然の摂理というのはそういうものだ。

しかし現代においては整形外科に痛み止めやシップをもらいに行くのが大半である。それが非常にこわい薬であると考えられる人はまだよいが、そういう人にしても次に整体や鍼灸やカイロプラクティックに行くのだ。そしてあれやこれやと施してもらい、よくなったふりをしてまた通い詰める人生を送る。それでもよくなればいいが、西洋医学の薬物同様、依存となったり逆に痛みが悪化する人も多数いるのである。

これらはすべてあたえられること、もらえること、欲しいものは手に入ることが心の前提になっているからであって、依存が前面に出ているからである。

「健康でいたければ健康になるな」はたいしたことない症状に、余計なことをすると逆効果になることが多い、という教えであり、これは医学でも代替療法でも同じだ。そしてそれは「人間には必要なものを直接あたえてはいけない」に通じているのだ。健康にこだわり過ぎれば過ぎるほど、健康を取り戻すこともできないし、健康が目的ではないことにも気づかないのは、とても皮肉なことでもある。

物質上の問題と精神の問題はつねにリンクしている。繰り返すが、よく自然食にこだわってよいものばかり食べることを考えている、そういう人に限って不健康なケースが多い。それはフォーカスしているところがただひたすらに身体的(物質的)な「健康」であり、何も感じなかったりいつも体調がよいと思えることだけが健康であり、あたえられることや必要なものを手に入れることしか頭にないからであり、彼らの思考法がずれているからである。

だから「自然食を食べているのに検査してもらって不安を解消する」「何でも病気を確認して教えてもらう」「放射能を恐れ過ぎて何をすればいいか教えてもらう」「ひたすらデトックスをしサプリメントばかり飲んでいる」などという行動をとり、健康に気をつけているはずが不健康という傾向に陥る。こうした行為はすべて自分で医原病や、代替療法原病を作りに行っているようなものだが、本人たちは極めて真面目に健康になりたいと思っているのが見ていて痛々しい。

こう書くと、西洋医学だけでなくサプリもダメなのかと、極端にとらえる人も出てくるかもしれない。

しかし、サプリがすべて悪なわけではない。同じ理由で西洋医学がすべて悪なわけではなく、対症療法しかできないところや、外科的な長所以外にあまり活用できるところがないことを啓発してきたのである。

サプリは補充を目的として栄養不足の人に、一時的に投与するからこそ価値がある。そしてサプリの栄養はフィンランドショックにあったように、食物の栄養素と同じではない。周波数も違うのだがなにより直接的過ぎるため、体の構造を変えてしまうのである。しかしそんなことを代替療法者は教えてはくれない。あなた方からボッタくることができなくなってしまうからである。

このように「必要不要の絶対法則」を学ぶことによって、余計なこと、変にいじることの「危険な本質」を見抜けるようになるのである。

心の
絶対法則
【第14章】

◉現代日本にはびこるストレス論とは、一言でいえば、「依存ビジネス」の販促戦略である。
◉自然派信仰者の「健康への執着」こそが病気をつくる。
◉余計なことや変にいじることの危険な本質を見抜け。

第15章「善悪不存の絶対法則」

●正邪にばかりこだわる人たち

様々な法則を見てきたが、すべての物事には特徴や性質というものはあっても、善悪や正邪などというものは存在しないことに気づく。これは「陰陽の絶対法則」に通じるところがある。もともとこの世界にはなんの善悪も正邪も存在しておらず、すべては人間が自分たちの都合で作り出したものだ。それが「善悪不存の絶対法則」である。それなのに人間は正邪にばかりこだわり、自分を正義、相手を邪悪と決めつける。

善悪という言葉を使えば当たり前のように善と悪になってしまうが、陰陽という言葉を使えば陰が善で陽が悪だと語る人はいなくなる。「周波数の絶対法則」でも、どの周波数が善でどの周波数が悪などという、つまらない話は詐欺に過ぎないことは書いてきた。それぞれに特徴があるだけで、ある人にとっては相殺する周波数かもしれないが、ある人にとっては相殺しない周波数であろうし、相殺すること自体が善であるとも限らないのである。

善悪が存在しないことに気づけば、世の中の様々な言説も、みな詐欺であり悪であるかのように見えるというのは皮肉である。

身近なところで栄養学から見てみよう。たとえば油の成分である。栄養学をかじるとオメガ3、6、9などという知識を持ち出し、オメガ3が善でオメガ6が悪であるかのように語りだす人が多い。そもそも3が善で6が悪ということはない。3は炎症に対して抑制的に働き、6は炎症に対して促進的に働く特徴があるだけだ。炎症を悪と決めつける浅はかな者たちが、オメガ3を善に仕立て上げただけのことである。炎症を抑制する効果も促進的に働く効果もどちらも必要であり、専門的にいっても重要なのは比率であることがずっと述べられてきたはずだ。

酸化と還元も酸化が悪で還元が善なのではない。酸化は生体が自分を守るために絶対に必要なものである。アンチエイジングという言葉を善であるかのように用い、自然の摂理に逆らうグーミンたちが酸化を悪のように仕立ててきた。確かに私も治療の上で抗酸化という手法を使う。これは治療の必要がある人の酸化が著しいし、現代社会は酸化を促進する社会毒にあふれているからで、相殺するがために用いるだけのことである。

そもそも論をいえば治療するというのは本当に善なのか、ということを考えなければいけない。病気になるのはそれまでの行いの結果であり、病気になることこそ自然の摂理であり、善であるかもしれないのだ。

●コレステロールに善玉も悪玉もない

医学の世界の善悪といえば、善玉コレステロールと悪玉コレステロールの話もよく出てくる。しかしコレステロールはひとつであり善も悪もなく、コレステロール自体は悪でも何でもなく様々な体の材料である。むしろ高めのほうが病気になりにくいことは、拙著『その油を変えなさい』（あさ出版刊）などに記載したが、栄養学を学んだものならよく知っているはずだ。

悪玉コレステロールは肝臓側から末梢に送られるコレステロールにすぎず、善玉コレステロールは抹消から戻ってくるコレステロールにすぎない。コレステロール＝悪というイメージを医学界と製薬業界が植えつけたため、末梢にどろどろのものをいっぱい送れば、悪であるに違いないという思い込みが生まれただけである。しかしこれは栄養学の初歩としてもおかしい。悪玉コレステロールといわれるものが多いのには理由があり、善玉コレステロールが少ないのにも理由がある。

悪玉コレステロールは末梢に送られるだけのコレステロールで、コレステロールはひとつであるに過ぎず、人体はむだなことはせず常に必然である。そこから栄養学の知識をつなげばわかるが、悪玉が高いというのは末梢＝細胞にコレステロールという材料が足りておらず、補充している証である。そして還ってくる善玉が低いというのは、コレステロールが足りていないために消費される量が多いという証でもある。これはつまり相対的に全身がコレステロール不足であり、細胞の材料不足になっているということなのだ。だからこそ近年の栄養学でも善玉と悪玉の比を重視するわけである。

善玉コレステロールが高いのは善でも何でもなく、細胞に脂質が足りている指標にすぎず、悪玉コレステロールが高いのは悪でも何でもなく、細胞が脂質を欲しているという指標でしかない。

●善玉菌と悪玉菌の嘘

同様に善玉菌が体によいこともなく、悪玉菌が体に悪いというのも嘘である。善玉菌と悪玉菌および日和見菌という菌叢は、どれがよいとか悪いというよりも、やはり比率が重要である。善玉菌と悪玉菌のバランスが取れた状態を、腸内フローラが整っていると表現するのである。

適切な比率は日本人でも腸内環境の違いなどにより、一人ひとり異なっているが、内海の理論では善玉菌が2、悪玉菌が2、日和見菌が6がもっともよい比率である。先住民もこれに近いかやや悪玉菌が多いくらいである。

もちろん既存の学問ではそうなっておらず、善玉菌が2、悪玉菌が1、日和見菌が7が正しいとされている。それは嘘を振りまいているのが、メディアの大スポンサーである乳業メーカーとヨーグルトメーカーだからだ。彼らの作った商品を食べさせるためには、「善玉菌が多ければ健康」との洗脳が必要だからである。このように善悪はグーミンを欺くためによく使われる。そんな詐欺に惑わされるより、まず、健康でいたいなら腸内細菌と自分が食べるものの特徴を、ある程度合致させ、善玉と悪玉を偏らせないことが大事だろう。これは微生物研究の第一人者、藤田紘一郎氏も似たことを述べている。彼は「チョイ悪菌が健康を作る」などと記している。

この延長の微生物学として、生きた細菌を腸に入れてはいけないという教えがある。つまりはプロバイオティクス（プロバイオティクスとは人体によい影響をあたえる微生物、または、それらを含む製品、食品のこととされる）の嘘である。要するに「生きた菌を腸にあたえるのが健康の秘訣」という観念とその実践がプロバイオティクスであり、それがいかに嘘であるかということである。ここは「善悪不存の絶対法則」から少しそれてしまうが、記載しておこう。

●善玉菌も病気を引き起こす

プロバイオティクス製剤が使われる場所は、ほとんどが胃腸であり、胃腸に不調を感じるときに使われる。しかし第一に必要な考え方は、吐くことにも下痢することにも必然性があるということだ。それらは毒を排出するための生体防御反応であり基本的に抑えてはいけないのである。この点を追求していくと、善玉菌とされている乳酸菌製剤（ビオフェルミンなど）を薬として使うことは、症状を抑える意図があるためかなり問題がある。

たとえば強化乳酸菌製剤を飲ませると、膵炎がむしろ悪化すると指摘する論文などがみられるが、これは膵炎だけに限ったことではない。さらに下痢や胃腸炎などで正露丸（プロバイオティクスではないが）を飲むことも、全身状態を悪化させる可能性が高いのだ。これは乳酸菌だけではなく、ビフィズス菌などの善玉菌全体にいえる。ここでは先ほど述べた「善玉菌という言葉自体が嘘だ」ということを考えねばならない。アトピーを患う人の半分以上が、腸内細菌に大腸菌などの悪玉菌がなかったという研究もある。手の皮膚病の患者の腸内細菌構成で一番多かったのはビフィズス菌（＝善玉菌）だったという研究もある。

このようなプロバイオティクスの問題点を科学的に考えるのであれば、腸内細菌は本来白血球などの糖鎖と相性のよい糖鎖を持った菌が定住し、発酵食品などの善玉菌は小腸に入る前にほとんどが胃酸などで死滅することが重要である。腸管に到達するのは少量の生菌、死菌、菌体成分、代謝産物であり、生菌が大量に腸に到達するなどということは人体の摂理上もあり得ないことなのである。

このような原則を無視して、やれ人類や自称覚醒者と呼ばれる人たちは、「腸内細菌が重要である」「この菌を摂るように意識せよ」という嘘をつく。

もちろんこれは菌を意識するな、発酵食品を摂るなといっているわけではない。発酵食品もチョイ悪菌を味方につけるのも人類の知恵として重要だが、それがプロバイオティクス製剤になった瞬間に、自然ではなく健康より不健康への道になっていることに着目せねばならない。ビフィズス菌を増やすためにプロバイオティクス製剤を飲むという行動はむだ以外の何物でもなく、菌のほとんどは死んで腸に流れていかなくてはいけないのだ。

●陰謀論者は、自ら信用を貶めていることに気づかない

こうやって見ていくと、あらゆる分野において、善と悪で語られていることには嘘以外に流布されているものはないとわかる。

善悪の嘘を語るときに外すことができないのは、陰謀論ではないだろうか。私は陰謀論的な内容の本を書いているし、現場を見たり聞いたり、その筋の人たちと交流することができたので、陰謀論のすべてが嘘だとは思っていない。陰謀論は社会毒の初歩を理解できた後に、「なぜこの世の中がこうなってしまっているのか」という社会システムを理解するうえで欠かせない考え方である。

よって「陰謀論」という言葉を使うこと自体がおかしいのだが、そうはいっても陰謀論を一度知ってしまうと、その視点だけにとらわれてしまいやすい。具体的には、「人間社会を善悪だけに二分しがち」「自分たちの主張のみが正義だと勘違いしがち」「陰謀論にとらわれすぎてデマも嘘も鵜

呑みにしがち」といった傾向が見てとれ、どうしようもないことを述べてきた。だからこそ私も『99％の人が知らないシリーズ』（イースト・プレス刊）の中で「陰謀論を信じない中で陰謀論について書いている」と表現した。

「ロックフェラー」「ロスチャイルド」「金融資本」「偽ユダヤ」「通貨発行権」など確かに存在はする。

世界の多国籍企業、宗教問題、人口削減などキーワードを挙げればキリはないが、日本の政治でいえば、いまの与党が日本会議だ、統一教会や創価学会の手先だ、田布施問題や渡来系だ、といくらでも出てくる。

こうやって少しアンテナを張って情報を集めてみると、陰謀論的な考察を含めて様々な社会への疑惑が出てくる。ただこれをそのまま真に受けるのは正直バカというものなのである。確かに陰謀論といわれるものの中には、単に社会システム論であり、金融や優生学を中心として普通にはびこっているものがある。

しかしその一方で、妄想としかいえない陰謀論も成立していることは確かである。それらを本書で示すような絶対法則を知らない人が見たり調べてしまうと、すぐそれにとらわれたり、騙されたり、どの情報が本当かわからなくなるという状況が生まれる。これは最初に社会毒を知って、そのあと情報をつまみ食いしてしまった人に出てきやすい傾向でもある。善悪にとらわれ、バカげた二元論を述べ立てる陰謀論者が、まともな社会システム論である説を、信用ならぬものに貶めている側面もあるのだ。

●真実を見る目をくもらせるQアノン

善悪二元論で語る陰謀論の危険性を示す典型的な例を挙げてみよう。昨今の陰謀論上、もっとも問題であり嘘とデマが羅列されているQアノンだ。日本ではjapan Q armyなどと名乗り正義の軍隊であるかのように吹聴するわけである。これを書くことは非常に不都合であり、グーミンの正当化が湧きに湧いて本書が炎上しかねないが、やはり炎上するくらいがちょうどよいし、彼らの嘘はひどすぎるので書いておきたい。情弱が必ず引っかかるエセ陰謀論の代表格にQアノンという組織、陰謀論者が存在する。そもそもネットで騒いでるだけの情弱はQアノンがなんであるかをわかっていない。一般的な定義としては、トランプ大統領当選から出現した、海外掲示板「4chan」や「8chan」に政治メッセージを投稿する謎のアカウントのことだ。

名前の由来はQが国家の最高機密へのアクセス権限のことであり、アノンはアノニマスの略であるといわれている。実はこれは表面上の建前だがそれを一般人は知らなくてよい。とにかくQアノンが出現してから一部のアメリカ人に絶大な人気が出て、トランプの支持基盤ともなってきた。その発言を真に受けて犯罪行為に走る者が続出するなど、アメリカでもニュースになるほどだ。

Qアノンは情弱のヒーロー信仰をうまく利用している。そして社会問題や社会の裏側をうまく利用している。Qアノンは1人ではなく、米国家安全保障局（NSA）のグループとされ、トランプと連携し、ニューワールドオーダーやグローバル主義者、ディープステートと戦っていると述べる（嘘だが）。ディープステートやニューワールドオーダーは悪の組織というわけだ。プーチンとトランプは協力し合っているとも述べる。

Qアノンにとってメディアは嘘つきであり、トランプがよく使う表現と同じである。CNNに代表される欧米メディアは財閥の手先であり、都合のよいニュースしか流さないと述べる。

Qアノンは「白ウサギを追え」が合言葉だ。映画マトリックスにも出てきた有名なセリフだが、そうやって真実に導いてくれると信じている。ホワイトハットなどもその延長でよく使われる言葉になっている（もともとの意味は違う）。逆に悪の枢軸で表に立って演劇しているのが、ヒラリー・クリントン、オバマ、ビル・ゲイツ、ジョージ・ソロスなどといわれるわけだ。

このような主張自体は古臭い陰謀論にすぎない。そして部分的には間違っていない。世界は貴族と奴隷を中心に階層構造を持ち、寡占化や権力集中を図り、古くから財閥は世界を牛耳るため様々な作戦を練り、大株主となり医薬産業・軍事産業・食産業その他の大株主となり、通貨発行権をわがものとして利権を永続すべく暗躍してきた。その手先としてブッシュ大統領は暗躍しカダフィは殺されてきたわけで、ここに右左は関係ない。単なる事実である。

しかしそこまでが事実的に正しいからといって、古臭いちょっとした人ならだれでも知っている陰謀論を語っているだけの、Qアノンやホワイトハットが正義の味方であり悪と戦っているかといえば大間違いだ。

Qアノンはこれまで都合が悪くなると、政治家やシオニストの一斉逮捕、ハリウッドスターたちの一斉逮捕といった情報を流してケムに撒いてきた。しかし、残念ながらQアノンのいってきたことで、現実としてニュースに取り上げられたり、本当に逮捕されたという証拠は出ていない。彼らは何年も前から同じことを述べてきて、何も実践されてはいないのである。すべて推測でありその推測は妄想の域を出ていない。これらの情報を流しているのはQアノンに影響を受けた情弱か、実行部隊によるYouTube動画のみだ。私も複数のハリウッド関係者（もちろん陰謀論に精通した人々）にも直接確認したが、ただのデマでしかないと断言された。

これを鵜呑みにする人を世の中ではグーミンと呼ぶ。もちろん、世界の多くの超富裕層や宗教者（特にキリスト教上部）は多くの性犯罪、小児犯罪を問われ、実際に逮捕され公開され報道されてきた。世界で一番性犯罪が多い職業もキリスト教司祭であることが示されており、教皇もコメントを出したほどである。

しかしQアノンが流すそれらの情報はトランプ当選前の話が大半であり、その後は宗教的高揚のみで終わっており、Qアノンは日本においてはもはや金儲けと同じでしかない。むしろQアノン信奉者は破壊と犯罪に走っていることが示唆されている。報道された例として、アンソニー・コメロ被告はニューヨーク市長邸を訪れ、ディープステートの一味だとしてビル・デブラシオ市長を取り押さえようとし捕まった。Qアノンで名前の挙がるマクシーン・ウォーターズ議員とアアム・シフ議員の逮捕に協力を連邦警備隊に要請、当然確たる証拠もないため警備隊は拒否したが当たり前だ。

22歳の男性はQアノンで名指しされたピザ店に火をつけようとして起訴された。Qアノンはコロナに関して1月に、コロナウイルスに感染しやすいのはアジア人であり、白人は免疫があると流したが残念ながら嘘だった。しかしアメリカでコロナが広がったということで国境封鎖となると論調を変え、新型コロナウイルスの流行はディープステートによる陰謀で、さらにその後Qアノンはパンデミックはディープステートの工作員を逮捕するための、トランプ政権による偽装だったと述べた（もちろん嘘）。

このような都合のよい解釈や場当たり主義のトランプびいきのため、社会の裏側を知り陰謀論的構造を理解した古くからの人、社会の闇を知りながらもこのような成金陰謀論を見抜いている人々は、みなQアノンを信用していない。

このようなデマを流布する陰謀論が流行してしまうのも、元をただせば人類が「善悪不存の絶対法則」を理解していないから起こる。現状では情弱の熱狂の域を出ておらず、情弱を引っ掛ける詐欺ビジネスの域を出ていない。新型コロナ騒動が嘘であることはすでにバレてきているが、Qアノンもそのことは知りながら体よくそれも利用したといえるだろう。

また、こちらも報道された一例として、自称Qアノンのオースティン・スタインバートは、精神科クリニックのコンピュータに不正アクセスし、アメリカンフットボールの選手らも含む他の患者の脳スキャンデータをSNS上に公開したことで、警察に逮捕されたと報じられた。この結果をみてもQアノンやその信者たちにはネット市民が多く、ネット技術に長けているものが多いのが特徴だが、これは古くからある組織が背景にあると、ほとんどのネット市民は知らない。そしてそれは難しい話ではない。

Qアノンのバックにあるもの、その正体は由来の通りアノニマスである。文字の由来は匿名だがもともとは大規模のハッカー集団で、正義を自称して様々な市民を叩いてきた人々だ。私自身もアノニマスには様々な妨害をされてきたが、アノニマスとはまさに体制側が雇っているセミプロネット集団のことだと思えばよい。アメリカ政治筋ではQアノンの正体はトランプ政権の元首席戦略官兼上級顧問スティーブン・バノン氏とも、米ドナルド・トランプ大統領自身ともいわれてきたが、まずアノニマスの存在を忘れてはいけない。

日本でもそうだが、情弱は必ず匿名の情報に飛びつく。だからYouTubeのバカげた動画しか流さないのだ。ツイッターでも大半は名前も正体もわからない人間が、政治の能書きを垂れるのが一般的だが、それはただのプロ市民というやつである。真実を配信するふりをして、実は別の目的へ誘導している。派閥への洗脳（特に中共）、データ収集、無意識による操作、など、これらは古くから諜報機関レベルで行われてきた心理作戦だ。

Qアノンも善か悪かの二元論が好きなグーミンを使って、世論を都合のよい方向に誘導する意図が働いている。内部情報的にはQアノンは次世代の支配体制のための布石なのだが、その情報も信用しないくらいがちょうどいい。

私はいつも素人目線で見よというが、そもそも名前も正体も現さない、どこの馬の骨ともわからない人間の情報を、なぜ信じられるのか考えてみたほうがよい。その情報は私から見れば初心者レベルの陰謀論に過ぎず、一貫性がある主張にもなっておらず、実際に行われている証拠は皆無であり、一部の人々を熱狂と陶酔にただ落とし込んでいるだけにすぎない。この手法は甘いものでも大麻でも酒でも麻薬でも同じ、古くから支配者が行う奴隷支配のやり方なのだ。

もちろん、Qアノンが支持しているトランプについては、善悪を議論すること自体意味がない。彼について事実を述べれば、様々な女性遍歴を叩かれていて、財閥レベルの金持ち（なぜロックフェラーやロスチャイルドが悪くてトランプ財閥はよいのだ？）、息子はシオニスト、日本には略奪レベルの金銭催促を繰り返し、安倍に多額を貢がせ、嘆きの壁で黒帽子をかぶって祈りを捧げ、福音派やキリスト教集団が大規模支持母体であり、フリーメイソン高位でエリザベス女王を素晴らしい方だとツイートし、オバマゲートをツイートしたのは二日前にオバマに自分が叩かれたのが理由、性的犯罪で告発されたエプスタインと15年来の友人であり、彼らの飛行機には13歳の他人の女の子がなぜか同乗させられた。そんな男である。その他様々な問題を指摘されてきた人間が、ただの嘘つきであることは自明だからだ。

私はここでトランプを叩き、バイデンやオバマを擁護しているわけではない。どちらもクズだといいたいだけである。どちらが善でどちらが悪かを考えるから騙され続けるのだ。

そもそも政治家など誰も信用できず、大財閥の人間など信用に値せず、やってきた行動の一貫性のなさからも信用に値しない。それはQアノンも同じであり、よってQアノンはトランプ陣営の自作自演か、より大きな支配者による情弱コントロールでしかない。つまりバレてきた悪に対して正義の味方（本当は違うが）を作り、また同じ支配体系を作り出していくという昔ながらのやり方に過ぎない。これらはネットレベルでもよく探せば根拠は出てくるが、よくいってもヤクザ同士の抗争に過ぎない。しかしここで善悪を語るなら、証拠がなくても否定する証拠だらけだったとしても、Qアノンとアノン信者にとってトランプは善であり、自分たちは善であり、信じないものは悪であり、その矛盾を指摘する私も悪にされてしまい、シオニストの手先にされてしまうのである（笑）。

●善悪は、立場によって姿を変える幻

結局、善悪を語る者は、奴隷根性から何かに飛びつく人しかいない。陰謀論者というのは常に同じであり、Ｑアノンに飛びつく人もまた同じである。ネット民は安いプライドを守るために、Ｑアノンでも新型コロナ騒動でも、間違っていても嘘であってもそれを信じ続けるしかない。要するに何も信じるには値せず、善悪など立場によってすぐに姿を変える幻に過ぎないと述べているのだが、では私たちはどうやって物事の判断基準の基礎を築けばよいだろうか。

科学的目線で、事実を突き詰めて考えていくことは重要だが、既存のニセ科学にとらわれている限りその基礎を築くことはできない。そしてこれは陰謀論を基礎にしても同じである。

物事の判断基準の基礎を築くために、最初に考えるべきは「現実」がどうであるかということ、そして「歴史」はどうやって繰り返されてきたのかということに、目を向けることである。

たとえば「放射能は大した影響を及ぼさない、それよりもストレスのほうが危険だ」という者は数多い。既存科学の錯覚に惑わされているだけならまだいいが、確信犯で嘘をついている者が儲けている。彼らは福島以後の激増している病気数や社会状況およびチェルノブイリのその後という「現実」を決して見ない。放射能の安全性を発信している人々は、どこまでも市民をごまかせると思っているようである。

陰謀論者には2020年現在、これだけ病気が激増しても、まだ放射能は偽物だと述べている輩が大勢いる。それはもはや詐欺として訴えられていいレベルである。

もうひとつ皆さんに意識してもらいたいことがあるとすれば、「事実観察の絶対法則」で述べたように物事の基礎や基本、学問の基礎や基本から学ぼうとすることである。ネットで陰謀論を発信している人を見ると、医学や食学や環境学や、もちろん精神学や社会学においても、基礎から学んでいると思える人はまずいない。基礎や基本から学ぼうとしないから、情報やソースに頼り伝聞に頼るようになり、奴隷的になり依存的になり根拠を求めるようになり、信用できない論文や研究に走る。基礎や基本がない人たちなのだから、議論など成立するはずもないので、相手にしてはいけない。

●善悪にとらわれて「硬直化した思考」が問題

私は陰謀論的構図を全否定しているのではなく、「硬直化した思考」を問題にしているのである。それが善悪論であり、世界と人類を知るために必要な法則が、「善悪不存の絶対法則」だと述べているだけだ。

陰謀論を否定するお子ちゃまと陰謀論に浸るお子ちゃまは、同じ三歳程度に過ぎないのではないかといっているのだ。

そもそも医療でも食でもワクチンでもケムトレイルでも、陰謀論的に述べるなら最初の目的は人口削減とされる。人類を5億人に減らすとか10億人に減らすなどという文言がよく出てくるし、明らかに人減らしと思えるような政策が行われているのは現実である。

しかし実際にはどうだろうか。

人口はまったく減っておらず、陰謀論が唱えられ続けても人口は増える一方である。何十年も唱えられているこの陰謀論が真実であるなら、世界人口はどんどん減らなければいけないが、人口が減っている地域は限られている。人口が減っており、これからもっとも減り続けるのではないかと推測されるのが日本であることが困るのは困るのだが、日本が目の敵にされている理由を知るためには、陰謀論的視点と歴史的視点と金銭的視点の3つが必要だと私は思っている。

陰謀論では、ロックフェラーやロスチャイルド、その他多くの財閥や貴族的な人々がいると囁かれ、彼らの目的はお金儲けだということもよくいわれている。

陰謀論的に考えるならこの時点ですでにおかしい。なぜならロックフェラーやロスチャイルドに代表される人々は、通貨発行権を持っているといわれているからだ。通貨発行権を持っているということは、彼らは自分たちで無限にお金を操作できるということでもある。それにもし通貨発行権がないとしても、彼らは無限に近いお金をすでに持っている。なのに、どうしてわざわざ医療や食や軍事やその他でカネを稼がねばならないのだろう?

そんな必要がないのにやっている——と仮定するなら、そこには別の目的があると考えられないといけない。あなたが陰謀論を支持したり信じたりしているならば。

●不正選挙だと叫ぶ者たちのお粗末

単純な社会正義を叫ぶ者が、むしろ不正の手助けをしてしまっている例をご紹介しよう。

よくいわれている不正選挙が行われているという話に関連して、ムサシ(選挙機器など選挙用システム)がおかしいなどという話を聞いたことがないだろうか。しかし、ここで現実を見てみると、陰謀論を知っているあなたの周りにさえも、「ムサシ」など知らない人が大半だ。それ以前にテレビをまともに信じている老人や中高年が大半である。「世の中そんなわけないだろう」としか考えてない、斜に構えた奴隷たちが大半である。もっとそれ以前に「自民党がいい」「自民党が保守だ」と思っている日本人が、大半なのである。

これでそもそも不正選挙などする必要があるのか、ということは常に考えなくてはいけない。

選挙というものが公明正大に行われていると思っている段階で、奴隷としての考え方に冒され過ぎているのは確かだが、それで安直な善悪論から、「不正選挙だ」「ムサシだ」といい始めるのはバカ以外の何物でもない。そもそもそんなことをいう人たちは、選挙開票の現場にも足を運んだことがない人ばかりである。私は政治連盟である日本母親連盟をやっている関係で、政党からの推薦をもらい選挙開票の現場に監視人として立ち会ったことがある。実際に見れば話は簡単で、ムサシとその機械はただのカウンター（枚数測定器）にすぎない。カウンターとは別に公務員が大勢いて、トリプルチェック以上の手際で枚数を測定している。あれを見ればカウンターで票操作するのは不可能なのが当たり前だとわかる。

不正選挙だなんだと騒いでいる人々は、自分が善であるということが前提なので、その行為によって自分の「本質を見たくない」という心理と、自分が「（こんなことを）知っているよ」と自慢したいだけである醜さを露呈しているだけに過ぎない。さらに「知っているよ」と自慢したい市民を誘導して、結果として本質を見ないように仕向けている究極の詐欺師だといえなくもない。

まずは現場を見ろといいたい。仮にそれでも不正選挙が行われているとするならば、それはカウンターではなくPC上での集計によって行われるか、そもそも開票所に運ばれてくる票がすでに書き換えられていなければ無理である。

さらに、ここからが本題だが、一時ネット内で流行った、不正選挙で騒ぐ連中が行った「（カウンターで不正ができないように）マジックを持って行って投票しよう」「折り目を付けて投票しよう」という呼びかけこそ、詐欺中の詐欺であり罠だった。それをすると開票所によっては無効票になってしまうことがある。現場を知れば一目瞭然だ。だが、それに気づいている人を、いまのところ私は見たことがない。もちろん選挙結果に影響をあたえるのは、投票率の高さや組織票だなど、いわれているのはみなさんもご存じだろう。みんなが投票に行き、投票率が上がれば、市民が勝利すると信じているのである。その割に「不正選挙が〜」と騒いでいる連中は、不正選挙を防げてもいないどころか、実際には不正選挙に加担してしまっている。

つまりマジックで書く、折り目をつけて投票するという行為は、むしろ無効票を増やして、投票率の低下に貢献している可能性があるのだ。

不正選挙がたとえあったとしても、その根本を解決する手法を考えず、目先の情弱に働きかける対症療法しか唱えないものは、ただの詐欺師でしかないと気づけることが大事なのだ。

さあ、重要なことは何なのか。

何度も述べているように、世界には「陰謀論的構図」など存在しないということをいいたいわけではない。菌もコレステロールもこの世界には存在するし、ムサシだって存在はするのである。陰謀論があるから「世の中がおかしいのではないか」と考えるようになる。そこまではよいのだが、それで陰謀論にだけどっぷりはまってしまえば、それはこれまで世の中の嘘に溺れていたころと何も変わりはないのである。陰謀論は悪でも何でもなく、陰謀論と呼ぼうと呼ぶまいと善ではない。現実を見ながら「歴史」を振り返り、陰謀論的構図や概念について深く理解したうえで、また「現実」に戻ってくることこそが陰謀論的概念を役立てるうえで必須なのである。善悪や正邪という観念で見ている限り、我々が奴隷であることからは決して抜けられないのである。

心の絶対法則

【第15章】

◉この世界に善悪は存在しない。善玉菌、悪玉菌もただそれぞれの働きがあるだけである。

◉陰謀論は、その善悪にとらわれた「硬直化した思考」が問題である。

◉善悪にとらわれない思考とはまず「現実」をみること、そして「歴史」に目を向けることである。

第16章　「離間工作の絶対法則」

●いさかいの原因は悪意ある第三者に存在する

「離間工作」という言葉自体は知人でもある、池田整司氏の著作「離間工作の罠」（ビジネス社）から言葉をお借りしたが、これは「第三者の原則」と呼んでもよい。これは人間関係の観察だけでなく、どのように情報を見ていけばよいのかということにも通じてくる。トラブルになったとき、長期的な問題が発生したときに思い出したい法則である。たとえば、人間関係において、あるいさかいが起こったとしよう。それが一時的であれば誰にでもあることかもしれないが、これが半永久的になったり非常にシビアな状況に陥ったとき、その原因は当事者同士に直接ないことがほとんどである。ここで働いているのが「離間工作の絶対法則」だ。

たとえばAという当事者とBという当事者がケンカするときには、Aに対してBの悪口を、Bに対してAの悪口を吹き込んでいるCがいる。しかもCはAに対してもBに対しても非常に善人面する。きれいごとから入ってくるのは詐欺師の基本パターンだが、いまの人類にはそれを見抜くことができない。

世の中においても人間関係においても、騙されないためには詐欺師（＝離間工作者）の特徴を知っておく必要がある。詐欺師は必ず裏で動くという特徴があり、まず表立って自分をさらけ出さない。そして詐欺師は必ず聞き心地がよいことを述べたり書いたりし、結論ありきで語るため、決して反対側の情報や価値観を提示したりしない。世の中で混乱が起こるとき、常に善人のふりをした第三者が対立する双方に介入し、内ゲバのようなものが起こるのが特徴なのである。

●離間工作者は「心の絶対法則」をうまく使う

これは様々な「心の絶対法則」をうまく利用しているともとらえることができる。往々にしてAもBも自分を受け入れてほしい依存心理状態になっており、それを第三者（＝離間工作者）はうまく利用して双方の対立を深めていく。「離間工作の絶対法則」は人の依存心に乗じてくるのであり、この「依存の絶対法則」については第9章で述べている。

そうやって第三者自身の信用を高めていくわけだが、この第三者に騙されないためには、人を判断するときにはその人の言葉ではなく行動を見て、何をもたらしているかを観察することが基本となる。前半に述べた「現実を直視する」という話は、ここにもつながってくる。言葉だけでは一切人を判断してはいけない。これが現代人はまったくできなくなってしまった。できなくなってしまった一番の理由は、前にも述べたように、表面の暗記だけを重視する現代の学校教育にあると推測される。

他の法則でもそうだが、法則はひとつではなく組み合わせで考えなければいけないところが重要であり、それは知識や情報とは無縁であるところが重要である。知識としてではなく知恵として、法則を日々組み合わせながら現実を観察する必要がある。

たとえば私が日々伝え行っている医療論、具体的治療においても、この法則はよく出てくる。精神疾患などと呼ばれるものや人間関係のいさかいと症状が関連している場合は、法則を念頭に置きながら治療する。患者であっても患者家族であっても、「離間工作の絶対法則」に振り回される人々であっても、自分が癒されたいという深層心理、自分が正しいと主張したいという深層心理を利用されているからだ。

医者、患者、患者家族の関係においても、実は「離間工作の絶対法則」は存在している。医者は本当は治す気がないのに、患者には「治すために頑張りましょう」といい、家族には難しい旨を告げることが多い。また逆に患者が治療を望んでいないときは、患者には自由にしてもいいといいながら、患者家族には延々と説得工作（＝医療利権にひきずり込む）を行っていることが多い。精神科医などはこの代表格であるといえる。医者は悪魔崇拝者しかいないため、離間工作を常に行っているのは当然のことといえよう。

児童虐待を認定する児童相談所や行政などが家庭に入り込んでくる場合も、離間工作を仕掛けてくることがある。行政が夫と妻にそれぞれ違うことをいうなど日常茶飯事であり、祖父母と父母に対して説明が違うことも、医者と患者に対して児童相談所や行政がいうことを変えるのも日常茶飯事である。しかしここでも問題はそんな医者や行政などを信じてしまう自分自身にあり、自分が一生懸命やっているということに酔いしれたいがために、わざと悪いものを招きよせていることに気づかない。そもそもそんな医者や行政に相談しなければよいのに、みずから詐欺師の仲介者を招きよせることと、自分自身が根本的に問題を解決したくないことは同義なのである。

●政治には必ず「離間工作の絶対法則」が働いている

「離間工作の絶対法則」がわかっていれば、現在の政治状況などすぐにわかるのである。ネット右翼や偽保守や左翼などと呼ばれる人は、これを知らないし、知っていても陰謀論のレベルだと思っている。

日本と中国の関係が悪化していくに従い、ネット右翼や似非右翼は日本が中国に対抗するためにはアメリカに従属の上、自国の軍事力を増強せよと主張する。左翼は中国や半島の手先のため、日本が平和精神を持っていないから悪いのだとうそぶき、最後は中国に支配されてしまえばよいまでいう輩がいる始末である。

しかし日本と中国をいさかいに導いているのがアメリカであったり、最近力をつけてきた中国は日本とアメリカをいさかいに導くため、双方に双方の悪口を述べたりしている。これまでは日本と韓国、日本と中国の仲違いをさせるために、アメリカが離間工作を仕掛けていたが、力をつけてきた中国は日本をアメリカに代表される他の国から引き離すために、離間工作を仕掛けるようになった。どちらにしろ漁夫の利を得ようとする意図は変わらないといっていい。


いつの時代もいさかいが起こっていると得をする人々がいるのだ。それが国の上に立つ多国籍企業だったり、財閥だったり、軍事産業だったり超富裕の投資家集団だったりするわけだ。利害の絡んだ第三者の存在にも気づかずに、「日本を守るために自民党を応援しよう」「日本会議を応援しよう」という輩は、究極的なまでの売国奴であり、目先のことしか考えることができない連中である。


彼らは日本国が法外な値段で武器を買わされているのも知らない。

尖閣諸島に来る中国の船団を政府がわざと泳がせているのも知らない。

すべて探知できるシステムを持っていながら、いさかいを煽るため、ニュースにするタイミングをコントロールしていることさえ知らない。

日本会議が憲法から人権の文言を削除したいと考えていることも知らないし、一部の既得権益層だけがおいしい思いをするための組織であることも知らない。

立憲民主党が自民党の二軍であることも知らない。
左翼と権力が裏で手を結んでいるのも知らない。
共産党と自民党は同じ意識を持った陰陽であることも知らないのである。

●人間関係のあるところには離間工作がある

このように「離間工作の絶対法則」を知らない人々は、常に煽られると恐怖に走り、何かに対抗しようと動く。ニュースでいさかい報道が行われる→攻められると恐怖する→きれいごとをいって日本を守るという売国奴に手を貸す→最終的に自分が死にやすい状況を作るという次第である。

家族関係、人間関係から会社などの組織、社会コミュニティ、国レベルの問題、あらゆるレベルの問題に「離間工作の絶対法則」が入り込んでいる。このことを知り、意識して観察すれば、当事者の問題は非常に解決しやすくなると同時に、真の意味で嘘をついているのは誰か、非常に見つけやすくなる。その嘘つき（＝詐欺師）は再三述べているように、往々にして非常にきれいな言葉と壮大な言葉を吐き、人々の依存心をくすぐり自尊心を増すように行動してくる。素晴らしい日本、美しい日本、という言葉はそれを表しているに過ぎない。

しかしこれを知ると、今度は別のバカげた妄想に走ってしまうのが人間の困ったところでもある。

それは他の法則でも同じだが、いさかい＝すべて「離間工作の絶対法則」が働いていると勘違いしてしまうのだ。当たり前だが、本来のいさかいの定義は二者によるケンカのようなものであり、それは二者の相互不理解や利益への侵襲によってもたらされるものである。

そのいさかいは当たり前だが二者間で、それが誠実さであれ、打算であれ、胸襟を開いてコミュニケーションが行われない限り解決しないだろう。逆にいえば、コミュニケーションが行われずにいさかいが解決しないことは「離間工作の絶対法則」が働いていなくても生じうる。つまり最初に書いた説明の部分を忘れないでほしいのである。

「これが半永久的になったり非常にシビアな状況に陥ったとき、その原因は当事者同士に直接ないことがほとんどである。」という部分だ。本来、悪意ある第三者がいなくても問題が常に起こるのが社会であり、人類であるのだが、その大半は時間とともに二者の中で解決されることがほとんどである。違ういい方をすれば、それを待てない短絡的な人、すぐに人のせいや周りのせいにしたがる人が、「離間工作の絶対法則」に飛びついてしまうのだ。また「離間工作の絶対法則」は「被害者意識の絶対法則」に結びついてしまう可能性があるからこわい。

つまり「離間工作の絶対法則」に引っかからないようにする、もっとも簡単な方法はAとBが腹を割って話し合うことなのである。その際Cを排して話し合うことが重要であり、Cが何をいっていたかを共有することが大事である。これができれば、問題は自分たちだけの問題でCは仲介者としてよい人だったのか、離間工作者としていい人のふりをしていたかわかる。これができないのは人間が体裁だったり常識だったり、被害者意識だったり反動意識を持っているからであろう。なぜこんな簡単なことができないのか、人類は真摯に考え直してみたほうがよい。

心の絶対法則

【第16章】

◉半永久的ないさかいの原因は当事者同士に直接関係ないことがほとんどである。

◉わかってほしいという気持ちが悪意ある第三者に付け入るスキをあたえる。

◉家族間から、政治レベルに至るまで、人間関係の存在するところには必ず離間工作が働いている。

第17章　「総合素因論の絶対法則」

●人は物事の一面しか見ていない

「総合素因論の絶対法則」は非常に重要な法則でありながら、ほぼすべての人が活用していない法則である。にもかかわらず、自分は活用していると人類が思い込んでいるのが困ったところである。バランスのよい思考法、多面的な見方という言葉でほとんどのグーミンがごまかしているが、残念ながら多面的な見方などできている人はこの世界にはいない。おそらく物質面で話をしたほうがわかりやすいと思うので、それを例にとって説明してから心の話に移していこう。

まずは初歩的な化学で考えてみてもらいたい。

我々は中学の化学でA＋B→Cとなるような化学式を教えてもらった。水素と酸素から水ができる化学式など、義務教育を受けていれば記憶にあるはずだ。

たとえばこれが体の中にある物質との反応式だと仮定して、Cはプラスに作用すると思ってもらいたい。これ自体は繰り返しの実験でわかっている事項だと仮定してよい。我々の医学、薬学、栄養学などの世界では、このような機序でCができると上がるものだと考え、これが科学的根拠であるととらえられてきた。

しかし人体も世の中もそう甘いものではない。

たとえば別の物質との反応でD+E+F↓Gという化学式もあるだろう。体内には無数の反応や化学式があって、人類はまだその全容をつかんでいない。体の中はまだまだ未知なのであり、教科書にあることを全部覚えること自体がナンセンスの極みである。

さてそんな化学式の中で以下のものがあると仮定してほしい。これは組み合わせによって十分ありうることなのだが、E+C↓Hなる化学式があるとする。このHという物質が仮にマイナスに作用するとしよう。これは人体や社会の中では十分ありうる例だ。とすると本来Cは人体に対してプラスに働くが、Eが作用するとマイナスに働く。しかしHはCが材料なため、Cが増えるとHが増えやすくなるのだ。

人体の本当の働きは、ここに酵素が入ってきたりでさらに難しくなるのだが、今はそんなもの除外してよい。結局人体の中でCが増えたら、上がるのか下がるのかどちらだろうか。答えは「わからない」である。場面に応じ原因に応じて反応は変わり、ひとつの結論で済むことはおそらくないだろう。

しかし現代の科学、特に化学はこの複合的作用を無視して根拠と呼んでいることが多い。病気の原因がプラス作用にある場合、Cは上がるのだからそれを減らしたりブロックすれば、治ると説いている。皆さんも本やネット記事、論文や研究を見るたびに、「この物質がここに働いてこうなることがわかった」のようなことが書かれていないだろうか。「だからこの薬はここに効くのだ」のようなことが書かれていないだろうか。

●複数の素因を無視している現代医学

もしその理論や根拠が正しければどうなるか考えたことがあるだろうか。答えは当然ながら100%改善されなければならない。A+BはCだという西洋医学の絶対根拠を正しいと考えるのなら。しかし実際はもちろんそうならない。

がんはあるたんぱく質によって阻害されることでできる、という理論が今でも流行っていて、新薬が作られたりノーベル賞のようなクソ賞をとっている。ノーベル賞ほどの外資や製薬会社に魂を売った悪魔崇拝賞は存在しないが、それはともかく、この理論に基づいてがんに対して薬が投薬される。がんがある物質によって影響を受け、起きているのだとしたら（そういい張っているから）、その原因を解除したらがんは一斉に治るはずである。もちろん、これもその通りにはならず、常にがんの薬物治療は失敗している。これはすべて科学の初歩、考え方の初歩が間違っているからである。

このような単一物質によって、もっといえば単一の素因によって結果が導かれているという発想を単一素因論と呼ぶ。現代科学における考え方、研究はすべてこの考え方を母体にしていると述べてよく、それをベースにしている限り、未来永劫結果は出ないといってよい。

つまりどんな研究も論文も、それを真面目な嘘をつかない研究者がやっていたとしても、結果はすべて嘘という皮肉な結果になる。なぜこの考え方を世界中の著名な科学者＝インチキ学者が持つようになったかというと、幼少期からそのように教育されているからである。

我々はそれほどまでに短絡的になるよう、意図して教育されていることに気づかねばならない。世界に賢者などそもそも存在しないのだ。

当たり前だが人体ひとつとっても、結果は複数の素因によってもたらされるものであり、その発想を「総合素因論の絶対法則」と呼ぶ。そして総合素因論は物質だけの問題ではなく、精神についても同じことがいえるのである。我々の精神が表層真理と深層心理という言葉で表現されていることは、すでに何回も述べてきた。表層真理と深層心理は水に氷が浮かんでいるようなものであり、深層心理には何重にも層があることも、すでに述べてきた。確かにそれは間違っていないのだが、人々がこの深層心理を具体的に認識できているかとなると、ほぼすべての人類が認識できていない。だからこその深層心理であると述べてきた。

●人間の問題を作り出している複数要因

我々は表層心理を自分だと思って動き、判断し、エライと勘違いしている。しかし我々の行動は実は深層心理に影響を受け、無意識的に判断してしまっていることが多い。だからこそ抗えなかったり、自然に出てきてしまったりする。

なぜ自分がその行動をとるのかわからないときがある。この深層心理は、後ろめたいことをしているときにだけ発生してくる都合のよいものではない。実は、自分が正義や真実に浸りたいときにこそ、頭をもたげてくるものだ。これが「転写」「反動」「被害者意識」「依存」「自己正当化」「トラウマ」「ジレンマ」といった心のシステムである。これらはひとつの法則だけで心が動くわけではなく、ある場面ではこれとこれ、違う場面ではそれとそれという形で、複合的に組み合わせることで発動される。

繰り返すが、子どもを「助けたい」「よくしたい」「治したい」という親は多い。そのとき自分に秘められた「子どもを傷つけたい」とか「自分のためである」という深層心理にまず気づくことができない。私はいうこととやることが、まるで違う親たちをさんざん見てきた。これは無意識に働いている「転写」「依存」「自己正当化」「トラウマ」などが複合的に働いているのである。

もう少し具体的な例で説明してみよう。家庭不和の父母を見て育った兄弟のいる自分を思い描いてみてもらいたい。そこで形成されてきた深層心理、アダルトチルドレン像はたったひとつというほど甘いものではない。ある時点での深層心理は封じられ、別の意図や承認欲求を自然形成するが、またその別の深層心理も違うタイミングで封じたかもしれず、それを一番前面に出して演技し出したかもしれない。

そのようにして心理も多層構造を形成しているが、自分が不倫していれば父の像と承認欲求を重ねているかもしれず、嫁姑には母への恨みを重ねているかもしれず、自らの子どもには優遇された兄弟へのコンプレックスを重ねているかもしれず、そもそも自分の罪悪感を重ねているかもしれない。それらは時系列のタイミングでも出方が変わってきて、画一的に影響をあたえるものでないのは、一般の方でも想像がつくのではないだろうか。

もちろん現場ではこれすらも安直なとらえ方であって、より細分化して深層心理と問題の関係を読み解こうとする。しかしここでお話ししたいことは何事も原因はひとつではないということなので、感覚的なものをつかんでいただきたいのである。

●どれだけ多因子を見つけることができるか？

病気でも人間関係でも社会問題でもそうだが、ひとつだけが原因で問題が生じるというのはそうそうない。それらの原因がいったいどれくらいあり、どの因子がより強くどの因子はより弱いのか、弱いように見えるが本当に弱いのか、を考えることが根本治療を考えるうえでは不可欠である。

このように私が行う根本治療、原因治療において、原因を抽出しその選別とランキングづけを行う作業を、「原因の釣り上げ」と呼ぶ。原因の釣り上げはもともとキネシオロジーで使われる用語だが、ひとつではない点に着目することが私は大事であると思う。

これは後述する「因果の絶対法則」を考えるうえでもとても大事なことだ。

●子どもの健康状態に影響をあたえる多因子

子どもの病気相談を例にとって少し具体的に指摘してみよう。

「産む前の精子・卵子の状態」は自分たちの次世代に対して、いかに責任感を感じているか、生物としての本性が備わっているかの試金石である。インディアンは7世代先のことを考えて今の行動を決めるという有名な言葉を残したが、現代人でこのようなことを考えている人はただの一人もいない。そのもっともわかりやすい例が精子卵子の状態であり、丈夫な子ども、次世代を担ってくれる子どもを産むためには、生む前の栄養状態や毒の状態、精神状態及びその対処や前処理が非常に重要なのである。先住民は子どもを産む半年ほど前から、狩猟した栄養価が高い食材を出産予定の女性に食べてもらう。これは一族の総意であり科学ではなく本能であり、そんなことを考えもしない我々現代人がいかに醜く退化しているかの表れでもある。現代日本が障害児だらけ、病気だらけの世の中であるのは偶然ではなく自業自得といえる。

「妊娠した後の食事のとり方や生活の仕方」も同じことだが、これはときすでに遅しと述べてよい。しかしそれでも考えない人より考える人のほうがいくぶんかましだ。

子どもがおなかの中にできて夫婦に次世代、真の健康への観念が芽生えたなら、ないよりはいいが、本当にましな程度だ。子どもは器官形成期、いわゆる最初に着床する前や着床したすぐの段階がもっとも重要だから、もう遅いのである。ちなみにお金がないから食事や健康になど気を配れない、という言い訳もよく聞くが何の関係もない。自己正当化を排しきちんと自己で学べばすぐにわかることだが、まずお金はかかることがない。日本は最低限のソーシャルセキュリティー（たとえば生活保護）がある。いい方を変えれば生活保護の資金レベルであっても、元気な子どもを産むことは可能だといっている。食育の初歩はまず体に悪いものを避けることから始まるからだ。「子どもが生まれてからの食事や生活の仕方」はますます同じだ。子どもは最初、免疫上の観点からも母乳で育てるのが健康上必須なのだが、特別な理由がないにもかかわらず人工乳ばかりあたえるとか、母乳で育てていても母体の栄養を考慮していないなど、子どもの生活を考えているふりだけの人は後を絶たない。二人分栄養が必要なことさえ忘れてしまっているのだ。

そして「子どもへの支配心」はすでに子どもが話せるようになったころから始まっている。最近は子どもが泣くことさえ許せない親たちが続出しており、ロボットやペット以下の存在として扱いながら愛の言葉を吐く者ばかりである。

●子どもの性格形成に影響をあたえる多因子

さらに年齢を重ねて2～3歳のレベルに達すると「夫婦関係を子どもがどう見ているか」が重要になる。これはもちろん0歳のときでも子どもは親をみて、無意識に親の関係を覚えているのだが、主張できるようになる最初の年齢でこの影響を著しく受ける。

そうやって「日々のコミュニケーション」はすべて観察され、「何か問題があったときに親がどう対応しているか」によって子どもの精神形成は変わる。親のごまかしぐせ、反動のくせ、自己正当化のくせなどは子どもの性格に大きな影響をあたえるのだ。子どもにそんな能力はないと思っているのは大人だけなのである。子どもと接するときに子どものほうが大人より優れているのは当たり前で、本能と直感に優れ、記憶力と適応力は大人などの比ではない。大人たちが10年修業してもできないことを、子どもたちは1年で身につけてしまう。言語も、たとえ書くことはできなくても、理解してネイティブのように話せてしまうのである。大人たちとは能力においてレベルが違うのだ。

●子どもの病気を単一因子で考える愚かさ

みていただいただけでも、子どもの病気の根本原因には複数の要因が考えられるのがおわかりかと思う。単一ではないのだ。最低限これくらいを前提として子どもの病気の原因をあぶり出していくことが重要なのである。

しかし親であれ医者であれそのような考え方をする人はいない。親であればネットで拾った手法論に飛びつけば終わりであり、医者であれば自分が学んだ手法を親に教えれば終わりである。原因が何であれ画一的な手法に終始するのは、医者も治療家も研究者も自称覚醒者も、単一素因論に頭を侵されているからなのだ。

つまり、同じような症状の子どもがいても、ある子は親からせっかんされている影響を一番に受け、二番目に出産後の栄養の影響を受け、三番目に妊娠前の母体の栄養状態の影響を受けているかもしれない。別の子は一番に栄養ではなく放射能のような毒の影響を受けているかもしれず、二番目に父母の不和をみているからかもしれず、三番目に部屋の電磁波の影響だったかもしれない。これは例なのでこの文章を覚えても意味はなく、それぞれの子どもについて探偵のように複数の素因を見つけようとすることが大事である。それを「原因の釣り上げ」と呼ぶわけである。

子どもが悪くなっている場合、それを社会毒のせいにしたり、クスリのせいにしたり、医者のせいにしたり、製薬会社のせいにするケースがよくある。これは前述した「被害者意識の絶対法則」が強く働いているからであるが、そんなことを考える前に、自分たちにどんな原因があるか考え直してみることだ。そして、それはひとつではないことがほとんどである。

このように我々は問題を起こすとき、ひとつの法則ではなく、複数の「心の絶対法則」を組み合わせながら、絶対に失敗するのだという強い意志を以て結果を導いている。本来、これは笑い話なのだが、笑えないのが皮肉なところである。

心の
絶対法則
【第17章】

◉現代科学の最大の問題点は、単一の素因によって結果が導かれているという発想である。

◉問題を作り出す深層心理は、常に複数の素因によって作られている。

◉人は物事の一面しか見ることができない。

第18章　「因果の絶対法則」

●人はわかっていても原因に目を向けない

「因果の絶対法則」はほとんどの人が聞いたことがある普遍的法則である。よって、説明にそれほど時間を要しない。因果を分解していえば「原因と結果の絶対法則」であり、原因があるから結果があり、問題にも必ず原因や理由がある。問題を解決したければ原因から目を背けても意味はなく、原因を解消するしか方法がないのは、ご存じのとおりである。

しかし「因果の絶対法則」の場合、問題は、わかっているにもかかわらず絶対に原因に目を向けないという、人類の強い逃避と表裏一体であることだ。これは前述した「被害者意識の絶対法則」や「反動の絶対法則」とつながっているといっていい。

たとえば子どもの問題。私の著書で頻繁に出てくる毒親については、「全人類アダルトチルドレンの絶対法則」でも詳しく述べているが、因果から考えたとき、一番の原因はすべて親なのである。

「子は親の鏡」ともよくいわれているが、これは単に行動や躾だけの問題ではない。この親の原因というのはそう単純ではなく、「産む前の精子・卵子の状態」「妊娠した後の食事のとり方や生活の仕方」「子どもが生まれてからの食事や生活の仕方」「親の心がけと子どもへの支配心」「夫婦関係を子どもがどう見ているか」「日々のコミュニケーション」「何か問題があったときに親がどう対応しているか」が組み合わさることによって起こることはすでに述べた。そしてどれが一番関係していたかの判定は、対処した結果というか、どの原因にアプローチした結果どんな変化が生じたかによって行う。

これに偶然は存在しない。繰り返していうが、一番の原因はすべて親なのである。私は「でも」「しかし」と自己正当化の言葉しか口にしない毒親をたくさん見てきたし、同時にそれらの言葉を捨てた親も見てきた。本当に毒親を自覚したものは決して自分が素人だからという言い訳をしなくなる。自己正当化の言葉を捨てた親が自己否定と反省と既存医学の断捨離を得たとき、現代人には奇跡と思えるようなことが起こる。それは、本当は奇跡ではなく必然であり、しかも往々にしてよくある話である。

●「原則」への理解は根本的真理への理解

子どもの話は一例に過ぎないが、「心の絶対法則」とは何なのか、ということをあらためて追求する話になってくる。それは法則という一定条件のもとで成立する普遍的関係だけでなく、広い意味で適用される決まり事である「原則」がそもそも何なのか、を理解することであり、なぜそうなるのかを理解することでもある。なぜそうなるのかを理解することと「因果の絶対法則」を理解することは同義である。しかし人類のすべては当たり前のことをいっているこの「原則」が何かに気づいていない。自分が「原則」であると思い込んでいるものが、実は「原則」でも何でもないということも多い。原則についての理解は根本的な真理についての理解であり、それを理解していると論文や研究などにいちいちエビデンスを求めることに何の意味もなくなってしまう。

しかし大概の人は科学や研究を見て、それがまるで「法則」や「原則」だと勘違いしてしまっている。だから地球はこんな地球なのだ。

さて、「原則」とは何であろうか。「原則」についての説明は人によって変わってくるかもしれないが、「原則」自体が変わるわけではない。ここでは「心の絶対法則」とは違うジャンルに関する普遍的な決まり事を「原則」と呼ぶ。しかし「原則」は法則とも共通するので、より広い範囲に適応できることが条件であり、再現性があるという点も条件であり、定理的に扱うことも可能であることが重要である。

たとえば食や健康を考えるときに個別の食材のよい悪いを見るのではなく、野生動物や先住民を見習おうというのはひとつの「原則」である。ただ、これは「心の絶対法則」ではなく生物学的な法則であって、より普遍的になればなるほど「原則」として扱われる。よって本書ではそのことは詳しく説明しないが、生物学として人間とは何なのか、ということを考えるのもひとつの「原則」である。物質や肉体という考えでなくこれをとらえると、若干哲学的で「心の絶対法則」に近づくかもしれない。本書で記した「人間は奴隷として作られた存在と」いう推測も、「心の絶対法則」を知り観察した結果に生じるものでしかない。

逆に「法則」や「原則」に比すれば、人間の科学も統計も研究もあまりにも一面的過ぎて無意味である。これを理解することもまたひとつの「原則」である。科学や統計が人間によって捻じ曲げられることはよく観察されるが、これには「心の絶対法則」が深く関係している。捻じ曲げなくてももともとのとらえ方がずれ過ぎているので、常に人間の科学が解決をもたらさないのもひとつの「原則」かもしれない。自然界の摂理すべてを人間が体現できないこともひとつの「原則」であり、だから神の御業であるかのように語られるわけである。宗教が真理を含みながら、もっとも罪深いというのもひとつの「原則」であろう。科学や人間の愚かしい学問に傾倒するより、歴史を見ろというのもひとつの「原則」であろう。問題が起きたときにお金の流れを見ろというのも、現在ではひとつの「原則」であろう。

より物質面でいえば、精製することがいかにこわいかを知るのも、それとクスリや化学物質との関係を知るのも我々の世界ではひとつの「原則」である。生物が親から子に、さらに次世代に受け継がれていくのもひとつの「原則」である。叩けば増え同意すれば減るのもひとつの「原則」で、これは耐性菌や抗がん剤やスーパー雑草のことにも共通してすべて当てはまる。マーケティングされるすべてのものに裏があるというのも、現代においてはよく適応できる「原則」であろう。これらはすべて物質側の「原則」であり法則なため、本書では詳しく説明しない。しかしこれが物質側の「原則」とわからない人は、本書を読む意味はないといっていい。

何度も述べているが、言葉をきれいにしましょうというのは「原則」でも何でもない。「願えばかなう」も「原則」とはかけ離れているが、人々は「原則」のように考える。魂について語るのも「原則」的に見えて実は外れている。外傷や感染症が主たる死因だった先住民が、それにかからなかった場合120歳までボケもせず、背骨も曲がらず、禿げもせず、虫歯もなく、野生動物と同じようにひっそり死ぬのもひとつの「原則」だ。つまり人間はそもそも現代病といわれる病気にならないように作られているというのが「原則」であり、100年前といまの日本ではまったく病気の質が違うことが「原則」なのである。

●歴史的観点から病気の原因を考察する

この章は「因果の絶対法則」を説明するものだが、説明に時間を要するものではなく、本質的問題はわかっているにもかかわらず絶対に原因に目を向けないという、人類の強い逃避と表裏一体であることだと述べた。つまり我々が病気になることとその原因、我々が障害を作り続けることとその理由、それを問題だ、かわいそうだときれいごとでごまかし続ける理由を、我々は決して直視しない。

我々人類は「なぜ?」にさえ絶対に目を向けてはいけないように設定されているのだ。なぜ?を考えることの必要性はうすうす感じているにもかかわらず、決して考えようとしない。なぜ?の矛先があまりに突拍子もないことにも、すべて原因があるのである。

ここまで読んでおわかりの通り、「心の絶対法則」は人間の心を支配し、その心が病気や社会の大きな問題を生み出しているのだ。

私の専門は医学であり社会毒であり、医原病や薬害の専門家なので、そこに話を戻してみよう。

健康や病気の問題を考えるとき、あまりにも信用できない科学や研究や論文で考えるからいまの状況があり、科学や研究や論文で考えるから何も診られない・治せないことは述べてきた。なぜいまの医療や食が狂っているかを考えるとき、「陰謀論的概念」は意味があり、「歴史」から見ることもさらに意味があることも述べてきたし、現代の地球の問題および人体の健康の問題は、医療のクスリ、検査、食毒や身の回りの毒という社会毒が、現代病の一大要因になっていると述べてきたし、この発想は、科学だけではなく陰謀論的構図と歴史から見ようとすることで、初めて全体像が理解できることは述べてきた。発がん性など、個別の社会毒についてはある程度の研究結果は出ているが、数ある社会毒の中の何が主原因かはわかりづらいものだ。だからこそ個別にみるのではなく、「歴史」で病を見なければいけない。

「歴史を」見るという観点から、先住民および野生動物に着目するという発想が生まれた。先住民の様々な研究にあるように、彼らにはいわゆる生活習慣病といわれる肝臓病も心臓病も腎臓病も、がんもアレルギーも膠原病もほぼ皆無である。この事実に対して、科学論者は平均寿命の短さを指摘するが、その短さは新生児や幼児死亡率の高さと若者の外傷死の多さに原因があることには決してふれない。当時、乳児死亡率は高く、外傷死や感染症死なども防ぐ手段はなかった。それらの死が減少したのは現代医学の進歩の結果である。しかし、彼らはそれらがなければ老人まで非常に壮健で長生きし、長老であってもボケたりはせず100歳や120歳まで生きることが、多くの文献に記されている。遺跡の白骨調査で非常に多くの老人の骨が発見されたことからも、彼らは病気もせず長生きして虫歯もないことがわかっているのだ。これらを示す、A・プライス博士が書かれた「食生活と身体の退化」（恒志会刊）は本当に名著である。

これは「私たちはなぜ病気になるのか」という発想につながる。物質的な思想は科学論に通じ、生物学の思想は歴史に通じる。それはよい。しかし、では「なぜ、ある一か所の病気になるのか」ということを考えたことはないだろうか。第13章「元素循環の絶対法則」でも触れたが、改めてその原因について考えてみよう。

なぜその人は胃がんなのだろうか。
なぜその人は大腸がんなのだろうか。
なぜその人は甲状腺機能低下症なのか、亢進症なのか。

考えたことはないだろうか。

確かにそれらの病気は、昔はほとんど見られなかったのである。検査技術が進んだからという問題ではなく、先住民にはそのような不調や病気を訴える人自体がまずいなかった。食や薬や環境汚染など様々な社会毒が病気を生み出すなら、社会毒が溜まりきったあとに、胃がんと大腸がんと肝がんと脳腫瘍と骨肉腫と白血病が同時に発症しても、特に問題がないように思える。しかし99%以上の人は大病であってもひとつの病気として生じることが多い。ここに疑問を持てるかはとても重要なことであり、柔軟な発想でもあり、必要な発想でもある。

同じように悪いものを食べ、同じように悪い生活を送っていて、病気になるとしても、なぜそれぞれ別の病気になってしまうのか。西洋医学から導き出される答えは、「別々の場所に病気ができるのは偶然だ」であり、ちょっと気が利いても「遺伝の違いで病気が変わる」くらいのものであろう。同じような条件の人々の発症部位が違うのを、偶然だけで説明するのがおかしいと思えるか否かは、グーミンであるかどうかの境目である。また遺伝なら遺伝するはずなのに、なぜ5世代前（2世代前ではなく）はそのような病気が皆無なのだろうか。それを答えられる医学者はこの世界にはいない。それはつまり遺伝子などというものが病気に与える影響は実は非常に小さいものである、ということを人類が知らない証左でもある。

●病気の原因は物質、精神両面から見てこそ判明する

しかし「心の絶対法則」を学べばそのようには考えない。これを取り込んだ医学こそ量子医学であり、古典医学的な考え方といえるかもしれない。その病気すべてに意味があり原因があると考えるのである。逆に西洋医学は、物質ばかり見ているだけで、精神の原因、精神と病気に関する因果を見ていないともいえる。

東洋医学では「心身一如」という有名な言葉を使うが、これは身体（＝物質的なもの）と、心（＝精神や思考的なもの）をひとつととらえる考え方だ。しかし現代人のほぼすべてはどちらかし

か見ていない。量子医学や古典医学では身体と同じかそれ以上に、精神や思考が重視される。この場合、身体（＝物質的なもの）の代表格が社会毒と思ってもらえばよく、精神や思考や心に関しては本書に書かれているようなことを指すのである。

病気を治療するときにいくら社会毒だけ気をつけていても、病気の意味と行動の悪い積み重ねと自分の思考法や生き方の問題点、それを完全に直視しない限り、病気は治らないと考えるわけだ。さらに病気になる人ならない人、なっても治る人治らない人には、常に共通の特徴がある。それにもまた理由がある。そのような考え方を元に分類していくと、第13章の「元素循環の絶対法則」に示した、病気と感情の関係が見えてくるのである。

●原因を直視しようとしない限り、日本は変わらない

ここまで読んでくれた方々は、自らが抱えている問題がそのまま日本という国の在り方を作っているということに気づいてくれただろうか。

ここで、少し話はそれるが、日本社会を変えるというテーマで政治の話をしてみたい。そもそも私が社会活動らしきことを始めた理由は、第3章で書いたように、来院する患者の病気の根本的理由は、人間性は当然として、それ以上にこの病んだ社会や環境にあって、そこを正していく必要を感じたからだ。いわゆるフラクタルである。

私は自分でも市民団体の政治連盟（日本母親連盟）を運営しているが、右翼も左翼もその政治家もまったく評価していない。例題にあげたように、なぜ保守を名乗る人たち（＝究極の国賊）を否定するのか？　なぜきれいごととバラマキばかりの詐欺師左翼（究極の侵略者、依存者）を否定するのか？の理由は同根であり、第12章「陰陽変動の絶対法則」で述べたとおりである。

現政権は中国をけん制するとうそぶきながら、もっとも中国と戦争して儲けたい人々であり、戦争が成立しないなら中国の手先となって儲けたい人々である。法外な値段で武器を購入しているのも自分たちがおこぼれを頂戴するためであり日本のためになることは微塵もない。この2年くらいでいよいよ中国はその刃をむき出しにして、右翼も左翼も自分たちの支配下とすることに成功した。結果、日本はアメリカの支配から中国の支配に移行しようとしており、それ以前に国としての体を成さないようになってきている。これからアメリカの力が強まろうが中国の力が強まろうが、日本は経済大国の面影はまったくなくなり、２０２５年までにハゲタカどもに蝕まれ、扱いは植民地や奴隷国のようになるだろう。

私も一時は左翼的な人に期待したことがあったが、それはまったく無意味な発想なのだとあらためて自覚した。

日本の独立や自立のためには、日米地位協定や日米合同委員会その他、日本という奴隷国を作っているシステムを国民自身ですべて破棄し、中国の経済占領（北海道がその代表）や入り込んでくるスパイ工作をはねのけ、その手先である官僚やメディアの悪行も国民に真実を曝し、真の意味での富国強兵を推し進めることしかない。理想論だけなら、超富裕層だけが儲かる経済政策をやめ、税金年金をやめ、市民レベルで経済が循環して儲かるシステムに変え、国力を増強しアメリカ軍に頼らず自衛隊を強化、思いやり予算などすべて破棄して国軍につぎ込めばよいのだが、日本人はそんな思考を持ちえない。

むだな薬などの医療費を削減して真に効果的な医療と福祉に注ぎ、原発は封鎖して代替エネルギー事業を進めて汚染地域は閉じ込め、司法力は強化すると同時に公開原則も強化、通名を廃止し二世議員も禁止、生活保護の不正受給を独立した日本の機関で再調査し、自立した国を作るために一次産業を強化することこそ、現代の日本人がやらなければいけない植民地主義からの解放運動である。

これが蚊ほどにも実現しないのは、やはり我々市民一人ひとりの思考に、絶対に現実と原因を見たくないという強い意思があるからである。大半の日本人は、日本人として日本の歴史は素晴らしいと思いたがっているか、いわゆる自虐史観的に考えているかのどちらかだろう。しかし、その「日本の歴史は素晴らしい」という思考が、いかに腐った心の奥底から出ているかなど考えたこともないはずである。

自称右翼の売国政治家と左翼の売国政治家が、いったい何をバックにし、どんな背景とどんな意図があって行動しているかを考えねばならない。彼らが口から出まかせの詐欺を働いているのには当然理由があり、知らずにやっているわけではないのである。ふざけたアロパシー医学を追放し、日本の食の安全を確立し健康にしていくことと、日本の国土を清浄化させ、欲望丸出しの富裕層を追い払って彼らからカネを搾り、原発を止めて安全で恒久的なエネルギー政策を進め、自立した民族と軍隊を整え、新型コロナの嘘や新興宗教じみたマスクの嘘を追及し、真の意味で独立することはまったく同じことだ。しかし彼らにとっては、それは決して行ってはいけないことである。それがなぜか、日本人は理由を考えたことがないのだ。

●「衰えゆく日本」は、我々日本人の思考が作っている

独立を邪魔しているのはいったい何だろうか。

病気？　政治的問題？　いや病気は自分自身が作ったものであるというのが、社会毒を学んだときの基礎事項だったはずである。だが、それは社会であれ、国家であれ、同じだ。陰謀よりも「歴史」よりも重視しなければいけないのは、我々国民の思考、市民の思考、奴隷の思考がそれを作り上げたということだ。つまりすべての原因は自分たちにあり、自分にあるということを知るのが、「因果の絶対法則」を理解するということなのである。右翼も左翼も同じく日本のことを考えてお

らず、そんな政治家たちを応援するのだから、日本がどん底に落ちてしかるべきといっているのだ。

最近は大麻についてのニュースを見ることも多いだろう。意外に思われるかもしれないが、一連の大麻についての状況は、人類の対症療法的な思考の問題点を内抱している。興味のある方は、大麻がどのようなものであるかについて拙著『歴史の真相と大麻の正体』（三五館刊）を読んでいただきたいと思うが、大麻は非常に恐ろしい、そして力のある植物である。医療大麻など、安易な対症療法に使ってはいけない植物なのだ。

今、この大麻ほどにキャンペーンを張られている物質は存在しないだろう。陰謀論に転んだ自称覚醒者ほど、この植物を賛美してしまう。拙著を読んだことがある人ならわかるだろうが、私の大麻否定は大麻よりも人類否定であり、大麻を利用しようとする超富裕層の問題、大麻にかかわる陰謀論がいかに嘘まみれかという問題、について書かれている。大麻は人類の思考の愚かさがまさに体現された植物であり、医療大麻万歳などといっている人々は、いったいどこからそのキャンペーン資金が流れているかさえ、考えられてない。すべてに理由がある。

しかし大麻や医療大麻にかかわる根本問題は右記でさえなく、病気の原因がなんであるかということを考えない人々が、大麻や医療大麻に依存して飛びつく精神性なのである。これは真の原因を考えるという「因果の絶対法則」を理解していない、グーミンだからこそできることである。漢方の基礎を学んでいれば、決して大麻が至上の薬草であるかのように語られることはない。現場を知らない、真の医学など微塵も考えたことのない初心者しか、こんなものを賛美したりはしない。大麻を広めようという嘘は、大麻はこわいというのが嘘だという、表面的すぎる浅はかさで塗り固められ、日本人の特徴である海外追従のレールに乗せられてしまった。

「はじめに」のなかで、原則と法則はこの世界に常に存在し、精神には絶対の法則があると説いた。精神や心、ひいては人格は多様であり、精神に法則などないと一般人は考えるが、残念ながら積み重ねられた精神学や哲学はそれほど甘いものではないと説いた。その反発を私は予言したが、そもそも因果に関して人格や多様性とは別であることは、ある程度の人であれば理解できることなのである。

そして、人類の多く、日本人の多くが結果には必ず原因があるという「因果の絶対法則」に目を向けず、常に逃避しようとするところにもまた原因が存在するのである。その先にあるものは100%絶望しかないために、私は後世のため本書を書く気になったのだ。今後2025年ごろには今の日本は原形をとどめていないため、本書を自由に読めることさえ怪しいかもしれないと推測している。結果を見るたびに何の希望もない世界だけが横たわっているのだ。

心の
絶対法則
【第18章】


◉結果には必ず原因が存在するが、人はわかっていても絶対に本当の原因に目を向けない。

◉病気の本当の原因は物質、精神両面から見てこそ判明する。

◉病気の原因は自分自身にあり、日本が衰退していく原因も日本人自身にある。

第三部

新型コロナ騒動と「心の絶対法則」

第19章 「新型コロナ騒動で発動した「心の絶対法則」」

●コロナ感染者を「非国民」扱いする日本人

太平洋戦争中、戦争に反対する者は「非国民」と罵倒され、いじめの対象となった。全国民が鬼畜米英を叫び、敗戦を迎えたことはみなさんご存じだと思う。

多くの日本人は、あの時代は特殊で戦争反対を叫ぶ人たちをバッシングすることなど、今後絶対に起こらないと考えているだろう。しかしそれと同じようなことが、実際起こっている。２０２０年の新型コロナ騒動だ。政府発表とメディア報道に恐怖を煽られ、冷静に事実を見ようともせずに、やみくもにコロナ感染者やマスクをしない人間をバッシングした。１９４０年代当時、無批判に政府とメディア報道を鵜呑みにして、戦争に一言でも異議を唱えようものなら容赦なくバッシングした構図とまったく同じである。

日本の死亡者数は、２０２０年8月27日時点で約１２００人。２０１９年のインフルエンザの死亡者数は３０００人オーバーだ。

海外の死者数の多さなどについては後述するが、この数字だけを見れば、明らかに風邪の域を逸脱する種類のものではないとすぐにわかる。その新型コロナウィルスに、全国民が過剰反応した。マスクをしていない者や外出した人間はバッシングされ、新型コロナに感染した者は容赦なくいじめの対象となった。自粛警察という言葉も大流行し、大半の日本人はそれに同調していた。自分の頭では一切何も考えず、同調圧力で、意見が異なる人間を抹殺しようとする。太平洋戦争当時から何も進歩していないのが日本人である。

私は新型コロナ騒動の期間を通して、ネットでそのバカさ加減を伝えてきたが、理解する人はほんの一握りであった。

何も知らない一般の人が新型コロナに過剰反応するのは奴隷根性として理解できる。しかし政府批判や原発批判などをしていた人間たち（いわゆる自称事情通や自称覚醒者）が、新型コロナ騒動を煽り立てたことは、彼らが奴隷根性の塊であり、情報の上っ面しか見ず、基本や基礎がないことを如実に証明してくれた。日本人に真の意味で科学的や、自覚や、客観的な視点などというのを求めてはいけないのである。

そんなグーミンはどうでもよいのだが、「心の絶対法則」を通して社会を観察するうえで、ある意味いい教材でもあるので、そもそも新型コロナ騒動とは何だったのか、時系列から順番にその正体について明かしていこうと思う。

●真実を語らない大手メディアと陰謀論が幅を利かせるSNS

そもそも私はFBを中心にSNS、メルマガ、著書、YouTubeなどで情報を発信・啓発している人間である。テレビや新聞が私を採用することはあり得ない。もちろん嘘つきだと思われているからだ。しかし私がどんなに科学的な主張をしようが御用理論を部分的に取り上げようが、大手メディアにとって私は嘘つきでなければいけない。そこに日本人全体、メディア全体の「心の絶対法則」が働いていることは、さすがにこの章になれば皆さんもおわかりだろう。「なぜメディアは真実を報道しないのか」などと、愚痴を垂れている輩のほうがよほどナンセンスだ。もともとメディアはグーミンの洗脳媒体なのだから、そんな愚痴を述べる輩は被害者意識に陥っているだけである。

ただしSNSやYouTubeが鵜呑みにできるほど真実を述べているかというとそうでもない。スポンサーが入りにくい分、お金に左右されない情報を見ることはできるが、SNSやYouTubeが真実だと思っていたら大間違いである。ネットは流行ネタに飛びついては、陰謀だ、これが対策だ、この情報が正しいなど裏付けもなく取るに足らない情報であふれている。法則通りわかったふりしかしない連中が多く、頭が最凶に素晴らし過ぎる人ばかりである。

ネット情報をほじくり返すだけでは、事実も真実もつかむことはできない。

●情報に惑わされず事実を検証していく

皮肉ばかり述べていてもしょうがないので、見えてきた状況とコロナについて初期段階から思い出してみよう。

そもそも新型コロナ騒動は中国から始まり、武漢から始まったのさえ忘れてしまった人が多数だと思う。日本で大々的にニュースになったのは、これも忘れてしまったであろうダイヤモンドプリンス号での感染からであった。

当初から中国政府は隠蔽の方針を示していたし、逆に中国内外でも発表は嘘だとする指摘が多数あった。感染者数が数十万人とか数百万人といわれたり、死者が千単位とか万単位とか言われたり、どれを信じていいんだとグーミンは怒っていた。基本を理解せず、ウイルスの本質を理解せず、人類のことを理解せず、人類というゴミがどんな心を持っているのか、「心の絶対法則」をまったく理解していないのだからこそ惑わされるのである。最初に新型コロナが出てきたとき、私の心は「またか」で占められていただけである。

当初、「新型コロナはまったく問題ない」と言われ続けていたことさえ、日本人は忘れてしまったであろう。空港検疫も適当でろくに行わず、ディズニーランドもＵＳＪも百貨店も秋葉原も、中国人がお金を落としてくれることだけを望み、ウイルスには興味もなかったわけだ。目先のことしか考えない日本人のインバウンドというやつである。

その後、ダイヤモンドプリンス号での感染を機に大騒ぎになっていったのである。患者を多数受け入れた自衛隊中央病院の医師は、その１０４例の報告で、コロナ陽性者数のうち入院時の無症状者は43名（41・３％）、全経過を通して33名（31・７％）だったと報告した。自衛隊病院に入院した人の死者数はゼロであり、人工呼吸器管理になったのは一人だと述べた。

私が書くほどでもないかもしれないが、ＳＡＲＳとの類似点は当初から述べられていた。しかし、知らない人も多いと思うが、その少し前に肺ペストが中国で流行ったのに、何の騒ぎにもならず終わっている。

２０２０年7月に中国で新たな新型豚インフルエンザが流行っていると報道されたが、まったく誰も気にしていない。

感染症の危険度でいえば、明らかに肺ペストの流行のほうが警戒すべきだが、要するに他の感染や、ウイルスの種類や、重症度でさえ人類にとってはどうでもいいのだ。問題は人類の心がどう受け取るかであって、自分が信じたいもの、カネの都合、実践したいもの、小人の恐怖心、自分の心の闇を体現したいものが採用される。それが「心の絶対法則」であるが、新型コロナはこのことをまさに浮き彫りにしたといえる。

●オリンピック延期を機に掌返ししたメディアと政府

各論は後で出すとして、当初、中国人観光客の落とす金にしか興味のなかった日本人は、ウイルスが実際に入ってきても自分たちには関係ないとしていた。もちろんあの頃にマスクをしていた人は少数であり、新型コロナウイルスの基礎、背景、真実などには目も向けず、「みんなで渡ればこわくない」とばかりに金と欲望にまみれた行動をとっていたのだ。

メディアも新型コロナの危険性などまったく取り上げないどころか、オリンピック開催のために隠蔽ばかりを繰り返していた。それでいながらメディアは、オリンピックの延期が決まった瞬間に自分たちの罪深さと嘘も忘れて、危険のプロパガンダを張るようになる。

嘘ばかり重ねていた政府が態度を翻し、緊急事態を宣言すると、「心の絶対法則」はまさに発動されることとなった。自分たちは被害者であり、自分たちは政府への依存者であり、自分たちは現実を見ない生物であり、自分たちは奴隷であることを証明してくれたわけである。

新型コロナの数字については、どこでも見れるであろうからここでは書かない。あらゆる数字が嘘である理由は後で詳述する。

●ネットをにぎわせた人工ウイルス説

大手メディアや政府の動きとは逆に、ネットやSNSでは新型コロナに関する真実探しに没頭するものが多数現れた。真実でないものも真実にしたいうさんくさい情報も多かった。何が真実かは結局わからないがいくつか紹介しておこう。

新型コロナの人工ウイルス説は当初からささやかれていたものである。しかもそれなりの信憑性がある。日本でも大手ではない新聞や雑誌はそのネタを掲載していた。中国のウイルス研究所から漏れたことも世界では報道されていた。もともとSARSも人工ウイルスとされ、そうでなければあのウイルスにはならないと言われ続けてきた。

ウイルスの世界史を見ると、人の交流と動物との頻回な接触によって新たなウイルスに暴露されるため、何でも動物を扱い衛生状態がよくないうえに、人口の多い中国はウイルス変異の起こりやすい国ではある。つまり人工でない可能性ももちろん私は頭に入れている。

今回の新型コロナウイルスの塩基配列はエイズや天然痘や麻疹などに近いとする説もある。人工ウイルス説＝陰謀論で定番の人口削減説とつなげ、ワクチン普及につなげるためにウイルスを垂れ流したという説を、まことしやかに広める自称事情通がSNSにあふれた。初心者が飛びつきそうな話題だが、ことはそう単純ではない。そもそも人口削減したいなら、もっと他の方法がたくさんある。

武漢に中国最大のウイルス研究所があったことは、これ自体も報道されており、多数の情報が出ているので間違いないかと思う。それは陰謀論を補強しているが、人類は正義マニアの真実マニアという嘘つきなので、そんなわかりやすいところから陰謀を始めたら、陰謀がバレてしまうじゃないか、とさえ考えることができない生物である。

そもそもネットサーフィンしてすぐに出てくる情報など、手のひらの孫悟空と同じである。簡単に検索できる情報に別の意図がある、違う裏があると考えるのは大事なことだ。そもそも裏などなく単なるヒューマンエラーから始まったかもしれない。もっと大きな意図と違う目的から始まったかもしれない。答えを簡単に出してはいけないのだ。

そもそも中国、武漢のあたりはまだまだ古い都市圏であり、衛生管理もともと行き届いていない。日本のような、過剰なほどの衛生管理主義というお国柄からは想像もつかない環境である。そんな環境で世界中の人が交流したり様々な動物が交流したり、食べ合ったりしていれば何が起こるかわからない。先住民は強力で高い免疫を持つ肉体だったが、西洋人の侵略と彼らが持ってきた未知のウイルスにより、大被害にあった歴史がある。日々は病気になりにくい免疫力をもっていても、遭遇したことのない未知の病原体には弱かった歴史がある。そういう意味では、突然変異のウイルスだった場合のほうがこわいかもしれない。

ちなみに今回のコロナウイルスが広がるにあたり、ワクチンがあらかじめ開発されていたというわさが出回っているが、これもそれなりに根拠はありそうだ。しかしワクチン陰謀説を前提に語っている限り、コロナの本当の姿を見ることはできないだろう。いずれにしろ本書には関係ないが、どんなワクチンを作ろうとワクチンには効果がないので一緒だ。すべてのワクチンが効かないなどと言っている医者は私だけであり、その理論と情報は拙著『ワクチン不要論』（三五館シンシャ刊）を読んでいただきたい。

●突然危険なウイルスにされてしまった新型コロナ

これまでのパンデミック（この思想自体が刷り込まれた嘘なのだが）と呼ばれた感染症は、みな広がって恐怖を煽り、人類終末説が流れ治療法がないかのように言われ続けてきた。

新型コロナは当初、情報が出ている限りはもともと弱い人が感染すると死亡しやすいというだけの、それほどこわくないウイルスととらえられていた。しかし「心の絶対法則」が示すように、その解釈は変えられてしまったようである。

当初の中国の動きを見てもおかしなところがたくさんあった。過去のSARS対応のまずさが非難されたことから、対外的な意味で都市を閉鎖したと推測される。では真剣に中国が新型コロナ対応したのかというとそうでもなかった。

彼ら中国の感染対策チームの中心は、首相の李克強、習近平側近の学者・王滬寧で、政治的立場が弱い人間ばかりであり、現場を動かせる人物ではないと評価されていた。また当初から保健の専門家が責任者におらず、いわゆる日本の厚生大臣クラスの人が入っていなかった。つまり政治的には習近平はまともに対応する気はまったくなかったと言っていい。権力のない首相と実務能力のない側近に責任をゆだねたことになり、まったくトップの責任感がないか、見方を変えれば深刻ではないとわかったうえで、この人事を行っているようだった。

中国は昔から疫病で政治体制が変わることが多く、今回もそうなるのではと噂されていた。皆さんがご存じの香港問題もあり、世界的にたたかれていた習近平独裁体制であったが、半年以上たった今（２０２０年７月）、香港は国家安全維持法という法律の下、中国の完全支配が敷かれることとなった。有名な反政府活動家は海外に逃亡してしまったくらいである。

結果的に見て、このウイルスは中国の政治体制引き締めに利用されたようにみえる。この原稿を書いている２０２０年７月段階で、もはやウイルス発症者は中国よりも他国のほうが多く、事実だけを見れば中国は国家レベルでたいして痛い目を見たとはいえない。むしろ上層部の思惑通りに進んでいる。

●数字の嘘を考察する

日本に目を向ければ、私は当初から新型コロナ騒動は詐欺であり、日本人の死者は少ないと述べ続けてきたが、さすがにそれに気づく人が出だしたようだ。しかし気づいている人数は圧倒的に少ない。基礎を知らず数字の嘘を知らず、情報の嘘を知らず、人類全体に横たわる「心の絶対法則」も知らないからだ。

まず心の前に、それぞれの情報の何が問題なのかを整理しよう。

初心者が最初に目をつけてもらいたいのは、数の嘘である。政府が発表している日本の感染者の人数、発症者の人数、ひいては死亡者数や死亡率もあてにならない。ここでも大騒ぎになる前の状況を思い出してもらいたい。

初期段階は、オリンピックを開催したいがゆえに、公式患者数を減らすためほとんど検査をやらなかったという事情があった。検査キットが少なかったという事情ももちろんあった。つまり日本の不顕性感染や陽性だけ出る軽症患者（自分では風邪と思っている）はあの当時、発表数の数十倍から百倍近くに及ぶと推測される。

オリンピック延期決定後は、さすがに検査数をそれ以前に比べて増やしたので、発表される感染者数も増えた。緊急事態宣言解除後の7月に、全国で感染者数が再度多くなってきたことが報道され、第二波ではないかといわれたが、これも同様に検査数を増やしたのが一大要因である。高感染率の風邪なら広がっていくのは当たり前のことであり、コロナも本当は風邪レベルのウイルスなので、広がっていくのは当然である。しかも7月、8月は死亡者数がほとんど増えることもなく、日本全体で免疫を持っていることが推測されたが、いまだにマスクをつけ、こわがるグーミンが後を絶たない。

当初のことを簡単にいえば、オリンピックを開催するために金の亡者たちが、感染者数をごまかして低く印象操作していたが、それをやめたということだ。よって、この間の数字の増加には何の意味もない。

当初、新型コロナウィルスは、ゲノム研究では、大きく三種のウイルスがあるとされていた。テレビなどでも報道されていたが、S型にTCTタイプとTCCタイプがあり、L型がCTCタイプと言われている。S型は旧型で弱くLは新型で強いとされているが、結果から見るとこれも嘘であった。範囲としては日本では東京がS型の広がりが多く、地方はL型といわれ、問題視されているヨーロッパはL型が多く、同じく最初に問題視されていた韓国はS型だった。公式報道ではヨーロッパとアメリカで致死率が高いと指摘されており、L型のこわさが示唆されていたが、これも嘘である。これについても後で詳述する。これら違うウイルスは各国の研究でも、なぜか複数のルートで広がっていることが示唆されている。さて、なぜでしょうという発想からも人工ウイルス論を補強することができるかもしれない。

●人工ウイルス説を考察する

人工ウイルス説の根拠はいくつも公開情報として出てきており、陰謀論以外の根拠としては、ヒト新型コロナウイルスのゲノムシーケンス解析結果を、インド工科大学が発表したというものが有名だ。ただ、これは正確にいうと人工ウイルスであることを示したものではない。自然変異としてはウイルスの配列がありえないことを書き、ＨＩＶのウイルス配列に似ていることを書いただけだ。しかし御用系（政府の御用聞きのような学者やメディア）や業者系など低能丸出しの連中たちが、難癖だけつけて今回も、このように真実を伝えている可能性のある論文を、信用できない論文ということにした。これは私の専門分野としてはよくある流れである。結果的にこの論文は撤回されたそうだが、撤回されたから信用に値しないとか、陰謀論だとしか考えられない低能ばかりなのも、また人類の特徴である。

米国に亡命した中国の実業家・投資家である郭文貴氏が、中国共産党が「武漢肺炎ウイルスは人工合成の産物である」と事実上認めたことを明らかにした。その内容は四種のたんぱく質の交換という話で集約されており、インド工科大学の指摘と一致している。さて、彼が別ルートから自説を述べるに至ったか、インドの情報からこの説に至ったか、についてはよくわからない。

フランシス・ボイル博士はアメリカの生物兵器法の創案者だが、彼も報道や取材の中で、明確にこのウイルスが人工であることを述べている。生物兵器に詳しい科学者がいうのだから、御用系の人々ももう少し耳を傾ければよいものを、政府発表と違う説は否定するのが人間の心の法則である。

ノーベル賞はうさんくさい賞だが、日本人はノーベル賞が大好きである。ノーベル生化学賞を受賞したリュック・モンタニエ博士も人工ウイルスについて指摘している。

もともと武漢のウイルス研究所から漏れた（現在閉鎖。爆破という情報もある）などという話があったのだから、人工ウイルスであっても何の不思議もないが、各国で報道されている情報を、日本のメディアは当然ながら取り上げなかった。日本のメディアが報道できない発言をしたという意味でモンタニエ博士はまともな研究者なのかもしれないが、日本という国は腐敗と情報操作の極みである。

少し話はそれるが、日本のノーベル賞学者でだれとは言わないが「コロナが危険だ」「マスクをしろ」「クスリやワクチンの開発が大事だ」などという、御用学者とカネに魂を売った者が複数人いるらしい。それを採用する日本のメディア＝嘘つきであり、あらゆる政治家＝嘘つきであることを証明しているが、日本の学者には倫理や善意など存在せず、それが人間の本質でもあることはこれまで述べてきたことだ。

逆に、陰謀論者が信用できないのも当然だが、この件に関しては少なくとも中身がゼロで嘘ばかりのテレビや新聞より役に立つこともあるので、情報に目を通すのは大事である。

話を元に戻すと、仮に新型コロナが人工ウイルスだとすれば、なぜ作られ垂れ流されたか?を考えないといけない。すべての物事には原因や理由があるのである。初歩的陰謀論者が主張する人口削減などというつまらない理由ではない。9・11が起こされたのもスペイン風邪（今のコロナとよく比較される一大感染症）が広まったのも、別の意図がある。そもそも新型コロナであっても、なぜ重症化するのかの理由も、誰もまともに分析せずウイルスのせいだと思っているようだ。

●コロナの原因は短絡的に決めつけてはいけない

私はどの情報も信じておらず、私の専門分野としての医原病や薬害の観点、依存や心理を扱う専門家である観点の二つから観察している。私は、もともと消化器内科医であり、オーソドックスな感染症（気管支炎・肺炎・腸炎、胆嚢炎など）を扱っていた。感染症患者も見たことのない人に比べればウイルスについての知見はあると思っている。そして私自身、東洋医学から代替療法・栄養学、量子医学、キネシオロジー、心理療法など学んだが、やはり唯一の専門は医原病・薬害・精神学だろう。

その視点で見るコロナは、他の知識人や陰謀論者などとはかけ離れている。医原病を見るときに重要な思想は、薬物による遷延的な反応と病名の嘘と隠れた謎である。また見方や考え方としては、根拠や論文を参考にするのではなく、文化学や人類学および歴史的な考察を重視して行う。これは公害の歴史研究なども近いものがある。コロナもすでにそのパターンを踏襲している。陰謀論的な見方をすればSARSもエボラも新型コロナも人工ウイルスで、超富裕層がバラまいたものであり人口削減の手法となる。

もともとHIVも病気ではなく人が作り広げたもので、ミドリザルは実験として用いられることが多く、特定の人にB型肝炎ワクチンを投与したことで広がったことはほとんど知られていない。詳しくはドイツの生物学者ヤコブ・ゼーガル、リリー・ゼーガルの著書『悪魔の遺伝子操作─エイズは誰が何の目的で作ったのか』（徳間書店刊）や、永井明著『仕組まれた恐怖─エイズは生物兵器だった⁉』（講談社刊）などを参考にしてもらいたい。どのつまりはヤラセだと述べている。

現在の麻疹ワクチンによってウイルスが変異したまま人体に残存し、脳に巣食いさらに変異していくことを指摘した研究もある。ウイルスではないがO－157もまた人間が作ったもの。そもそも大腸菌など大した菌ではない。これらは自分で調べてもらいたいが、病気の原因を探るとき、ことはそう単純ではない、と考えるのが医原病的視点だ。

もうひとつの可能性は、文明のエゴと生物に対する短時間の多大な影響が、このようなウイルスの突然変異を形成したということだ。この視点に行きつくまでにいくつかの情報を頭に入れる必要がある。しかし何度もいうが、医原病的視点の場合、どんな情報も真に受けてはいけない、というのが第一歩なのである。

人工でないとすると、どのように新型コロナは生まれたのだろうか。

新たなウイルスは、人の交流と動物との頻回な接触によって生まれやすいことは先に述べたが、情報を探っていくと、武漢のウイルス騒ぎの元はウイルスではなく、5G（第5世代移動通信システム）だとする説もある。根拠はウイルス騒ぎの少し前に武漢で5Gが始まったということと、5Gのような強力電磁波の影響とウイルス感染症状が似ているということである。この説については5Gと感染地域の比較をするネット情報や動画も出てきた。5Gが身体に悪いのは本当だが、私はこれでは説明しきれないと思っている。しかしこれで片付けるでもなく真に受けるでもなく考えるのが、医原病構図を見る上で大切なことだ。

●歴史的に似た事例「スペイン風邪」を考察する

新型コロナについて考える場合、きわめて参考になりそうな例は前述の通りスペイン風邪だ。歴史を見ることは法則を学ぶ上でとても重要なことである。

この名前は報道でもよく出てきたので皆さんもご存じだと思うが、1919年～1920年を中心に大流行した感染症である。世界中で2000万～4500万人が死亡し、日本国内でも約45万人が死亡したと言われている。ちなみにスペイン風邪の発生源については諸説あるが、有力な説はアメリカ・カンザス州にあるファンストン陸軍基地の兵営からの発生だ。

これは自然発生的だと言われているが、ちょっと信じるには無理がある。ちなみにゲノム研究でも蝙蝠由来以外の最古のスペイン風邪ウイルスはアメリカ発らしい。

アメリカから発生したのにもかかわらずスペイン風邪という呼称がついたのは、第一次大戦当時にスペインが中立国だったので、感染者の報道が自由だったからとのこと。さて、日本にスペイン風邪が入ってきたきっかけは、横須賀軍港停泊中の軍艦に患者が発生し、横須賀市内や横浜市へと広がったからとされている。何かととても似ている。

ちなみに後述する豚インフルエンザもアメリカ軍から発症した。また武漢に関しても新型コロナウイルスが指摘される二週間ほど前に、アメリカ軍が２００人ほど入っている。

さらにスペイン風邪には「前流行」と「後流行」の二つがあった。「後流行」のほうが致死率は高かったとされており、ウイルスに変異が生じた可能性が指摘されている。致死率は０・８％強だったが、スペイン風邪の記録を見る限り、現在のコロナウイルスより本当の致死率は上だったようだ。新型コロナの致死率は、計算する分子分母がすべてでたらめであり、全部のデータを洗い直さなければ本当の数字は出てこない。

当時はテレビなどなかったが、パンデミック情報は新聞を中心に広がって、病気のうわさだけでなく工業の停滞などをもたらした。また当時のスペイン風邪への対応もマスク着用、感染者に近づかない、人が集まるところに行かない、など現在に通じるものがある。

「心の絶対法則」を知れば当たり前のことだが、機械や文明の発展は人の進化とは何の関係もないのである。人の心は常に同じ、そして愚かであるがゆえに、残念ながらスペイン風邪の拡大はまったく防げなかった。ウイルスの基本的な対策として、当時も推奨された「手洗い」「うがい」「マスク隔離」はムダであり、予防接種も推進されたが、御用学者ですら「失敗だった」と後世語っている。これはスペイン風邪の予防に苦肉の策として北里研究所などが開発した予防薬であったが、ウイルスを菌と勘違いして製造された見当違いなものだった。この効果のないワクチンが当時約500万人に接種されたという。どのみち予防接種自体に効果がないのだから、見当が当たっていたとしても意味はないが。

結局この騒ぎが収まった理由は、スペイン風邪に対して、日本人（というより人類）が何度も曝され、普遍的な免疫を獲得したからだ。飛行機がほとんどなかった時代にもかかわらず急速に広まり、現代と同じような対策をしたが防ぐことができなかった。むしろ今より医学知識や情報媒体がないので混乱も広がっただろうが、本質は今も昔も変わっていない。逆に現代は科学が進んだと錯覚され、余計な情報と嘘に惑わされる人が増えてしまった。

たとえばＰＣＲ検査の嘘、死亡診断書詐欺で多数のコロナ死亡者数を計上する嘘（特に海外）、抗体検査の嘘、国家の検査数操作、偽陽性偽陰性、不顕性感染の嘘、ゲノム研究の嘘（外側から見えるものを見てもまったく無意味）、弱毒型強毒型とわけられた三種のウイルスの嘘、ウイルスの変異の嘘、ワクチンや薬が効くという嘘など挙げればきりがない。

あらためて歴史を見よと言いたい。

スペイン風邪は感染者数の増減を繰り返し、「自粛」「マスク隔離」「薬物治療」を繰り返し、現在と同じような問題を引き起こした結果、多くの死者を出した。長引かせれば長引かせるほど、自粛して隔離して医療すればするほど、だらだら死人が増えることを理解していない。これは現在と同様に医療隔離政策や自粛政策をとって、目先の数字に一喜一憂し、長期間にわたりいじりまわして、ウイルス変異を助長したからにほかならない。免疫や基礎医学を軽視した人類の業のなれの果てである。スペイン風邪での一番の死因は治療に使われたアスピリンであることがわかっている。

●過去のパンデミック騒動を考察する

昨今のパンデミック扱いされたウイルスを振り返っても、豚インフルエンザは1976年と2009年の二回にわたって、世界的に流行したとされたが嘘だった。そのときも豚インフルエンザをこわいと煽る詐欺師は跳梁跋扈した。結果的に5000万人近くがワクチンを打ち、大量の副反応が出て中止になったが、在庫が大量に余っていた豚インフルエンザワクチンを処分するためのプロパガンダだったから当たり前だ。

このような事実はネット情報だけでなく本などで丹念に情報を集めないと理解できない。しかし

「心の絶対法則」を理解していれば、本を読まなくてもこのような状況下の嘘を理解できるのだ。

ＳＡＲＳを始めとしたパンデミックを煽るウイルスも、新型と恐れられたインフルエンザも流行る流行る詐欺だった。しかしインフルエンザという名前がよくなかった。インフルエンザがこわいという観念は一般人にも浸透していたので、通常のインフルエンザと比べてたいしたことないことがすぐばれ、誰も信じず収束してしまった。何千万人にも広がり、とてつもない被害を及ぼすとプロパガンダされながら、引っかかるのは少数だった。だから今回、未知ウィルス感の強いコロナが選ばれたといっていい。

まず歴史が嘘だらけだったということを知らねば、今の状況が過去の事例と同じであることも、嘘や詐欺がはびこる手口も理解することはできない。そのうえで次に各論を説明することにしよう。

それは数の嘘である。数の嘘は大きくふたつに分けられる。

ひとつは検査がなぜ嘘であるかを知ることだ。次に死亡者数がなぜ嘘であるかを知ることである。

そうすれば新型コロナ騒動全体が嘘であること、歴史の繰り返しであることが見えてくる。

●ＰＣＲ検査のどこが嘘なのか？

世界中に新型コロナ騒動が広がっていく過程で、多くの人はＰＣＲ検査による世界の感染者数に一喜一憂していた。その大前提として、ＰＣＲ検査は世界的に認められた検査であり、検査による結果に間違いなどあるわけがないという思い込みが存在する。せっかくの機会なので、ＰＣＲ検査を例に、いかに検査というものがでたらめであり、市民はそのでたらめを信じ込まされているかをご説明しよう。一応私も医者なのだから、医学的な説明をしなければなるまい。

ネットでＰＣＲ検査を否定する記事を公開した当時、医者や薬剤師や臨床検査技師が「こんな記事は嘘だ」と騒いでいた。調べもせず慣例重視だけで述べている輩が後を絶たず、基礎論や化学論から批判しようとする人はまだましだった。

一方で、この記事に賛同する医者、歯医者、薬剤師、検査技師も多く存在したのである。そして、賛同した人たちは大病院や業界の嘘に飽き飽きして、仕事をやめた人たちばかりであるのは面白いかもしれない。

まず、私の専門分野を思い返してもらいたい。化学論の初歩が嘘なのだ、ということを前提で考えないと医原病や薬害や公害などの研究は成り立たない。その私の専門分野の視点から話を進めていこう。

まずＰＣＲ検査の嘘を理解するためにはいくつか初歩的知識が必要である。そもそもＰＣＲとは何か、感度と特異度というのは何か、ＤＮＡとＲＮＡはどう違うか、一般的に言われている検査数問題、他の感染症はどこに行ってしまったのか、そして最後は複数の情報を組み合わせることと推理力が大事だ。並べて書かないと理解しづらいので、難しいかもしれないが読んでいただきたい。

・まずPCRとはなにか。

非常に簡単にいえば増幅法だ。あるDNAのサンプルに対していろいろ試薬などを混ぜて、温度を上下させる。DNAは二重らせんの名の通り二本だが、それを一本にしたのち「プライマー」と呼ばれる目印を設定する。サンプルに熱反応を加えて二本を一本にし、その熱を下げるとプライマーが一本にくっつく。その後DNAポリメラーゼという酵素を使うと合成反応が起き、次々にcopyができるという次第である。累乗で増えていくので数時間で100万倍以上に増える。

次にアガロースゲル電気泳動を行うのが一般的なやり方で「どのウイルスかな〜、コロナって呼んでるウイルスのコピーかなっ」というのを見るわけだ。

すでにこの段階でいくつもの問題が潜んでいる。人為的検査ミスなどとは別の問題として。それは後述するとして、もともと新型コロナにはPCR検査法が存在しなかったので、日本のトップ機関と言われている国立感染症研究所がプライマー（目印）を先に設定し、地方衛生研究所に自前の検査方法を送付したのだ。

時系列的には1月12日にWHOの電話会議に参加、プロトタイプ検査法を1月中旬に開始、1月24日には行政検査の準備は整ったと感染研は述べており、それでいながら新型コロナウイルスの分離に成功したのは1月30日ということだ。ま、そんな皮肉はおいといて、検査方法は皆さんよくご存じの、鼻から綿棒を刺してこすりとるというあれである。肺炎患者は肺から洗浄液を出しても似

PCR（Ploymerase chain reactin）法

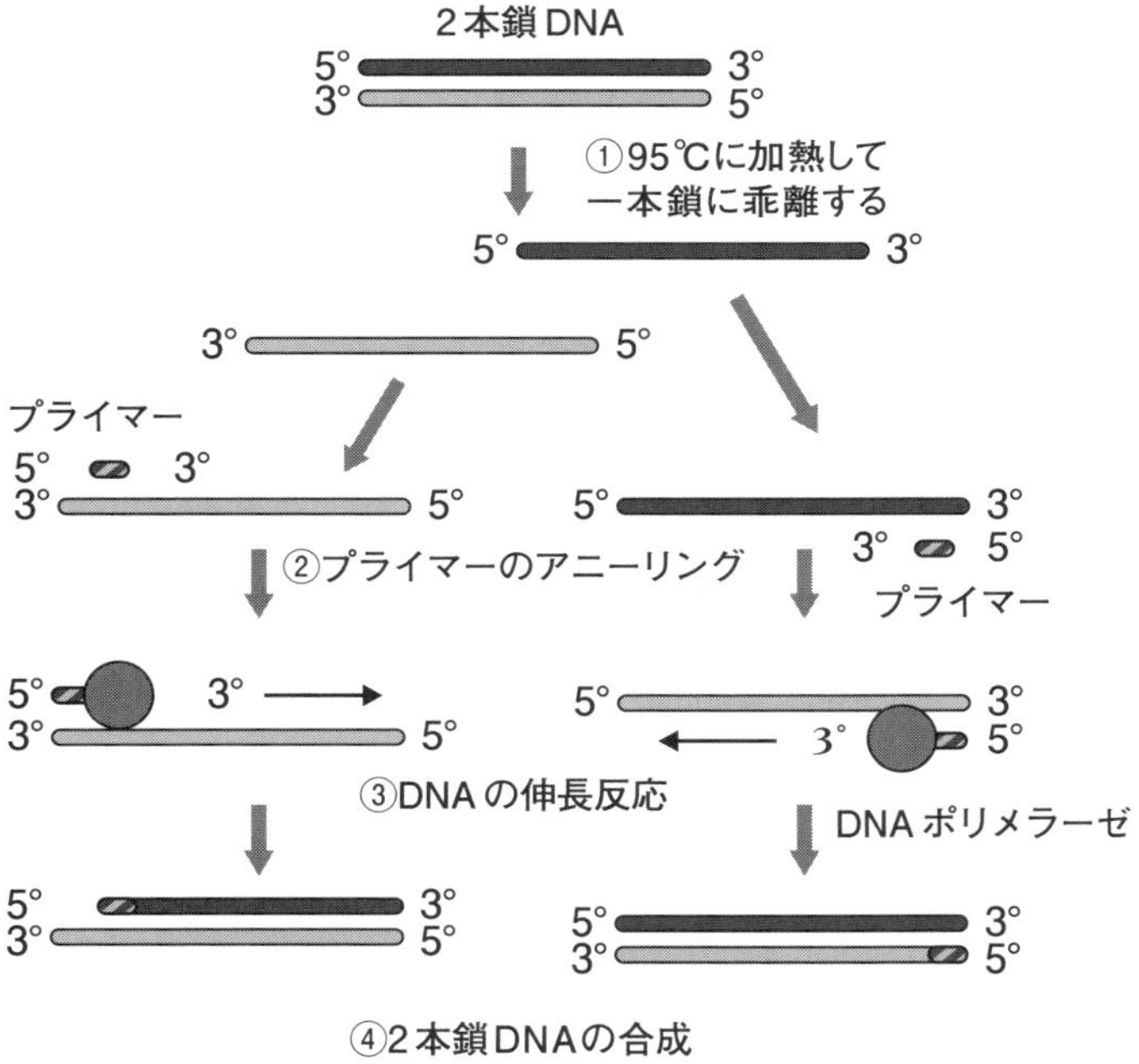

①から④の過程を繰り返すことで。
DNA断片が増幅される。

ウイルス増殖図

たような検査ができるということだ。

どこを増幅しているかといえば、現段階ではウイルスゲノムのオープンリーディングフレーム（ORF）1a領域と、Sたんぱく質と呼ばれる領域の2か所だといわれている。これは私も伝聞でしか書けない。検査法としては専門的になるが、電気泳動を用いたRT－PCR法とTaqManプローブを用いたリアルタイム1ステップRT－PCR法が使われている。前者はかなり手間がかかるそうで、これを主体にしていた感染研は検査が回らなくなってしまうのである。

そのため、外注して検査会社に依頼していたが、その結果、研究用試薬に外国産を使えるようにした。実はそれはロシュ社。ロシュといえばタミフルを開発している会社である。タミフルの嘘は拙著『医学不要論』（PHP新書）などを読んでいただきたいが、ロシュ社の日本法人は当然ながら感染研の動きなどよりかなり前から、大規模供給ラインを確保していたそうだ。もちろんあらかじめわかっていたなんてことはあるわけがないし、単なるビジネスのために準備をしていたに過ぎない、という皮肉を述べておく。

こんな感じだったので騒動の当初グーミンが叫んでいた、「全員検査しろよ」は物理的に無理だった面もあったのだ。

いずれにしろ、PCR検査は初めに誰かが決めた目印をもとに、細胞やたんぱく質や菌や粘液や大気汚染物質など、いろいろ混ざったものから、目的のものがないかな～と精製抽出して探す技法なのだ。ここであれ?と疑問が浮かぶ人はましな人。これも後述しよう。

・**疑問符のつく検査精度**

ＰＣＲ検査は、御用系専門家ですら、施設によって検査精度に差が出るといっているくらいだ。また一般的にもＰＣＲは温度管理、精製の仕方によって「しっかりやっても合成がきちんとされない」「無関係なＤＮＡを増幅する」「合成過程において変異が起こる」ことが少なからずあると指摘されている。御用系や教科書が「少なからず」という言葉を使う点はとても重要だ。たとえば、これは人為的なミスではあるが、愛知県は4月11日にＰＣＲ検査で陽性と判定した28名のうち、再検査で陽性と判定されたのはわずか4名だったと発表している。

新型コロナウイルスの遺伝子配列について調べたいとき、無償で公開されているオープンソースプロジェクト「ネクストストレイン」(Nextstrain.org)がある。世界各地の研究機関が、患者から採取したウイルスの遺伝子配列データをここに投稿するプロジェクトだ。さてそのプロジェクトはどれくらい信用できるのかだが、まあ正しいと仮定しておこう。とりあえずそれでウイルスの系統樹を描いているが、ＨＰを見ると、「ネクストストレイン」が取り込んだ新型コロナウイルスのゲノムは、3月末の時点で2000を超えたそうでウイルスが平均15日ごとに変異していたそうだ。

・**一般的に指摘されているＰＣＲ検査の欠点**

ＰＣＲ検査は、コロナ検査以外にも様々なところに使用されている検査法だ。これまで私は「がんの早期診断」や「がんになる前の診断」の嘘を指摘してきたが、それにもよく使われているのだ。そんなPCRだが、短時間で多数のコピーができる検査法だともてはやされてきた。しかし、いくつかの欠点が指摘されている。これは一般的にいわれている欠点だが、

・材料もしくはその処理の仕方で検出率が異なること
・結果が陽性陰性でも病気の肯定否定はできないこと（感染と陽性は別）
・核酸の増幅は阻害物の影響などで限界があること
・凍結回数（よく凍結させる）に影響を受けること
・検査時の陽性対象からの汚染（周りがコロナだったり検査技師がコロナだったり）
・以前の検査や実験に由来する汚染（消毒が適当のケースなどよくある）
・試薬類への核酸の混入が誤った陽性を招く

などである。これらはｗｉｋｉレベルで書いてあることだ。

・3割も誤診断が出るPCR検査

次に感度と特異度の話をしよう。

感度は患者の中で検査で陽性と出る人の割合で、特異度は患者ではない人のなかで陰性と出る割合である。これが低い場合、繰り返し検査しないと本当の数字は出てこないが、前述の検査試薬な

どの問題もあり、追加検査や複数検査については行われていないと思われる（報道されていないし私が人づてに聞いている限り）。

日本でのＰＣＲ検査の場合、感度は70％程度だと報道されており（自衛隊病院報告も同様に主張）、特異度は90％前後。最近になって民間会社が開発したという新キットの場合、もっと精度が高いと主張している。

感度が70％と仮定した場合、感染している人１００人検査して陽性70人陰性30人で、30人は偽陰性である。特異度が90％と仮定した場合、感染していない人１００人検査して90人陰性、偽陽性10人。これは前述したような愛知の人為的ミスではなく、他の問題によって生じている。しかし私はこの数字ですらまったく信用していない。

ちなみに、２０２０年春ごろの政府や厚生省や都道府県の発表を見る限り、陽性患者／ＰＣＲ検査人数は６～７％程度である。すでにご存じのようにあの頃、政府も病院も検査したがっていない中で、いかにもコロナ感染を疑われる症状が出ていないと検査しなかったにもかかわらず、95％近くはコロナでないという結果だった。

・検査の無意味さを理解するためにＤＮＡとＲＮＡの違いを理解する

次にＤＮＡとＲＮＡの違いだがその前に核酸から。

核酸はDNAとRNAをまとめた名称であり、塩基+糖+リン酸基の組み合わせをヌクレオチドと呼び、核酸はヌクレオチドが連なったものである。DNAは糖についているのが水素、RNAは糖についているのがヒドロキシ基（OH−）という違い。そしてRNAはDNAから転写されてでき、DNAは保存に、RNAは情報を提示するために使われる。分子構造の違いとしてヒドロキシ基になっているので、非常に不安定で分解されやすいという特徴がある。

RNAは手紙のようなものでDNAはその大元の情報と思えばよく、DNAのほうが安定的とよく表現される。チミンとウラシルの違いもあるがここでは割愛する。ちなみにコロナウイルスは新型であれ旧型であれRNAウイルス、ヘルペスなどはDNAウイルスである。RNAウイルスのほうが変異しやすいのは、RNAが構造的に不安定なことと関係あると考えていいだろう。だから当然コロナウイルスも変異しやすい。そしてDNAは二重らせんで二本、RNAは原則的には一本である。

●客観的事実からみたPCR検査の真実

さて、これで基礎的情報がやっとそろった。ここからあとは情報を融合していく作業と想像力が不可欠である。なぜなら教科書にもテレビにもネットにも決して載らないことだからだ。

ここでPCR検査の過程をおさらいすると、①咽頭ぬぐい液を使う。②コロナと見当をつけている（とロシュ社や感染研が述べている）プライマーから、コピーして増幅する。

しかし、そこで増幅されたウイルスは感染源ではない可能性がある。この辺でピンと来た人は勘がよい人だろう。

ある感冒系の患者が咽頭ぬぐい液を取ってPCR検査をしたとき、そこにロシュ社や感染研ご指定のプライマーから増幅したRNAがあったところで、いろんな可能性があるということだ。

・鼻の中にウイルスが単にいただけかもしれない（いただけでは感染してない可能性も十分ある）。
・粘液やバクテリアの中で実は死んでいるかもしれない（感染の危険がない不活化したRNAウイルスも増幅する）。
・自分の細胞の中にいたとしてもすでに免疫がついているかもしれない（不顕性感染）。
・他のウイルスに感染しているのにコロナのRNAを増幅してしまったかもしれない。
・鼻の中にある細菌がウイルスを含んでいたかもしれない（バクテリオファージと呼ぶ。感染とは関係ない）。

ということなのだ。ちなみに細菌の中にもウイルスの遺伝子が取りこまれることは、グーミンが大好きな科学によって証明されている。

これだけでも相当問題であり、検査による感度や特異度とは別の問題も含まれていることがわかる。

しかし問題はさらに別にある。すでに多くの人はコロナがRNAウイルスであり、ゲノム解析されていることを知っている。とても樹状的に広がっていくゲノムーシーケンスの図（ネクストストレインの図も）である。これはつまりＲＮＡがどんどん変異しているということを表している。さて、ＰＣＲ検査はこの変異に対応できているかと問われれば、できていないというしかない。むしろ変異したすべてのパターンに対応できていたら私が知らないだけなので教えてほしい。

そういった変異を追わずにターゲットを絞るとどうなるか。たとえば感染研がＳタンパクを増幅ターゲットにしたと述べたが、それは旧型のコロナウイルスにもある。また、前述の人工ウイルス説のところで、新型コロナウイルスに他のウイルスの遺伝子配列が混ざっているかもしれない可能性を紹介したが、それが本当かどうかや人工かどうか以前の問題がある。変異著しいウイルスであれば、新型コロナウイルスと別のウイルスの遺伝子塩基配列が似ている場所があって何もおかしくはない。プライマーと呼ばれる目印はそのウイルスの特徴的なところを選ぶのだが、変異が著しければ、まったく違うウイルスを新型コロナと判定してしまう可能性があるということである。これを専門用語では交差反応と呼ぶ。

アメリカでは当初インフルエンザが大流行していた。数か月で２００００人以上が亡くなったといわれている。しかし、特に自粛もなく緊急事態も宣言されなかった。その後、いつの間にかインフルエンザの話題は消えコロナ一色になった。もちろんその後ロックダウンが繰り返されている。

そもそも重症化するウイルスはインフルだけではなく、旧型コロナもアデノもパルボもすべてそうである。これらのウイルスに感染した人たちは亡くなるときは肺炎であることが多く、亡くなる過程は新型コロナ死亡時系列と類似している。しかしコロナありきで検査すれば、すべてのウイルスを検査するわけではないし、違うウイルスでもコロナ陽性と判定してしまう可能性がある。これまで説明した誤診断要素や、交差反応のどちらでも偽の陽性になる。他のウイルス感染から重篤化しても、粘膜や菌やどこかについていた感染とは関係ないコロナを増幅してしまえば、それはコロナによる重篤ということになる。つまり誤診なのだ。

結局、感染数が増えている理由は、病気の検査にはとても使える代物ではない、ＰＣＲ検査を基本にしているからである。ＰＣＲ検査を開発したキャリー・マリスも病気の診断には使えないと述べているらしいが当然だ。残念ながらキャリー・マリスは新型コロナ騒動が始まる三か月ほど前に亡くなってしまった。きっと偶然である。

さらに抗体検査などもウイルス診断のときには用いられている。しかし抗体検査もサンドイッチ法が主流であり、これは類縁ウイルスでも陽性になることがわかっている。そもそもこのＰＣＲや抗体検査でウイルス感染を同定しようという考え方が、嘘そのものなのだ。これは陰謀論ではなく初歩的な科学であり、明確な医学である。

つまり、ＰＣＲは新型コロナウイルスのＲＮＡを検出するという建前で行われているが、残念ながらコロナウイルスだけを特異的に抽出して検出できる検査ではないのだ。

●ＰＣＲ検査に新型コロナウイルスを検出できる精度はない、が科学的事実

え?と思う方は自分で調べればよい。他のウイルスでも陽性になるという事実がわかるだろう。新型コロナのプライマーは人間の体の細胞をとって培養しているが、その中には多数のウイルスが入っている可能性があり、そのどれを拾っているかはわからない。何のＲＮＡを拾っているかもわからないし、ＲＮＡがプライマーと同じであっても交差反応の可能性もあるのだ。陽性になったからといってコロナとは限らないばかりか、むしろコロナ以外である可能性が高いのだ。

ちなみにＰＣＲ検査キットには

・インフルエンザウイルス
・アデノウイルス
・マイコプラズマ
・クラミジア

その他でも（non-specific interference）を受けることが記載されている。普通に直訳すれば非特異的妨害とか干渉であり、これらの影響を受けるということである。

抗体検査も非特異的なたんぱく質を検出するもので、他のウイルスでも陽性となる。抗体検査陽性だから感染しないというのも嘘である。免疫とはそんな単純なものではなく、ウイルスは簡単に

変異するし、すでに2度かかる患者も出現している。風邪に何回もかかるのはきちんと理由があるのだ。

ここで世界におけるインフルエンザ、アデノウイルス、マイコプラズマなどが原因の主要な肺炎患者数を考えてみればよい。もともと毎年これらのウイルス感染では一定数の死者が出る。

これらのウイルス感染で肺炎になり、新型コロナが引き起こすとして恐れられている間質性肺炎になる場合も当然ある。新型コロナ同様に味覚障害になる場合もある。つまりどういうことだろうか。ＰＣＲ検査があてにならない以上、我々は別のウイルスを新型コロナと誤って、対処している可能性があるということだ。

なぜ今の対応がうまくいかないのか、根本的に考えてみるがよい。人間がやることはすべて間違いなので常に結果が出ないが、「心の絶対法則」を理解していない限りわかることはない。

現実を見て事実観察にのっとり、周りに新型コロナにかかったり、新型コロナで亡くなった人がいるか探してみて、騒ぐほどのものか考えたほうがよいのだ。恐怖に負け、殺菌することでウイルスや微生物を支配しようとしても、実際にはうまくいかないことは歴史的にも証明されている。ましてや自粛警察などで新型コロナ騒動は解決するはずもない。なのに人類は自分の正しさという愚かさを疑いもせず、メディアに踊らされながら分断されている。

人々が信用しきっているPCR検査について、少なくともウイルス判定の不正確さに関しては純粋な医学的考察であり、検査キットにも書いてある事実である。

●ねつ造されたPCR検査に関する説明

さらにPCR検査にはいわくつきの話がある。新型コロナが流行りだし検査キットに注目が集まりだした当初、前述の通り検査会社の公式サイトには non-specific interference（非特異的妨害）と書かれていた。しかし、それを真に受けるのも問題だということはこれまで書いてきた通りだ。私は当初からこの解釈がわからず悩んでいた。なぜなら儲けたい検査会社が、わざわざ他のウイルスに影響を受けるなど書くとは考えにくいからだ。それにもかかわらず非特異的妨害と書いてある。これは理解に苦しんで当然のことなのである。これについて、私は悩んだうえ、解釈上は英語の上級者の意見も聞いて、訴訟対策やリスクマネジメント的な書き方なのかと考えていた。

しかし5月頃になり、この記載が間違いだったという情報がネットを中心に出てきた。もともと中国のキットには no non-specific interference と書かれていたというのだ。これだと検査会社が訴えたいとおりに、これらのウイルスの非特異的妨害を受けない、となるので、検査会社の売り込みとしては大きな問題はないことになる。PCRが信用できない検査という理由は別であることはすでに書いてきたが。

しかし、もしこれが真相だとすれば別の意味で大問題になるのだ。医療用として販売されている検査キットで公式サイトに載っていた説明（これは確実に non-specific interference と書かれており、今でもそう書かれているものもある）が、中国キットとの記載と違うとなれば大問題だし、コピペミスや誤記だろうで済まされる問題ではない。クスリであれば「公式添付文書と違うことを書いていました」というレベルだ。これは会社としてはあり得ないことで、病院や国に訴訟される可能性があるミスである。

前述したように、私がＰＣＲが信用できないという理由は、キットに書かれていたことではない。プライマーの設定問題から始まり、当初のウイルスが真の意味で新型コロナなのかも含めた問題、変異に対応できていない、いわゆる交差反応問題、外表面についている感染していないウイルスを拾う問題、バクテリオファージ、粘液内にいるウイルスの問題、粘膜内にいる未発症ウイルスの問題、検査ミスや検査汚染、その他はいわゆる教科書にも載っている偽陽性偽陰性問題、など様々な要因から信用できないわけだが、これは今は横に置いておこう。

問題はなぜ5月ごろから急にこの情報が出てきたのか？　そして中国のキットの後だしじゃんけんのような記載情報が、突然まるで真の意味での真実であるみたいなノリで、陰謀論者の初心者が鬼の首をとったぞというようなノリで、５月くらいに出てくるのだろう？

当初、検査やキットの問題を調べたとき、確かにサイトには non-specific としか書かれていなかった。それをみて多くの人が他のウイルスにも影響受けるじゃないかとなり、それは特に間違った解釈ではなかった。ＰＣＲが正しいと主張する嘘つきな輩たちも、最初にこのネタを提示していれば少しは議論になっただろう。しかし彼らはキットに書かれていることを無視するか、元の英語からゆがんだ解釈（誤植の証拠もないのに誤植であると言い張るとか）をする程度だったのである。そして、いまではＰＣＲキットについて調べると、ＳＥＯされているのか、上位に「中国キットではこう書かれている」といったサイトが出てくる。5月以降話が違ってきているのだが、なぜ最初からそうならなかったのか、あなたはきちんとした説明ができるだろうか？

そもそもキットには公式見解として、「検査キットは研究目的にのみ使用すること。（感染の）診断結果としては使用してはいけない」と書かれていて、検査自体が信用できないかのようなことも書いてある。キャリー・マリスが訴えていたことだ。これが書かれているので、他のウイルスに反応するという解釈が増えるのは当たり前のことである。

●事実の裏にはさらに裏がある

この情報自体というか途中で出てきた情報が怪し過ぎる、という発想をあなたは持てるだろうか。持てる人は「心の絶対法則」をある程度理解できていると考えてよい。何度もいうがこの問題は、医療及び検査キットにおけるもっとも重要な部分であり、誤記が許されるレベルではなく、もし誤記なら企業が謝罪会見をして下手すると訴訟が起こるレベルである（ほとんどの医者はキットの説明文など見ていないが）。

ここから先は私の妄想だが、検査会社は売り込みのためには疑われない書き方のほうがよいに決まっている。しかしいまやほぼすべてのネットサイトで違う書かれ方をしていて、non-specific interference ではなく no non-specific interference が「真実」であり「正しい情報」なのだから、それを見つけた人間が正しく、安直に最初の情報に飛びついて、検査キットは信用ならないという人間は信用ならないという流れを作った。これはわざとであるというのが私の妄想なのである。あえて陰謀論的にいうなら、反医学的な人や反体制的な人を、デマを流す嘘つき扱いするためのネット内工作に思えて仕方ない。

なぜなら当初、ＰＣＲ検査に関心を持つ人間ならすべて、検査キットの説明を原文で読んでいる。そこに non-specific interference と書かれていれば、「他のウイルスでも引っかかる」と解釈するのが当然だ。ネット内でそれが広がり、医療関係者ではない素人 YouTuber や陰謀論者もこの説を採用した。特に矛盾はないからだ。しかしネット内にその情報が広がった頃合いで、「中国キットに書かれている内容は違う」という情報が出てくるのはおかしいと、あなたは思えるであろうか。このことだけを切り取られて示されたら、人間は見たもの中心に判断するように、昨今は教育されているため、背景などは考えない。「単なるコピペミスだ」「単なる誤記だ」と考える人が出てきて、当初まともに検査キットの原文説明まで調べて、「これじゃ検査は信用できないじゃん」とした人たちを、みな嘘つきやデマ流しのように扱う。

そうだとすればこれは陰謀論ではよく扱われる手口ではないか。つまり一種の離間工作であり分断工作であると言っているわけである。そもそも、書いてあったことを問題視しただけだ。二重のデマを流したのはほかならぬ検査会社であり、それを支持支援する御用研究者たちにもかかわらず、嘘つき扱いされるのは情報を検証した者たちである。

だから科学はまったく信用できないのだ。根拠を追っても意味はなく論文や研究にも意味がないのは、このようなことがしょっちゅう起こるからであり、論文の書き手や発表媒体がそれを意図してやっていることも多いからだ。

現実を素人的に見よ、これが科学ではないもっとも科学的な手法だ。

なぜニュースで度々検査ミスがニュースになるのか、事実を普通に見るほうが大事だ。何度もいうが上記の二重表記は誤記やコピペミスで済まされる問題ではない。そして私が一番危惧するのは、このような後だし情報によってPCRが素晴らしい検査だ、と騙されてしまう人々が増えることである。

こういう情報を理解すればするほどわかることだが、情報よりも基本、情報よりも現実のほうが重要なのである。

福島の原発問題もそうだったが、研究の経過というのはなかなか表には出ないし、数字の背景には何が隠れているかわからない。表に出てきた情報を、検証することなく鵜呑みにするのは非常に危険である。しかし人類は常に恐怖しかない生物であり、免疫の基本に立ち返ることもなく、医原病発想や複合発想を持つこともできない。その結果、常に全体が見えず、法則を知らない人々がこれからも信ぴょう性の薄い情報に振り回され、軸なく不安まみれになっていくのである。反原発や反権力など表面で謳っているだけのグーミンは、二枚舌の自分と恐怖に振り回されている自分に気づけず、新型コロナ騒動を煽ってしまうことになるわけだ。

繰り返すが今回の新型コロナであっても基本は変わらない。死ぬときは私だって死ぬだろうし都合よく防げるものでもない。

●大衆を誘導する御用学者という存在

ひたすら新型コロナの危険を唱えている学者だけでなくＰＣＲ検査信者も多い世の中だが、そんな情弱を補強する存在が御用学者である。体制の御用聞きのような御用詐欺学者は一人二人の話ではない。典型的な御用学者は「科学的リテラシー」などとのたまうが、自分に科学的リテラシーがないのが特徴である。彼ら自称科学者は、

・ＰＣＲ検査は素晴らしい検査であり信頼性に欠けるという情報は非科学的である。
・自称科学者はＰＣＲ技術に馴染んできて使っていたこともあるという。
・いわゆる科学的証拠というのが大好きで証拠や根拠を出せという。
・自分は御用学者ではないので失礼だなどという。
・アビガンは素晴らしい薬みたいなことをいうが、製薬会社の手先ではないという。

などの主張をするのである。

毒親と同じ構図なのがわかるだろうか。情報を精査するためには御用学者＝詐欺師をどうやって見抜くのかはとても大事なことだ。

御用学者はＰＣＲ信者なので、ＰＣＲがおかしいと言われだしてから躍起になってそれを否定するよう動き、「自分に科学的リテラシーがある」と主張するのはよくあることだ。そのうえ「自分は御用学者ではない」と主張するのもよくあること。御用学者を定義するなら、「政府や権力者やいわゆる長いものに迎合し都合のいいことを唱える学者」といった意味である。御用詐欺学者はどんな主張をするのかイメージが湧くだろうか。

御用学者はたとえば権威ある、国立感染症研究所発行の「病原体検出マニュアル2019－nCoV」を紹介し、これがもっとも素晴らしいマニュアルであるかのように語り、日本で行われているPCR検査は、基本的にはすべてこのマニュアルに準拠している「はず」と述べたりする。「はず」らしい。素晴らしい科学的リテラシーであり御用学者の定義から一歩も逸れていないわけだ。さらに、そのマニュアルを引用したり国立感染症研究所、有名大学の論文や検査会社の文章を引用して、彼ら権威ある専門家がいうのだから間違いない「はず」と述べていく。自ら考えず、権威的なだけで根拠と呼ぶ。これが日本人にとってはリテラシーなのである。

大手メディアに登場する学者の唱えていることをよく観察してみると、ことごとくこのパターンを踏襲しているので、一度観察してみるといい。

当たり前だが御用学者にとっては、政府系や権威がいうことは正しくなくてはいけない。権威ある論文に「他の呼吸系ウイルスとの間に交差反応は生じなかった」と書いているのだから、そうに決まっているわけである。そのくせたとえば国立研究所が発表した「検査キットで交差反応が生じた」などという論文があっても（実際ある）すべて無視するところがポイントだ。素晴らしい科学的リテラシーである。たとえば「『当キットは、新型コロナウイルスのみに反応するように設計されており、その他の近縁のウイルス種には反応しません』というようなことが書いてあるはずです」。また「はず」というのである。つまりこういう御用学者は自分の主張が正しいという前提でしか、解釈さえできないということだ。

御用学者は他にも、「〇〇先生が自説が正しいと思うなら実験して論文を書いて出してみればよい」、という言葉を典型的によく使う。私のような医療の闇を見て仕事するものは、論文を出してもアクセプトされないことを知っているし、論文が操作されていることも知っているからそんなむだなことはしない。基礎医学から語るだけである。

そもそもリテラシーとは読み書き能力が語源らしいが、昨今は分野の事象や情報を正しく理解し分析し判断する能力と扱われる。都合よく何でも解釈し、自分に都合がよいものだけ見てそれだけを採用し、そもそも自分が前言を翻していることにも気づかない連中が使ってよい言葉ではない。論文を数多く読んだり紹介することはリテラシーとは無関係である。真の科学とは事実や現実をしっかり見たうえで、狭量な科学論文や研究で素人を騙すことなく、予防原則やブラックボックスをとらえたうえで、金まみれの御用の嘘を見抜きながら摂理や本質を追求することだ。

私が専門とする医原病や薬害分野、東洋医学や物理医療の世界では、論文そのものの問題だけでなく、現在の科学の基本的考え方、たとえば論文や論理構成に至るまでが詐欺まがいだと考える。問題点をあげれば、単一物質の素因論や二重盲検試験の嘘、比較試験の嘘から統計研究自体の嘘など、きりがない。この現在の科学への批判は、観念論などとは無縁の事実だ。

●政府反対を気取っていた者たちがコロナの恐怖を煽るバカげた現状

社会的なこと、陰謀論で唱えられていることも考えてなおしてみよう。

なぜ突然新型ウイルスだと騒がれ、なぜ急速に欧米から検査キットがあのロシュから流れ、なぜコロナ専用検査キットもろくにない時期から新型コロナだと決めつけられ、なぜ高感染力があるのか。なぜ今回に限って中国発信から始まり、なぜろくな防疫もしなかった日本の死亡者数は世界と比べて低いのか、大手メディアが発表するデータや情報を見ていても決して答えは出ない。検査の規模も政治に左右されているし、本当に新型コロナウイルスが感染源だと、誰が証明してくれるだろうか。残念ながらPCR検査も抗体検査もCTもそれを証明してはくれない。検査キットの注意事項も読んでいない人間が、PCR検査は嘘だという記事を見ると批判する。これらの人間は戦時中の弾圧と同じで洗脳奴隷の筆頭だということだ。

ではどうすればよいのだなどといわれるが、現実として世界中が詐欺にかかっている状況なので、対処法など提示しても意味がない。新型コロナが他のウイルスとは別物だ、と信じている人たちには理解もできないことだろう。私は、FBなどで「通常の肺炎と同じ処置をしろ」「マスクやうがいや手洗いもムダ」「過剰に恐れてもムダ」と発信してきたが、素人が理解するはずもなかった。素人は「あの国でどうなった」「この都市でどうなった」と一喜一憂するだけだ。

毎年流行っているインフルエンザには年間1億人以上かかるのである。新型コロナは世界中の感染者数を全部足しても、半年以上たって数百万人。死亡者数においてはインフルエンザの死者数とは桁が2つ以上違う。しかも新型コロナの感染者数は多分に誤差を含んだ数字だ。もしタイムマシンがあったら新型コロナのキットを1年前に持っていて、多くの人に検査してみたらいい。インフルや旧型コロナを誤判定して一定の確率で陽性が出るわけだ。じゃあ、その人たちは新型コロナなんだなという滑稽な結果になる。かなりの確率でそうなると推測するが、誰も研究していないから憶測に過ぎない。

●なぜ海外の死亡者が多いのか?

しかし、もともと新型コロナ騒動に疑いを持っていた人でも気になるのは、海外の感染者数や死亡者数の多さかもしれない。この理由のひとつとしてPCR検査数や抗体検査数の違いはわかると思うが、一番の問題はそこではない。アメリカやイタリアなどの国で数が多い理由は別なのである。

第一の理由は死亡診断書問題である。有名なニュースとしては医師のスコット・ジェンセン氏のものがある。アメリカのCDCが医療機関に対して出した、「死因が判明しないものわからないものに対して、可能性が高いなら死亡診断書にコロナ死亡と書いてよい」という通達に関しての告発だ。

コロナが死亡理由でなくてもコロナで死んだことにできるのだから、医者であり上院議員でもあるジェンセン氏が疑問を呈するのも当然である。しかもこれは、２０２０年7月段階でも続いていて、よりそのように診断する風潮が強まっているのだが、誰も疑問に思っていないのが実情なのだ。WHOも「疑わしきはコロナと診断の方針」を公式発表で述べていて、欧米が一番それを遵守している。さらにいうと基礎疾患。死因を決める際、仮にコロナであってもインフルエンザであっても、それで基礎疾患が悪化した場合、それらが死亡原因になることはあり得ない。日本でも海外の死亡診断書でも、仮に腎臓が弱い傾向の人がいて、ウイルス感染後に腎不全になったら、それは腎不全で死亡である。

現在はそうなっていないということだ。ブルームバーグの報道でイタリアでのコロナ死亡者の99%で、実はコロナが死亡の原因ではなかったと報じられた。イタリア国立衛生研究所が再検証したデータでは、死亡診断書の12%がコロナウイルスによる直接死亡で88%は違った。しかし数字の嘘はこれにとどまらない。アメリカの場合はこうだ。

ニューヨークが感染爆発地だという嘘が世界中を駆け巡っているが、ウイルスソフト会社McAfeeの創業者、ジョン・マカフィー氏が「NYの死亡率高すぎ。新型コロナにすると病院が国から約４１６万円もらえることと関係あるの?」とツイートして話題になった。また、「NY市は新型コロナで1万１０００人死んだ。東京は人口世界一の過密都市なのに93人」とも。これは素人の着眼点としてはとてもよい。

NY市は死亡診断書の死因に「新型コロナウイルス」「それに類する」と記された死者数を調査している。それによれば3月11日から4月13日まで医療機関で2258人、自宅で825人、老人ホームやホスピスで673人が、それぞれ検査で陽性とは診断されていないものの、新型コロナで亡くなったと推定される、と述べている。これらは当然ながらコロナ死亡者数としてカウントされているが、別のウイルス疾患で亡くなっている可能性が高い。

アメリカ政府が病院に払うメディケア（障がい者・高齢者向けの政府医療保険）の補償額は、通常の肺炎の場合は5000ドルだが、新型コロナと申請すれば1万3000ドル、さらに人工呼吸器をつける状態になれば3万9000ドルになる。救急で来た患者の疾患が感染症が主でなかったとしても、医療処置したり入院の必要が生じれば当然コロナ検査をする。そこで検査が何かしら陽性に出ればコロナ感染者だと判定され、新型コロナによる死亡と死亡診断書に記載できる。それを国が推奨しているしカネがもらえるのだから喜んでやるだろう。

さらにカイザー家族財団は「コロナ類似の症例は1万3297ドル、人工呼吸器装着で4万218ドル。コロナ認定でそれぞれ20％上乗せされる」と述べていて、さらに上乗せされる可能性もある。

このようにして死亡者数は水増しされている現状なのだ。まず、それはお金によって作られている。表向きにはコロナにかかわる仕事をしてもらってありがとうという迷惑賃の意味合いだ。
裏の意図は、まだはっきりしないが、陰謀論で述べられているように、何らかの理由で人々の恐怖を煽るため、数字に頼る情弱を騙すためであると考えられる。おそらくその先にあるのは奴隷社会の確立と市民の管理だ。

発症者でない感染者数は確実に表に出てくる数字より多い。米国カリフォルニア州サンタクララ郡で実施されたスタンフォード大学のジョン・ヨアニディス教授らが報告した調査（査読前論文）で、サンタクララ郡の住人３３００人の血液を採取し、SARS-CoV-2に対する抗体の有無を調べたところ実際の感染者は確認されている数を大幅に上回る50倍以上で、感染者の致死率は０・２％に満たないと述べている。抗体検査は正しくないといったが、正しいと仮定しても現行の数字とまったく違うわけだ。

検査の応募者は女性の比率が高いし、カリフォルニア州でもっとも裕福な地域のひとつなのでバイアスはある。ただ他の調査も紹介すると、マンハッタンで２つの病院の産科病棟全員を検査したところ、15％が抗体を持っていたがほとんど症状はなかった（これを不顕性感染と呼ぶ）。
ボストンのホームレス施設で４０８人の入所者を検査したところ、35％以上が検査で陽性と示された。要するにすでに発表数字より多数の人々が感染していて、致死率は発表された数字より大幅に低いということだ。

つまり、すでに出ている世界中の致死率も嘘で、分母の設定が間違っているため、ほかのウイルスとの比較にさえなっていないのである。お金のために診断数が水増しされ、基礎疾患がある人の死亡原因はごまかされる。

●なぜ日本の死亡者数は少ないのか？

なぜ日本の死亡者数は欧米に比べて格段に少なかったのか？

欧米殺菌文化は日本にも侵食しているが、それでも日本はまだまだ微生物文化が根強い。たとえば梅干しや味噌にウイルス防御効果があることは、研究でも認められていることである。

様々な常在菌や善玉菌も悪玉菌も周りにたくさんあることが重要であり、究極的にそれはウイルスでも同じなのだ。殺菌や殺ウイルスしても防ぎ切れることは絶対ない。それはスペイン風邪でも証明されているのに、過剰に反応したり殺菌にばかり走っているようでは本末転倒なのだが、常に人は情報に踊らされてしまう。人類は事実の観察が第一に必要な「心の絶対法則」を知らないので仕方ないかもしれない。


欧米の文化とは侵略文化であり殺菌文化であるとよく言われている。様々な化学物質で菌やウイルスを見えるところから排除し、コントロールした気になっているわけだ。これらは人体にとって重要な変化をもたらし、ウイルスの偏在についても影響をあたえる。我々は無菌室に近づけば近づくほど、逆に免疫を下げてウイルスにかかりやすくなるということを知らなければいけない。

しかし、もはやそういうムードではないだろう。事実に基づいた情報がただのオカルトで済まされてしまう国である。しかし、改めて伝えたい。豚インフルエンザ詐欺や新型インフルエンザ詐欺と同様に、すべての数字が嘘で詐欺なのだと。

そんな私でも少し信じたい数字がある。それが大都市の病院死亡者の数字だ。病院に行く人が減り死亡者数が減っているが、これは医原病でたくさんの人が死んでいる証左にもなろう。

また、調べてもらえばわかるが日本全体の2020年1～6月死亡者数自体も16000人以上減っている。しかし繰り返すがこんな話はしてもむだだ。世界中を敵に回すし、常識から外れるし、自粛警察の人たちが怒ることこの上ない。人間は幼少期の段階で数字、根拠、論文、研究に汚染され、悪魔の経典＝科学に従うように洗脳されているのだ。

●事実の積み上げによる新型コロナ騒動についての推察

これらウイルス詐欺を仕掛けてきたのは、常にWHO、CDC、FDA、御用学者たち、そして製薬会社である。歴史は常に変わらず同じパターンで繰り返されている。中国がWHOに投資しているから悪いのではない。そんなこととは関係なくWHOの本質は昔から変わらない。そして、本当の危機ではない出来レースだからGAFAが支持するのだ。YouTubeも同類項である。

まず現実を見たとき、もともと世界経済が歪みの極致にあったので、それを責任転嫁するためにコロナ恐慌に誘導する。恐怖で人を縛れば簡単なことであり、これは陰謀云々以前に経済の中心にいる者たちにとっては絶対必要なことである。

これらを誘発するためには弱毒型ウイルスでないといけなかった。もちろん計算ずくであろうが、これが自然ウイルスだとしても都合がよかったわけである。「人類にとってもっともこわいウイルスとは、致死率が高いウイルスではなく、致死率が低いが高感染力があり、発症しない人や検査で偽陰性になる人が多く、また軽症の人が多いＲＮＡウイルスである」という言説があったがまさにそれである。それを重篤に見せかけて恐怖を煽るために、様々な作戦は織り込み済みだった。

今後日本で一番警戒しなければならないのは地震である。地震と恐慌と戦争は歴史上セットだからだ。その前に全体主義的風潮を作り上げてしまえばよい。人間の本質は悪がゆえ、いかようにでも染まっていく。あと、ワクチン強制接種化、タネ支配、水支配、機械化によるロボット化、警察軍隊による圧制、考える力を喪失させる、子どもの教育を奪う、日本における他国の占領、が行われる。

●新型コロナワクチンの裏にある事実

新型コロナワクチンについてもむだなのに日本人は熱望している。風邪に薬はないといわれ続けてきたことさえ忘れているのだ。これも事実観察を旨とする「心の絶対法則」を理解すればむだなのは当たり前だが、日本人にはもちろんわからない。

効くといわれているニセ薬はいくつもあるが、代表格のレムデシビルを開発してるのはギリアド・サイエンシズ社、ロシュ社はギリアド社からタミフルを買い取っている。この会社はエイズ、肝炎、インフルエンザなどの薬を作っているが、エイズや肝炎が作られた虚構だったことは、真の事情通なら誰でも知るところである。そして効かないクスリの代表タミフルを日本は75％近く保有しているが、それを押し付けたのもこの会社である。

ネオコンの優生学者で有名なラムズフェルドは、四年間この会社で会長を務めていた。９・11がヤラセだったことはもはや周知の事実だが、ブッシュ大統領の国務長官だったのがラムズフェルドであり、イラク攻撃を指示した人である。ちなみに悪名高い人工甘味料・アスパルテームの認可にも寄与して、アメリカ人を甘いもの中毒のＩＱ低下に導いたのもこの人である。

レムデシビルはそもそもほとんど売れていないクスリだった。もともとはエボラ出血熱治療のための薬という建前だから当然である。作用はＲＮＡポリメラーゼを阻害するということになっており、要するにＲＮＡをできなくさせるということだ。臨床実験の段階でも副反応として、肝機能障害、下痢、皮疹、腎機能障害などの頻度が高くなると言われている。臨床実験は製薬会社がよくみせかけるためにごまかすものなので、それで高いというのは相当なものだ。

歴史上、常に薬の在庫処分は日本で行われてきて、今回も同様に在庫処分のためにいち早く薬事承認を通らせたわけだ。5月中旬から医療機関での使用が開始されて、コロナであっても、コロナでなくても疑わしいだけで処方されることもある（インフルでもそういうことはよくある）。

アビガンも同じだ。そもそもアビガンは認可試験に失敗し続けてきた薬物だが、作用機序はアビガンもレムデシビルも大して変わりはない。アビガンは催奇形や細胞変性が危惧されており、第二のサリドマイドになるといわれ続けている。レムデシビルは重症用だがアビガンは軽症用と目されており、一般人はこれを飲む数が増えるだろうと思われる。ちなみにアビガンの物質特許は２０１９年に切れた。この意味するところがわかる人は少ない。興味があれば考えてみてほしい。

ハイリスク患者へ「アビガン」などの早期投与を日本医師会が要望している（ABEMA TIMES 2020.04.28）。これは単に儲けたいという意図だけではない。アビガンの富士フィルムは安倍晋三の政治パーティーでも懇意にしていて、トップ同士がゴルフ仲間だから導入されないと困る。そうやって普及した結果、障害や死産や奇形は増し、放射能による障害と混同されて忘れ去られる。親たちは単なる不運だと思い込むことで自分を慰め、人類すべてが毒親になっていく。

ＲＮＡ合成阻害という観念がもっとも危ない、と思える人はほとんどいない。いずれにしろ私の推測ではこれらの薬によって、脳に巣食う麻疹ウイルスのように、隠れた形で別の問題を引き起こし続け、またその隠れた存在は次のウイルス拡大、もしくは薬の注入（ワクチンが代表だが違うかも）、何かしらの全世界的な科学技術の推進、に影響を受けて人体に何らかの症状を起こすであろう。

往々にしてＳＥがＡＩの恐ろしさを見誤るように（そんな映画が流行っていた気がする）、人類は薬物や毒物や自然界に存在するものを操作する恐ろしさを見誤る。

複合素因がまったく予想もしていない別結果を招く、という発想がなければ、医原病を見つけることはできない。今回の新型コロナ騒動も人類の度重なるミスを踏襲するであろう。

●無知な医師たちが騒動の片棒を担いでいる

新型コロナについては、これらをすべて含めて考える必要がある。検査の嘘、感染者数は検査数から考えてもっと存在すること。であれば、分母が増えた分、高いと言われている死亡リスクは激減するので、隔離したり病院が特別対応する意味さえないこと。私が、医療崩壊は自滅であると述べているのはこのあたりが理由である。さらに陰謀論じみた全体構図も考えないと単なる思い込みで終わる。ただ、「ロックフェラーが〜」「ワクチンが〜」などというのは意味がない。そういうのを陰謀論かじった初心者という。

今回の世界の死亡者数上昇は、人種や微生物文化のあるなしだけでなく、西洋医学の病院が何の疑問も抱かないまま、西洋医学治療していることも大きな原因のひとつだと思われる。それは治療法が確立されていないにもかかわらず、見切り発車するしかなかったからだ。

具体的には、感染症患者が病院に担ぎ込まれてきても、すぐにすべての検査ができるわけではない。そのため、ウイルス疾患治療をしながら細菌感染治療をするとか、免疫病治療をしながら感染症治療をするのはどこでもやっていることだ（マニュアルにも書いてあるし、私が見てきた病院、知り合いが勤めてきた病院も例外はない）。肺炎の危険性があれば、糖分まみれの点滴、絶食、抗生剤、症状を抑える様々な薬、場合によってはステロイドなどを使うこともある。

先進国全体においてもっとも多い死因は血管疾患ではなく、がんでさえなく医原病である。この新型コロナ騒動によって医原病の姿がまさに浮き彫りになっているわけだが、医者も歯医者も薬剤師も検査技師も全員何もわかっていない。データ解釈の仕方が全部間違っていて、社会情勢を見ておらず、背景も見ておらず、生物法則という「原則」を知らず（ここが一番医者の知らないところ）、歴史についての考察がゼロだからどうしようもない。

●ニセ情報に踊らされる自称情報通

一時コロナパーティーというのがネット上で叩かれた。新型コロナを煽っている自称事情通が、「みんなが困っている時期にまるでウイルスを広げるようなパーティーなどありえない」と言って批判したわけである。その出来事はコロナパーティーに参加して、一人の男性が亡くなったとしてニュースになった。看護師に対して「私は間違っていた。この（新型コロナ）ウイルスはデマだと思っていたが、そうではなかった」と言い残したと報道され、コロナを甘くみたり、軽いという人間たちを叩く格好の材料となったわけである。

本書を読む人ならさすがにわかるだろうが、アホを絵にかいたようなつまらないニュースである。まず言い残すなら、伴侶や子どもや親に何か言い残してやれよ、と思うのだが、そんな皮肉は疑うことを知らない表面を見るだけの日本人には通じない。要するに、いかにもプロパガンダらしいニュースなのだが、こんなニュースを信じたり、デマを流すような情弱があふれ、自分は事情通だと勘違いしているのがＳＮＳやネット、ひいては人類情報社会という世界である。

情報を真に受け、自分に都合のよい情報だけ採用する自称事情通たちは、こういうのにすぐに飛びついてしまう。常に情報というのはすべて嘘であり、数字というのはすべて嘘であり、ネガティブ情報もすべて嘘であると思っていないと、アホなのを露呈してしまうというわけだ。そんなアホばかりの人類であるが、この件に関しては面白い情報が後日出てきた。紹介するが、これも嘘だと思いながら、現実を見て判断するようにした方がよい。

ウイルスに挑む〝コロナパーティー〟は、本当に存在したのか？　怪しい情報が拡散したメカニズムとメディアの責任

https://wired.jp/2020/07/17/the-latest-covid-party-story-gets-a-twist/

簡単にいうとステマを検証してみたということで、それなりによい記事だと思う。この記事の記者が実際に調べてみると、コロナパーティーの参加者や取材した人もみつからず、地元の「サンアントニオ・エクスプレス・ニュース」は、サンアントニオ市のメトロポリタン保健局が「(市内の)アラモでそのようなパーティーが開催されたという情報は聞いていない」と説明している。つまりでっち上げが疑われたわけだ。

情報を追っていくとタスカルーサ市議会議員というのにたどり着くらしいのだが、パーティー開催の証拠が何もない。1人の議員の推測や妄想や夢だったたというオチになっている。この話が本当だったと仮定して、おそらく市議会議員も悪気はなかったのではないか。クライシスアクターでも工作員でもなく、体よく恐怖を煽りたい人たちに利用されただけ。人間は情報を判定することができない生物であり、事実観察を旨とする「心の絶対法則」など何も理解していない生物だと証明しただけなのだと思う。

●ネットに巣くう自称情報通が情報をゆがめる

問題は世界中、日本中、特にSNSやFBの世界にはびこる自称事情通というやつだ。これは情報系、ネットサーフィンを得意とする人々で、そのような嘘つきたちを多くの人がフォローして、情報源として参考にしている。実際にはその大半は単にお金が欲しく、ネットでお金をなんとか稼ごうという人々であり、現場の情報や人脈や医学の基礎知識、免疫の知識、をちゃんと学んで情報を出している人々ではない。ましてや「心の絶対法則」などまるっきり理解せず、事実を客観的に見ることのできない人たちだ。

情報には見方というものがあり、人の心には絶対の法則というものがある。それを身につけているかどうかで、情報のとらえ方に圧倒的な差がつく。ネットでうだうだやっているだけでは、当然死に向き合うことも、様々なことに反逆することも、自分の家族や生活をよくすることさえできない。

ソフト自粛政策をとったスウェーデンの死亡率や死亡数が高いという嘘も、御用学者や自称事情通の連中が、飛びつきそうなネタである。医原病や薬害の専門家観点から見れば、こんなにわかりやすい嘘は存在しないのだが、御用学者や自称情報通はこういうのをやすやすと信じてしまう。

●スウェーデンのソフト自粛政策についての考察

何が嘘なのか、これまでの復習だが少しは説明する必要があるだろう。キーワードは検査数の多さ、感染者数の多さ、発症者と感染者を見極めているかどうか、ＰＣＲ検査の嘘、抗体検査の嘘、集団免疫への素人の無理解、医原病によるサイトカインストーム、死亡診断のやり方の違い、高齢者死亡のとらえ方、そして著名な医者や免疫学者や教授という輩たちがアホであることだ。

キーワードについてはすでに説明不要だろう。要するにこれらのキーワードを複合視できるかどうかだけがポイントである。複合視しすればスウェーデンの１００万人対死亡数など、無意味中の無意味であることがわかる。日本の新型コロナ死亡者数は１０００人前後だが、おそらくその６割～７割程度が本当に新型コロナが原因だと推測される。これはおそらくであり私の推測。なぜならその観点で誰ひとり調べたことがなく、もっといえば禁じられているからだ。表面上のデータ、国家やＷＨＯや感染研が決めたルールの中でしか、データ解釈はしてはいけないのである。政府や東電や大学が放射能について行ったことも同じだ。

それではヨーロッパはどうかというと、スウェーデンを含めて新型コロナだと診断されて実はそうではない人は３～４割とかいうレベルではない。なによりも自粛してない、検査数が多かった、感染症者数・ＰＣＲの嘘、抗体検査の嘘、高齢者問題（基礎疾患を持つ人は軽いウイルス感染でも基礎疾患が悪化する）、死亡診断のプロトコルにおける日本と欧米の違いなどから、莫大な数が新型コロナではないのに新型コロナとしてカウントされる。キャリー・マリスの述べたことさえ誰も理解していないのだ。実際に新型コロナではない割合は誰にもわからないが、９割程度と私は推測する。

ちなみにスウェーデンの人工呼吸器保有数は公式発表で人口比率で日本の四分の一以下、６００台以下である。スウェーデンの公式発表での死亡者数総計は時期にもよるが５０００人弱。日本よりも5倍程度多く、人口比率は10倍程度違う。これに従えばスウェーデンで新型コロナで本当に死んだ人は５００人程度。日本は６００~７００人程度だと私は推測している。これだと数字は似ているが死亡比率だとスウェーデンがだいぶ上になる。そこで次に考えるのがファクターXといわれる問題だ。

ファクターXは西洋人になぜ新型コロナ死が多く、アジアオセアニア、特に日本や韓国などで死亡数やリスクが低いのか、という問題だ。これは推論がいくつもあるので今は説明しない。これに加えて微生物文化の違い、医療文化の違い、自粛の程度、集団免疫の差を考慮する。ちなみに集団免疫を抗体獲得率だと思っているアホがネットには散見されるが、抗体で見ている限り集団免疫のことはわからない。はっきりいえば抗体が何パーセントあるという話と集団免疫は無関係である。本書は免疫書ではないのでそれ以上は割愛する。

新型コロナ死亡者数のパターンは、大きなとがった山を作るか、平坦な長い山を作るかの違いである。大きなとがった山は見かけ上死亡者数が増えるので、基本的に非難されやすい。しかしスウェーデンのようなソフト自粛対策をする真骨頂は、新型コロナとは何か、新型コロナの何が嘘なのか、経済と死との関係、その他の病気と死との関係など、生活や人生すべてを内包した考え方にある。スウェーデンの人工呼吸器数が少ないのはその一端であり、日本のような対症療法一辺倒の医学観点を持たない。

我々の世界でよくいわれるスパゲッティ治療（延命治療などのために管などを体中に取りつける）と、命の選別などというものを混同するのもその一例だ。スウェーデンはこの反対を地で行く国であり、ヨーロッパの多くの国が日本のようなスパゲッティ治療をあまりやらない国である。これは日本の平均寿命が嘘であることにも通じるが、これらを総合して数字というものを考察しなければならない。

検査数の多さ、自粛をあまりしていないこと、死亡診断の欧米と日本の基準の違い（ＷＨＯを中心に疑わしきはコロナという方針が世界にはある）、基礎疾患持ちに対する診断の違い、ＰＣＲの嘘、や彼らの死生観や福祉感覚を考慮すれば、スウェーデンの１００万対死亡率は非常に低くなる。欧米全体もそうであり表面上のデータの10分の一以下は確実である。しかしそれでもおそらく日本よりは高い。それには、西洋医学の余計な行為と、そこから導かれるサイトカインストーム、後遺症についても考察せねばならない。

スウェーデンにどのような伝統医学があるかは知らないが、彼らの文化やシステム上（スウェーデンは税金が高い代わりに医療や福祉を無料で受けやすい）、西洋医学を日本人より利用しやすい土壌があるので、医原病も発生しやすくなると推測される。しかしそれでも、彼らはその政策により、世界に先駆けて収束させており、問題を先延ばしする国たちよりも早く復活していくだろう。日本はご存じのようにいまや新型コロナになると社会的な差別を受けてしまう。そのせいもあり、医療機関への受診率が減っている。だからカネで釣って7月の東京の検査数を増やしたのだ。

スウェーデン公衆衛生局で政策を指揮するテグネル氏は、私がこれまで述べてきたことをおそらく把握しているのだろう。彼はつい最近こう述べたと報じられた。「ロックダウンは狂気の沙汰である」。そしてそれを否定するのは、陰謀論でいわれるように各国メディアであり、データはジョンズホプキンス大という御用大学に由来する。そして、この考察でさえほんの一例なのである。

●ウイルスの本質を考察する

新型コロナを始めとしたウイルスとは何か。強毒だろうが弱毒だろうが、防ぎきることは不可能な存在なのである。我々人類がいくらウイルスを敵視しても、それは何の対抗策にもならない。鎖国をしようが自粛をしようが結果は同じなのであり、だから多くの研究で自粛がむだだったと示されたのだ（大阪府の発表が有名）。ひとつのウイルスが入っただけでも広がるのだから、完全に密閉された無菌室にでも閉じこもらない限り、管理は不可能だ。緊急事態宣言によって一時的に見せかけの感染者数が減ったとしても、それが後に問題をもたらす可能性は大である。

これは文明に基づく誤解でもある。文明が進み人類は、傲慢にも感染症をコントロールできると錯覚してしまった。ちなみに調べたところ面白いのだが、スペイン風邪流行時に「57度から60度近いお湯を飲めば予防になる」というのが流行ったそうだ。体温を上げる意味でまったくむだとは言わないが、やはり予防にはならなかった。しかしFBを中心に中国由来の予防法として、今回も似たような話が流布しており、人類が行う行為は、時代が変わろうと進歩なく同じなのだと感心する。

話を元に戻すと、そもそも感染大流行は周期的に訪れることが指摘されてきた。1720年前後にはフランスでペストが大流行、1820年前後には全世界でコレラが大流行した。これも自然の摂理なのか人為的なのかわからないが、陰謀論を補強していると言われる。そしてスペイン風邪ウイルスはアメリカ軍絡みから発生して大流行を呼び起こし、ワクチンを作っても効かず、アスピリンに代表される西洋医学治療は、免疫をいじってサイトカインストームを巻き起こし、ウイルスの変異と拡大と著しい死亡者数を産み出したのである。

発熱という最大の生体防衛機能によってしか抑制されないウイルスに、解熱剤を投与するという愚行が犠牲の拡大を招いたのだ。

スペイン風邪の処置について、ある報告ではアスピリンによる対症療法的西洋医学治療を受けた患者の致死率は30%弱だったが、自然医療を行う施設で致死率は1%程度だったという。体の反応を抑え込み、症状だけ取ろうとする西洋医学治療は、免疫を著しく下げると同時に、肉体側は生き残るために無理やり免疫増強せざるを得ず、サイトカインストームなどの免疫暴走状態を起こしやすくする。

●これまでの考察から見えてくること

コロナの総括はもう見えている。高発症率、高感染力、低重症化率、低死亡率（発表数を信じているかぎりわからない）、経済への影響大、検疫をわざと行わなかった、人工ウィルス説、そして、意味のない隔離政策。海外では広がるスピードが急速で、ロックダウンを進めたにもかかわらず、防げなかった。日本でも研究者が自粛はムダだったと公表した。自粛とは名ばかりで、4月に入るまで満員電車に乗っていた日本人は感染者数も死亡者数も少なかった。7月に入り東京の感染者数が多いのにもすべてからくりがあった。韓国やヨーロッパでの感染拡大に伴い入国制限の動きが広まるに至り、各国の疑心暗鬼は増長された。

人類が、「心の絶対法則」を知らないが故である。

これらから見えることがいくつかある。

ひとつは今後における変異のリスクであり、私は一番これを心配している。要するにいじるほど問題が生じる可能性である。抗ウイルス剤が体にいったい何をもたらすのか、という視点に立ったとき、RNA合成阻害（薬の作用）という観念がもっとも危ないことはすでに述べた。

二つ目の心配は、自粛の影響をもろに受けた経済面だ。米中二か国でのウイルス感染から見る経済戦争問題、世界の機械化と薬物化の流れ、全政府に影響力を持つ多国籍企業や財閥という、いわゆるNWOに代表されるものの影響力、を考慮しなければならない。テレビや新聞やネット情報を鵜呑みにしていても意味はない。

私はこのウイルスは、世界経済の実質破壊をもたらすというより、これまでのバブル化した世界経済に関する問題を浮き彫りにしたり、すでに破綻している責任を押し付ける意図があるのではないかと推測している。

もともと世界経済が歪みの極致にあったなかで、それをごまかすために新型ウイルスを理由として世界経済恐慌に落としていく。そうすれば超富裕層はいつもどおり、市民を騙せる。株価が下がっても儲かる手段はいくつもあるのだ。問題を起こし過剰に騒ぎ立てる論調を作り上げる、これは古くからあるやり方である。

死を日常的に見る医者から言わせると、いまの日本の状況はそんなにこわくないのだ。そして今の重症化や死亡リスクがウイルスではなく、ねつ造などそれ以外の理由から作られている可能性があるとすれば、ますます恐れる必要はなくなる。少なくともこわがってむだなマスクを買うために並ぶことも、マスクをつけていることも無意味だ。

三つめは、なぜ海外と比べて日本の重症化率や致死率は低いのか、ということである。若年者はゼロでないがやはり低く、免疫や体力によって違いがあることは御用学者でさえ認めるところだろう。しかもL型も流行っている日本は、ヨーロッパのように死者数が増大してもよいのに、かなり低い水準のまま推移した。自粛対策も海外に比べて遅く、緊急事態宣言中も電車にはそれなりに乗客もいたというのに。この要因はいくつか考えられるが、一番は欧米の殺菌文化と日本の微生物文化の違いではないかと私は推測している。これは韓国にも若干当てはまるかもしれない。これを総合すると基礎疾患がたくさんある人や免疫力が著しく低い人でなければ、気にする必要はない一般レベルかそれ以下のウイルスということである。

不安を煽られる中、我々はどうすべきなのか？

感染にかかわる生物法則の大「原則」とは、人はこれまでもこれから先もずっと、ウイルスや細菌を克服することはできないということである。死にかけのときに毒としての抗生剤や抗ウイルス剤を使って、仮によくなったとしても別の問題は爆弾として残るし、そもそもよくならないことも多い。なぜ我々の周りにウイルスや細菌がいるのか、ということを考える人々も減っている。常在菌を意識しても致死率が0にはなるわけではないが、政府も世界も人類も信じられない中で、菌活によって自衛することがもっとも大事な時代に突入している。しかし世界は真逆に進んでいる。

●恐怖を煽る情報が錯綜する中、我々がやるべきこと

知識層と言われる人ほど情報に走るが、それは不安だらけで依存だらけで、基本や生物法則を知らないからである。

もしあなたが新型コロナに限らず不安を払しょくしたいのなら、基礎から学び生物法則を学び、さらにいえば「心の絶対法則」をこそ学ぶことだ。そこから自衛策も見えてくる。

第一に、人類がウイルスをいじればいじるほどすべての状況は悪化するだろう。新型コロナは後遺症がこわいなどという嘘に騙されてはいけない。先史から、ウイルス疾患は自分の免疫で対処する以外、人類にできることはなかったのである。

そして、免疫を上げる方法はウイルスをいじるのではなく、本来の生物機構を強めることだけなのだ。

そしてもうひとつできることがあるとすればインフラ整備や、防疫といわれる国家対応だけである。中国でウイルス問題が発覚したときに、真似がダイスキな日本人らしく、アメリカのようにすぐ入国を防ぐ処置をすればよかっただけだ。しかしそれをしなかったのは、してはいけなかったか

らだと私は思うのだ。中国のおカネ目当てだけではなく、もっと人々を恐怖に落としていくという意図が存在した。

人間ごときが「何かを操作できる」と思う傲慢をこそ思い返しながら、市民は市民にできる対策をとることが大事である。緊急事態宣言は市民の恐怖から生み出されたが、私は反対の立場をとる人間である。コロナ対策で何かやったかと聞かれても特にない。正確にいうと、日頃からウイルス対策というか、免疫を上げるための自分なりの処置はしているから追加する必要がない、というのが正確な表現である。

●新型コロナ対策で我々が実践すべきこと

しかし、よく聞かれることでもあるので、参考までにどのようなことを実践すればよいのか述べておこう。

いまだにコロナを気にする人は、まずお菓子やジュースや砂糖、安物のパンやコンビニの食事やジャンクフード、添加物や農薬まみれの栄養価が低い食事をやめることから考えたほうがいい。不健康な食生活で免疫を下げていながら、コロナをこわがるなどグーミン以外の何物でもないが、自粛期間中にスーパーでもっとも売れていたのが、カップ麺などのジャンクフードなのでどうしようもない。私が行ったコロナ対策は以下の通りである。

・マスクはしない。なぜマスクがむだなのか学ぶこと。
・うがいもしない。
・手洗いは水洗い、お風呂は毎日入る。
・厚着はしない。
・予防投薬はしない（ホメオパシー・漢方など含む）。そもそもタミフル、リレンザ、アビガンなどすべて効かないし、ウイルスはいじることで何が起こるかわからない。
・ビタミンCはたまに飲む。飲むなら多く飲まないとビタミンCは意味がない。
・発酵食品と味噌と鍋をよく食べる。
・無農薬のお茶を飲む。
・調味料代わりに液体ミネラル液、にがり、ケイ素などを入れる。
・一日三食食べない。
・食べ物は洗いたい放題（水酸化カルシウム）で殺菌して農薬などは洗う。
・無農薬も時々買うが同じく洗う。
・薬味をよく食べる。
・歯磨きは塩で一日一回。
・23時くらいに寝て6時過ぎに起きる生活。

毎日飲んでいるサプリなどはない。そもそもこれを食べたら免疫が上がるとか、安易に考え過ぎである。確かに悪いものを食べることで免疫は下がりやすいが、よさそうなものを食べるより悪いものを食べないほうが大事だ。昔とウイルスが違い、文明の手が入り込んで変異が著しいので、人工であろうと汚染した地球環境の結果であろうと、免疫を上げるくらいは当たり前として、病気に対する考察を多方面から行う必要がある。

また微生物文化は助けになるが、流行っている乳酸菌ビフィズス菌ありきの方法論は必ず悪化を招く。

ということで、わからないことが多いからどんな情報も遠い目で見ることと、ネットに流れている噂レベルの言説にハマったりしないこと、西洋医学がおかしいからと言って、代替療法に過剰な期待は抱かないこと、新型コロナ騒動の原型であるＳＡＲＳの結果も思い返すこと、などが重要である。そしてかかるならかかるだけ、死ぬなら死ぬだけ、という考え方である。繰り返し書いたように人類ごときが感染症の克服などできない。壮大なわがままを働いているだけだと、ほぼすべての人類が考えることができない。

検査がウイルスを混同で見ているとしたら、抗インフルエンザ薬が新型コロナに対して効いたように見えるのも当たり前だが、それは詐欺への第一歩になっているのだと人類にはわからない。そして廃棄寸前だった薬をありがたがって打たしてもらうのだ。

マスクについても一言述べておこう。現在の世界におけるマスクへの考え方は、悪魔崇拝のレベルにまで歪んでしまっているといっていい。マスクにはウイルス感染を予防する効果などない。マスク自体が空気を通すのでウイルスの大きさは素通りしてしまうし、マスクの横からのほうが空気は入ってきやすくなっているので、マスク自体でやはり防げることはない。

また、人に移すのを防ぐためのエチケットだという人もいるが、これも科学的には間違いであり、熱もなく症状もなく仮に少しのウイルスを持っている人であっても、その人がマスクをしようがしまいが、人に感染させるリスクは変わらないことを示す研究がある。

さらにいえば、マスクはつけっぱなしでいると雑菌が繁殖しやすい。また、酸素濃度が下がることにより人間の体内におけるミトコンドリア活性を下げる危険性があり、二酸化炭素濃度は中毒値に近くなるほど上がることが証明されている。

「心の絶対法則」の観点で見れば、マスクは口を覆い発言しにくくなり息が苦しくなり見えなくなるものなので、奴隷のように口をつぐみ自分を表現しない人が増え、仮面的な精神を作る人が増えていく。脳は退化し働きにくくなり、陰謀論の思惑のように愚民がたくさん作られていく。

これらを総合していえる皆さんへ贈る言葉は「マスクは雑巾」である。

マスクは何のためにするのか、医学的には昔から決まっている。現在発症して発熱し、咳や痰がありウイルスをたくさん持っていることがわかっている人が、飛沫を飛ばさないためにつけるものである。そんな状態にない人がつけるものではないし、夏の暑い日にむだで有害なマスクをつけて熱中症になるためでもない。

これほどむだで有害なのになぜあらゆる人がマスクをつけるのか、その意味もまた明快であって、「みんながつけているから」「村八分になりたくないから」でしかない。良心から発生したものではないのである。それを奴隷根性と呼ばずしていったい何を奴隷根性と呼ぶのだろうか。

ウイルスに効果があるというだけなら、免疫を補強する作用のある漢方やハーブなどには、きちんとした科学的論文や研究がある。なぜそれを報道したり取りあげたりしないのか。日本人も人類ももはや考える頭はないのだろう。納豆が効く系の番組よろしく、何かの漢方が効くなんていおうものなら、病気でなくても殺到するのが日本人という存在だが。

感染拡大というようなことが報道されていたが、もともといただけ、もっといるだけなのである。不顕性感染や受診していない人も多いため、実数は100倍以上だと思うのはすでに述べたところ。その分母で分子（死亡者数）を割れば、インフルエンザより致死率は低くなってしまう。緊急事態宣言中、経済活動が止まってしまうほど外出自粛し、学校は閉鎖され、自粛警察が闊歩した。そしてむだなマスクをみなつけ、それでも感染する人が増えていったのは防げないからで、免疫の基本を理解できていないからだ。「原則」を知れば、そもそもコロナは防ぐものじゃなく、防げるものではないということはすぐ理解できるはずなのだ。

恐怖で大衆を操る情報は新型コロナに限らない。ワクチンにまつわる感染症やがんに関する情報、老後不安を煽る金銭情報など限りない。アメリカで起こったテロに関する情報も同様で、その結果アメリカ国民は中東でのドロ沼戦争に巻き込まれたのである。これは対岸の火ではない。今回の新型コロナ騒動を見ていれば、何か作られた国際問題が発生した場合、日本人があっという間に戦争モードに洗脳されるのは火を見るより明らかだ。

そうした状況に陥らないためには、情報ではなく基本を知るということが重要だ。それが恐怖を克服する唯一無二の手段なのである。

心の絶対法則

【第19章】

◉客観的事実からみた新型コロナは、これだけ経済的犠牲を払うほどのウィルスではない。
◉大手メディアや自称情報通が恐怖を煽る情報を日本中に拡散した。
◉新型コロナ騒動は、あらゆる数字が嘘であり詐欺でしかなかった。

第四部

「あなたは因果を超えられるか？」

第20章 「あなたは因果を超えることができるか？」

最終章のテーマである「因果を超える」とは一体どのようなことか？　それをお話しする前に、改めて心についての私の考え方と実践していることについて総括しておきたい。

ここまでの章で人の言葉がいかに信用できないかから始まり、陰陽、人類のグーミンぶり、物理法則から古典医学の解釈、単一素因論問題などを説明した。さらに「心の絶対法則」であるトラウマとジレンマ問題、支配と被支配、転写、反動、依存、被害者意識、正当化、さらに深層心理における人間の無自覚さについて記載してきた。同じことを繰り返している部分もあるが、一度の説明ではなかなか理解してもらえないだろうと、くどいほどに述べてみた。

見てきたとおり「心の絶対法則」は個人レベルで終わるものではない。量子力学的に述べるならこれらは集団化し、相殺化され、反転して社会を形成する。

「陰陽変動の絶対法則」の章でも述べたことを繰り返すが、人間は必ずメビウスの輪のごとく、自分を反発させ逆転させて生きていくように、つまり必ずうまく行き続けることはないように設定されているのだ。宗教などの言葉を使えば、人間の魂はもともと限りなく穢れているというのは、このあたりのことを表していると思えばよい。ここから脱却するためには、あなた自身がメビウスの輪であることを強力に自覚するしかなく、メビウスの輪を切って180度反転させ、正転にして再度くっつければ綺麗な輪になる。うまくいかない何かを超えるというのはこの作業だと思えばよい。

●「心の絶対法則」によって真の因果関係を読み解く「内海式」

私は大半の身体や心の病には、「心の絶対法則」で説明したような歪みやトラウマやジレンマが根本原因としてあると考えている。

では「心の絶対法則」が人の心に引き起こす様々な問題をどう解決すればよいのか？　その解決策のひとつとして、私は医師、歯科医、獣医、薬剤師などの医療のプロ、代替療法治療家、心理カウンセラー、経営者、占い師などにある精神構造分析法を指導してきた。この特殊な精神構造分析法を「内海式」と名乗って教えてきたわけである。この「式」という言葉の意味は、内海タイプのという意味合いよりも、方程式という意味合いのほうが強いように思う。「内海式」とは自らに設定された難解な方程式を学び、複雑な糸を解きほぐしてその解を得る方法だともいえる。

言いかたを変えれば、精神構造分析法とは、自分が一体何者で何をしでかしているのか、自分にどんな嘘をついているのか、どんな仮面をかぶり人形を演じているのか、いかに自分が嘘をついていることを自覚していないか、いかに過去のトラウマを封じ込めながらそれに縛られて生きているかということを知るための技法であり、「心の絶対法則」が自分にどう働いているかを観察する方法である。これは例外なく全人類に当てはめることができる手法であり、分析してしまえばその方程式に例外はない。やりたい人とやりたくない人がいるだけの話だ。

そして「心の絶対法則」を知ることで、「内海式」はあらゆる問題について適応可能である。病気の治療はもちろん、夫婦関係や家族関係の問題、親子関係の問題、経営の悩み、倫理観に対する悩み、お金の悩み、会社の悩み、社会活動での悩みなどすべてに応用することができる。違ういい方をすれば、これらの悩みは違うように見えて実は同じ原因によって起こっているのだ。

そんなこともあって、私のクリニックは最近、人生破壊クリニックと名乗っている（笑）。これは冗談でもなんでもない。もう少し正確に述べるなら、病気を治すためにあるクリニックではなく、病気はおまけで治るクリニックであり、その患者における人生の価値観をすべて破壊して、再構築するクリニックであると定義できる。心の仮面をはがすクリニック、いい子ちゃんをやめてもらうクリニックでもいいが、同じ意味にとらえてよいかもしれない。

●「内海式」の構造

「心の絶対法則」は全人類の共通法則である。それを知って正面から受け止めてみるだけで、ある程度の問題は解決してしまう。
しかし、身体の病にしろ心の病にしろ、重症であればあるほど、自らまったく気づけないほど、心の闇が深くなっているケースが多い。「内海式」はそのようなケースの治療目的として考案した。具体的には心理学的手法、古典医学的発想、量子力学的思想、虚無主義的な思想などと、「心の絶対法則」を組み合わせて開発されたものである。心理学的手法の原点は交流分析に端を発する。交流分析とは精神分析に基礎を置き、哲学要素を持った心理療法である。１９５０年にアメリカの精神科医エリック・バーンによって創始され、こころの中に３つの心、５人の家族が住んでいると考え、人は子どものころに書いた人生のシナリオに沿って生きていくととらえる。これを交流分析では脚本分析と呼ぶ。

「内海式」はそこに物語療法と呼ばれる手法を結びつけた。物語療法はナラティヴセラピーとも呼ばれ、社会構成主義やポストモダンの影響を受けた精神療法の一種である。クライアントの自主性に任せて自分の物語を語らせることによって、単なる症状の除去から人生観の転換に至るまで、幅広い改善を起こさせることを目的とする。ただ、これは古いナラティブセラピーの定義であって、かつて治療者はクライアントの一段上に立っており、間違った物語にとらわれている患者を、治療者が正しい物語へと導く、という進展が一般的であった。

残念ながらこれは洗脳に通じ、優生学的思想に通じてしまう。「内海式」はこの問題点を解消するために、交流分析と古典的医学発想とメタファーを結びつけることになった。周波数的解釈、古典医学の膨大な統計から成り立つ思想体系を結びつけることで、唯物論ではない形で普遍性を持たせることを意図したのである。そして「心の絶対法則」をセラピーの前提とすることで、クライアントの悩み、エピソード、問題、感情にとらわれることなく、ある種の冷徹さによって問題の原因を直視して解消することを目的にしたのである。

これは実はクライアントにとっては非常につらい作業である。真の意味での精神構造分析法において、クライアントへの傾聴も癒しも慰めも存在しない。だから「ある種の冷徹さ」という表現になる。問題の原因を知り背景を知り、己が陥っているすべての原因に直面すれば、自分の陥っている状況に耐えられず、恥、嫌気、屈辱、本能、根源的欲求などの概念からかなり多くの人間は完全に行動が切り替わってしまう。もちろんこれは絶対ではない。

しかし体験してみればわかるが、己の心の闇と嘘に完全に向き合うことは、人間にとってたやすいことではない。

このことから、内海式は洗脳の手法ではないかと勘違いされることが多いようだ。確かに弱すぎる自我を持つ人に行った場合、洗脳に近いことを行うことは不可能ではないが、これは直面の技法なので洗脳とはかなり異なる方法論である。精神の世界はそんなに甘いものではなく、それでいて人の精神はたやすいことで洗脳されてしまう。それを利用するがために昨今はメンタリストという詐欺が横行することになった。

しかし、本当の闇を抱えた心は、テレビに出ているような初心者の心理マニアが、真の意味で扱える領域ではないのだ、と理解できるかはとても大事なことである。誰にも理解できないキチガイ（あえて差別用語を使う）の世界、性が完全に崩壊した世界、何十年も病気が続いたりクスリを飲み続ける人々、隠れ虐待を働き続ける毒親たち、どこまでも斜に構え歪んだ社会的インフルエンサーたちなどに、つまらないメンタリストごときが対応できるはずもない。犯罪者の心理分析のほうがむしろ楽なくらいの世界だ。

これは治療をする世のセラピストやカウンセラーにこそいえる。少し方法を学ぶと必ず洗脳と共依存に走るのがセラピストやカウンセラーという種族であり、占い師でありスピリチュアリストであり宗教家である。

彼らがカウンセリングなどと称して行っているどれもが、「心の絶対法則」を知れば幼稚な方法論に過ぎない。しかしグーミンはその法則を知らないがゆえに、そんな幼稚な方法論にひっかかる。依存心や承認欲求を利用する術に長けるからこそ、これらの詐欺師が跳梁跋扈するのである。

繰り返し申し上げるが、世の中の問題も自分の問題も、解決するのに都合のよい方法や安易な道などない。病気も人生問題も同じであり、改善、解決に類するものは１８０度の転換ののちにしか訪れない。

●変化を妨げる考え方

問題を解決しようとするとき、よく使われる「一歩一歩、少しずつ努力していきたい」「やれるところからやっていきたい」という言葉は、すべて大失敗の思想でもあり、反動やジレンマの法則に強い影響を受けている。「陰陽反転」「陰極まれば陽となる」を理解できていないと言っていいかもしれない。

物事が好転するときすべては一気に移動し徐々に移動することはないが、人類にはこのことが理解できない。一歩一歩は実は変わっていないことの証なのだが、それを正当化する作業でもある。世の中の変革もまた同じで、少しずつ人類も変化してきたではないかと思う人もまた勘違いなのである。

人類は変化したように見えて本質は歴史上同じである。科学の変遷は人類の変化には含まれないものだ。まれにシステムが変化することがあっても、それはほんの一部存在する、完全な白か完全な黒の者たちによって生み出された。大衆のすべては白と黒を混ぜて自分を形成してはいない。自分が日々コツコツやっていることと変化を混同してはいけない。それは何も変わっておらず、最初にあったものを継続しているだけである。まさに病気も同じであり、よくなる人は一気に非常によくなるが、よくならない人は方法を転々としながらよくなったふりをする。

●内海式を具体的に説明する

「内海式」についてもう少し知りたいとよく聞かれるが、内海式を文章で説明せよといわれても難しいところがある。というのは文章で説明してもイメージが伝わりにくいからだ。だからデモンストレーションを講演などで見るなり、実際に受けてもらわないとわからないとしかいえないのだが、とはいえ皆さんが生きていくうえでの参考にもして頂きたいので説明してみよう。

「内海式」は問題であれ病気であれ、まずその中に隠れている自分と自分の周りに起こる問題や結果の、すべてが自分の中に原因があることを知ることを主眼としている。これは「周波数の絶対法則」で述べた、「引き寄せの絶対法則」への明快な否定でもあり、また肯定している部分でもある。

人類は、どんなきれいごとをいおうが、自分が持っている深層心理を元に、問題や不幸や嫌なことや見たくないことこそ、引き寄せてくる特性を持っている。「内海式」はこれらを打破するための方法論であり、自分が作りだした原因を捨て去るための方法論でもある。

そして、この変わるかどうかは本人のみにゆだねられており、変わらない場合に感情移入すること、洗脳しよう支配しようとすることこそ、セラピストがもっとも避けねばならない行為のひとつであるとしている。

世間を見渡すと、これは残念ながら満たされているとはとてもいい難い。医者、歯科医、獣医、薬剤師などの医療のプロ、代替療法治療家、心理カウンセラー、経営者、占い師から一般人に至るまで、セラピストや他者の相談にのる人のすべてが、洗脳と支配欲を隠しながら実行する。また感情移入してセラピストや治療家自身が乱れている。相談などしても根本的原因は何ひとつ解決しない。それがこの世界なのだと思えばよい。

その点において、「内海式」はこの世界を変えようや、世界をよくしようや、人の状態をよくしようなどを目的にした手法ではない。ただひたすらに現実を見る、事実を見る、言葉と主張を信用せず、心の闇に向き合い、陰陽の理を知り、陥っているトラウマとジレンマを解釈し、自分が何のアダルトチルドレン像＝仮面にとらわれているかを解釈し、コピーばかりしている自分を知り、反動モードに陥っている自分を知り、被害者意識に陥っている自分を知り、すべての原因が自分にあることに向き合うだけの手法でしかない。その結果として多くの人がよくなるだけで、それもまた絶対ではないのである。

より具体的には一般的な問診で情報収集はするが、その後に詳細な家族関係及び家族への評価や人生における主要エピソードを収集する。その後、患者本人が家族関係や人物評価に対しても、仕事選びに関しても伴侶選びに関しても、病気になることに関してもいかに勘違いしているか、いかに嘘をついているかを第三者的に分析していく。この第三者的に分析していくというところが説明できないのである。スピリチュアルや宗教のように決めつけるものではなく、内観のように自分でひたすら考えるものでもない。探偵のように患者とセラピストが共同で、矛盾点を見つけ共通点を見つけ、すべてが同根であることを観察していく作業である。だからこそこれはカウンセリングや傾聴ではなく、精神構造分析という名前になっているわけである。

そうやって書いてくると、では因果を超えるとは「内海式」を学べばいいのか、ただの宣伝じゃないか、とまたわかったふりをする輩が現れそうである。確かに間違っていない。「内海式」は本人が絶対に気づいていない根源的原因を直視する方法であり、しかも思想学的手法に過ぎないので、大それたことをやっているように見えて、そんなに難しいことをやっているわけではない。誰でも経験者から受けることができるし、前述したプロの仕事をしている人でなくても、自分で簡単に学んで理解することができる。本書をここまで読んだ人なら、この概念のおおよそはつかめているはずである。

その意味ではとても汎用性の広い方法論だが、これを学んだり実践したり自分に行うことは、因果を超えることとは別物なのである。

●因果を超えるとはどういうことか？

私の考え方と実践していることを説明させていただいた。

そのうえで、あらためて考えてみよう。因果を超えるとはいったいどういうことなのであろうか。

因果とは「因果の絶対法則」で説明した通り、原因と結果のことである。もともと因果応報という言葉は仏教用語であり、因果律や因果関係という言葉に通じる。因果を超えるということは因果応報を超えると言ってもいいのかもしれない。

原因があって結果があり、それは日常的に我々が遭遇していることなのに、これを超えるとはどういうことなのだろうか。因果を超えることは祈りや神の力とは何の関係もない。もっと普遍的なものを知るか、普遍的なものを超越するという作業でもある。「心の絶対法則」を超越する作業と呼んでもいいかもしれない。

一般の学問では原因があり結果が生じる、となる。すべての科学ではそのように定義づけられているが、量子力学などでいう、固有状態と呼ばれるものは原因と結果が一致する状態だと定義されている。ここで固有状態については知らなくてよい。

問題は原因と結果がまったく同時に起こるという概念である。思っただけで結果が起こり、思わなくても動いただけで違う結果がついてくる。この状態は文脈だけでも明らかに因果関係を超越しているが、これはまさに神と呼ばれそうな世界である。神話や漫画に出てくる神は準備などしないし、動きもせずに結果を出す。それを神の奇跡のように呼ぶシーンは数多くある。

いったいそのようなことが可能なのであろうか。「内海式」に話を戻すのであれば、わざわざそのような苦しく知恵を使った分析などしなくても、すぐに原因が切り替わってしまったり、すぐに

180度変わってしまったり、結果を書き換えることさえ可能であるということだ。そんなこと「内海式」には当然無理である。「内海式」は自分の根源を見つめる作業であって、予言でも神の行為の予備段階でもない。そんな人間を超越して神になる方法はこの世界には存在しない。宗教もスピリチュアルも科学も超能力さえも、因果を超えることとは何ひとつ関係のない事象である。

●自らの確立した意思で動く人を超人と呼ぶ

ニーチェの話をしよう。私は興味深い哲学者として常にニーチェを挙げ、私自身をニーチェが唱えた虚無主義者の代表と述べている。ニーチェは代表作の「ツァラトゥストラはかく語りき」のなかで、永遠回帰と超人の話をする。虚無主義の世界ではすべての物事は無価値であり、私の言葉でいえばすべての物事は嘘である。ニーチェは19世紀の人でありキリスト教社会と深い関係があり、キリスト教世界への強烈な批判者でもあった。その哲学中では神の創造もなく、貢げば信じれば救われるなどというバカな話もなく、最後の審判も神の断罪も存在しない。逆説的にいえば、神の定義に従うなら神の愛は無限のはずなのである。

虚無主義では「神は死んだ」という有名な言葉を残したが、この世界は創造され審判されて終わるのではなく、似たような世界をフラクタルでずっと繰り返すという円環状の世界を提唱している。これが永遠回帰である。私は輪廻転生否定論者であり、すべては無に戻りまた有となるという論者だが、ニーチェは古い人なので輪廻転生論の影響は深かったのではないかと思う。しかし、その理論は一般的な輪廻転生とはかけ離れている。永遠回帰の世界では意味も希望もなく、輪廻転生を繰り返して、またそれを見ることもなく終わり、また繰り返すという虚無主義の最高形態を成すわけだ。

この世界観に人類は耐えられるであろうか。おそらくほぼすべてが無理であろう。誰しもが自らの生の意味や目的、生物学的本能、未来や転生しての役割、その他すべてのものを求め、そこに意味を求めている。それが自分であり意味がある自分がいないと耐えられないとするのは、究極のエゴイズムでもある。しかしツァラトゥストラは意味のなさを受け入れることを勧め、意味のなさこそ本質であることを説いた。そのうえでむだであっても無意味であってもそこから超越しようと努力し、自らの確立した意思で行動する人を超人と呼び、超人になることを勧めたのである。

実はこの世界観は道教に通じるものがあり、先住民のインディアンなどに通じるものがある。彼らの哲学である「あるがままの自分」「自然に寄り添った自分」「エゴではなく部分でしかない自分」「意味を求めようとしない自分」「所有のない自分」「きれいごとで自分を偽らない自分」「生まれ変わりなどに意味を求めない自分」「土に戻るだけの自分」「次の肥やしになるだけの自分」は、ヒューマニズム（人間中心主義）や支配奴隷関係から発足した世界中の宗教観、小さな物質やひとつの物事に因果を求める科学論への、強力無比なアンチテーゼである。万物は無価値であり人類の営みは無価値であり、我々の存在さえ無価値であることを突き付けてくる。

●私の中にある「アダルトチルドレン」性

少し話がそれると思われるかもしれないが、私もまた「心の絶対法則」から逃れられていないという話をしよう。

私は医者だが、この世界では代表的な反逆の医者であり、日本一嫌われ者の医者である。私が活動するようになった原点は結婚し子どもが生まれ、子どもを欲しくなかった自分の愚かさと、同時期に起こった原発問題に触発されたからだが、活動と精神形成は同じではない。私の父はもともと医者であり、私の家庭もありがちな仮面家族として崩壊していた。大学に入るまでの私はどちらかといえばいい子に属するほうだった。オタク精神はそのころから変わっていないが、関西の実家から関東の筑波大学に逃げたことで、ある種の自由をつかんだと言っていい。そこから少しずつ私の反逆性が目覚めていった。

しかし精神形成はそれよりさらに古い。「全人類アダルトチルドレンの絶対法則」で記載したとおり、私にも古い幼少期があり、それにもっとも影響を受けている。私の一族は両方とも古い寺の家系だった。双方ともに非常に大きな境内を持ち、片方は本願寺の直系の系列だったと聞く。多数の檀家を持ち潤っていたが、私の父と母は末っ子同士だったので、特に寺の運営にはかかわらず、父は認めてもらうため勉学に励み、一族で唯一の医者になったそうだ。子の私も医者なので二人とも一族では神童扱いだったわけである。いまや私は一族の裏切り者だ。

しかし私の心は子どものころから冷めていた。幼少期から檀家の目の前できれいごとを述べながら、裏で檀家をカネとしかみていない仏教の姿は日常のことであった。仏教を説きながら、常に多くの親族の間で骨肉の争いが繰り広げられていた。両家ともそうだったことには意味があるのだろう。

幼いころに人間とはこうやって嘘をつき、こうやってきれいごとを吐き、こうやって人を陰で貶め、こうやって安易な物事に走り、こうやって他者を支配する、これこそが人間と宗教の本質であるということをまざまざと見せつけられてきた。そしてそれは他の寺であれ神社であれ、大人になってから知った様々な宗教であれ組織であれ大差はなかった。

おそらくこの段階から私の虚無主義は形成されていたのである。そうでありながら、その私が歴史学や古典医学に興味を持ち、先住民の高尚な精神に興味を持ち、宗教を否定しながら仏教の教えのようなことを書いている。それは最終章が因果の話であることと無縁ではない。

仏教徒と仏寺と神社と宗教の醜さは筆舌に尽くしがたいが、一人の仏陀という始祖、何の悟りも開いておらず勝手に神格化された一人の人間が、語った多くの言葉に私は自分を重ねてしまう。そして私は仏陀とはまったく違う道を歩きたいと強く願う。私が仏陀に及ぶなどとは思っていないが、歩けるとしてもその道は決して選択しない。

私は悟ったふりの迷惑宗教教祖になるくらいなら、一人の超人になりたい。道教でいうなら仙人になりたいのである。超人や仙人は定義としても神とはかけ離れた存在であり、神になれるとしてもなりたくないのである。つまりそれは、因果を超えるということを選択したくないということなのかもしれない。神話の神もアニメに出てくる神でさえも、手をふるうだけで結果を呼び起こし、考えただけでものが構築される。彼らには順序というものは存在しておらず、固有状態と同じく因果が同時に起こるような存在だ。しかし、私はそのような神という存在に対してなんのあこがれも抱かない。

●私は自分がグーミンから脱却するヒントを見つけるために行動する

スピリチュアル系の人間がよく「八次元の世界に目覚めよ」などと情弱に呼び掛け、金をせしめてネットに書き込んで自己満足している姿を見かけるが、天と地がひっくり返っても、人類などに次元を超越することも上昇することもできはしない。いかに人間というのは無知、無駄、無縁が勢ぞろいしているのか。こんな中で期待など持ちようがないのは当たり前である。神とやらがもし存在しているのであれば、人に対して人は人でしかないことを強力に突き付けている。

社会の仕組みや人間の本性を理解すればするほどに、「なぜやるのか」の理由は消えていく。やってもむだなことを理解するようになり、何も社会が動いていないことを理解するようになり、人類が常に嘘をつきながら近寄ってくることを理解するようになる。

それでも、このような状況の中で私が行動する真の理由は、自分自身がグーミンから、そして奴隷から脱却するヒントを見つけるためであろう。子どもでさえ、その理由のひとつに過ぎないかもしれない。私に何かアドバイスをあたえようと近寄ってくる人間も多い。ヒントをあたえる気になって発言してくるすべてのグーミンは、ある意味いつも私の嘲笑のマトだが、その冷めきった雰囲気の中で私は自分に対して向上心を抱いている。人類の苦しみはすべて自業自得であり、それは私自身もきっと同じであり、この思想は究極的に破滅主義であり刹那的である。それが永遠回帰の思想に通じ超人の思想に通じる。

超人の思想とは、自分も含めた人類をあざ笑うために現在の行動をとりながら、それでいて自分を向上させるように動いているという私自身の矛盾でもあり、人の心理にある陰陽をそのまま象徴している。

あなたも私も、宗教的にいうなら半分は悪魔の血を受け継いでいる存在なのだ。この世界で社会認識するために重要なことは、陰謀論を学ぶことでも食や医療の嘘を学ぶことでもない。もっとも初歩的なことは、その陰謀論の元の元の原因は我々の中にある、と認識することだ。ロックフェラーもロスチャイルドも本質的には貧民と何も変わりはない。だからこそ陰謀論的理解が進もうと進むまいと、この世界は何も変わらないのだと確信できる。

あまり難しい言葉を使わなくてもいいのかもしれない。永遠回帰の中で超人になること、虚無主義を持つこと、と意味のないことを続けることは同じことである。すべてのものが無価値なのだから、すべてのものに等分の価値があり、ほんの少しだけの価値がある。そんな世界とクズな生物の極致である人間が、因果を超えるだなんてだいそれたことできるわけがない。そんなこと本気で言っている奴ほど頭が悪いだけだ。だから、私は理想郷よりも、せめて「ましな国」と「ましな生物」を求めてただ行動する。「ましな人」を目指せるかどうかは、結局のところ私たちの中にある黒い悪魔を直視できるかどうかで決まるのである。

●超えられない因果を超えようとする愚かな人々

つまりこの最終章は冒頭の問いかけに対する否定でもある。人にとって因果とは超えられないものであり、にもかかわず、見渡せば神のごとく因果を無視して結果を求めようとする人間ばかりなのだ。

「あなたは因果を超越できるか?」といわれても、次元上昇や、宗教や、神や、世の中をよくするや、目覚めるや、正義などと、そんなつまらないことを言っている人間に超越できるはずもない。因果を超越するとはそんなレベルのことではない。虚無もまた因果を超越した状態ではなく、人として「空」の状態を達成したに過ぎない。

「心の絶対法則」とは神になりたがる人間の幻想を打ち破るものである。「心の絶対法則」は人間のための法則なのであって、「人」を超越するものではない。人が超能力を持ったとしても、それは超能力を持った人であって超越者ではない。「超越者の絶対法則」は人の絶対法則からは決して見ることも知ることもできないのだ。だから私は超人という人を目指すだけだ。神や超越者にはなれないし、なりたくもないのである。

では、最後まで本書を読んでくれたあなたのために「超人」でもあり「ましな人」を目指すための一歩目について改めておさらいしておこう。

1. 世の中の裏を知るために、最低限の情報を自分で集める
2. 枝葉末節の情報ではなく、本質や構造の根本を考える
3. 知恵よりもさらに奥の、「原則」への理解を考える
4. 歴史的な観点から考えるよう己を養う
5. 夫婦や家族という原点に戻る
6. フラクタルや相似形の理論について理解を深める
7. 「離間工作の絶対法則」について知っておく
8. 人の心にある「反動の絶対法則」を直視する

9. 設定された依存、被害者意識、正当化の「絶対法則」を知る
10. 自分の中にある深層心理を見つめつくす
11. 「原則」は個人と社会とに同時に適用されることを知る
12. 選択と決断と責任と行動の関係性を知る
13. 過去も未来もすべては自分次第であることを知る
14. コミュニケーション能力をどこまでも高める
15. 決定的なまでに大きな目的を持つ
16. 自分とは何かを徹底的に見つめなおす
17. 私たちの中にある黒い悪魔を直視する

では、あなた方人類が因果を超えるなどという甘えた幻想をあきらめて、少しでも「ましな生物」になれることを祈っている（笑）。

心の
絶対法則
【最終章】

◉人間は神を超えられるはずもなく、にもかかわらず、因果を超えた神になりたがる人間ばかりである。

◉一見むだなことを一生懸命成しとげようとする人をこそ超人と呼ぶ。

おわりに

私は２０１９年８月にハワイから日本に戻ってきた。５年間の行ったり来たり生活だったのだが、よく「ハワイに行ったのは日本の事情を鑑みて避難した？」と聞かれた。もし避難するなら２０１１年に行っていなければいけない。聞かれたら子どもの教育のためといつも答えていた。それは嘘ではない。しかし本書を執筆していてそれも実は建前だったのかな、とも思う。本心はもしかしたら日本に戻ってきたかったのかもしれない。もうどれだけ日本を虚仮にして、日本人を虚仮にして、自称事情通を虚仮にしてきたのかわからないが、そんな日本になぜ戻ってきたかったのだろうと自問する。

お金に困って戻ってきたわけではない。確かに帰ってきた結果、日本で仕事をやる時間が増やせることになり、帰ってきた当初は仕事が多かった。２０２０年は余裕がある年にしたかったし、新型コロナ騒動もあったので実際に仕事を減らしている。講演を減らして診察が増えており、ＦＢやＳＮＳやメルマガだけでなく発信の仕方も変えてYouTube番組もやるようになった。

結果的に２０２０年７月の段階で考えれば、仕事量は増えていないが影響力も収入も増えているように思う。大金持ちになりたい思想がない私にとっては、今の収入でも十分よい暮らしができている。ならば、自分を駆り立てるものはいったいなんなのかと改めて考えてしまう。

政治連盟の日本母親連盟の代表にもなった。知らない方のために説明すれば、日本母親連盟は市民団体の政治連盟であり、2018年に地方政治家と市民の連携、社会啓蒙、政治に興味を持つ人々を増やすことを目的として、設立されたボランティア組織である。政治活動はこの世界（日本）では忌み嫌われるものだが、日本母親連盟も7000人の会員を突破して、少しずつだが大きくなっていると思う。本書を読まれた方も興味があれば、ぜひ無料なので会員登録してほしいと思っている（何の料金もかかりません）。

しかし、あらためて日本母親連盟についても思うのである。なんで俺は持ち出しで何の得もない組織の代表などやっているのだと。

お金を得たいなら会員制の組織にしたほうが断然よい。スポンサーがつくような内容にしたほうがよっぽどよいのである。しかしなぜか貧乏な組織を運営していて、そんな貧乏さでは日本を変えようなど難しいのに、なぜ日本を変えようなどと謳っているのだろう？

日本母親連盟は母親の団体ではないので、男性陣も数多い。名前の意味は「次世代を育て未来を育てる団体」なので、誰でも参加は可能だ。それもまたきれい事だと思うのだが、なぜこんな貧乏組織に何千人も会員が集まり、何百人というスタッフが無償でボランティアで働いているのだろう？　プライドの高い男どもまで入っているではないか（だから本当に名前を変えたほうがいいのかもしれない）。

私は自分で自分の人望のなさには自信がある（笑）。毒舌や一貫性が災いするのか、世界中のきれい事信者や、自称事情通や自称覚醒者、西洋医学者、代替療法者、スピリチュアル系、宗教者、カウンセラー、占い師、はては政治家や左翼の多くまで敵に回している。なぜそのような人間に、ここに集まってきた人たちはほんの少しでも協力しようとするのだろうか。これは「おわりに」で書くにはもったいないくらいのテーマである。

そこには人間という種族の不思議さとあいまいさ、嘘と願望が横たわっている。もちろん日本母親連盟に入って金もうけをたくらむ者だっているだろうが、もうそういう人は出てしまっていて、実態を見ているとそうでない理由の方が明らかに多い。

日本母親連盟の活動にとどまらず、あらゆる活動は実はむなしいものである。結果が出ることはまずない。しかしそれに対して人はなぜかむだなのにやり続ける場合がある。はて、よく考えてみたら、これは超人思想ではないだろうかと思ったのである。

いくら私と違ってきれいごとを述べている会員でも、本気で母親連盟が日本を変えることができると思っているほど、お花畑精神で活動している人はいないだろう。これは虚無主義を持つことと同じだ。しかし人間は無価値に価値を見出し拾い上げようとする生物である。だからこれは無価値でなければいけないのだ。政治活動の無価値なところに意味があるわけだ。

「何か楽しい企画を作って成功させましょう」というような、クズ生物にありがちな内容では超人思想は成立しえない。虚無主義を感じることはできず人を超えることはできないのだ。よく考えれば日本母親連盟の考え方も、理想郷より「ましな国」、最悪の状態から選択できる価値を重んじている。何か本書に通じるところがあると思ったが、さらにいえば、日本母親連盟で手伝ってくれている人は、自分が悪魔でありクズであると自覚している人が続けているようにも思う。そこにあるのは贖罪精神かもしれず、修行精神かもしれない。

活動している中で一番わかったことは、「内海先生を応援します」と述べる者たちの多くがいかに嘘つきで、表面上だけで話しているかだ。何度このことを私は繰り返すのだろうと辟易する。そして100万人や200万人の烏合の衆の視聴者よりも、1万人の共感者の重要性のほうがいかに大事かをということを、改めて学んだ。

つまり私にとって日本母親連盟も、社会活動をしているのも、会社を経営しているのも、ハワイから日本に戻ってきたのも、みんなもとをただせば超人思想であり、修行であり贖罪であり、仲間づくりであり家族づくりではないかと思うのである。こんなに人を軽蔑して日本を虚仮にしているのに。

いまさら当たり前のことを、という人がいるかもしれない。しかし私にとっては大事なことである。それは私の古い家族も仮面だったことや、その仮面家族だった私が妻と娘に出会ったことや、有名な医療界の反逆児になったことと無関係ではないからである。違ういい方をすれば、この活動もまた「心の絶対法則」に導かれた形で、私は行っていることでもある。

それはよいことばかりに解釈することはできない。単に私自身、自分のトラウマやジレンマや依存に振り回されているということでもある。しかしそうやって書きながら思ってみても、やはり私はそれでいいと思うのである。

超人は永遠回帰の中でむだなことを知りながら自分を求め、一生懸命生きて死ぬだけの生物である。そこに見え透いた感情など欲しくない。タダで情報をもらい、情報くれなきゃキレる連中、「日本を素晴らしくしたい」「俺は知っているぜ」と斜に構える人たち（＝自称覚醒者）、「世界はこの人たちのせいですべて支配され操作されている～、目覚めよ」という腐った陰謀論者、自己啓発やセミナーで今だけ講座が割引〇〇円などとうたう技術屋、「早く高い次元に上がりましょう」という低すぎるアホンションども、と酒を飲むより、バカでもウスノロでも貧乏でも、超人を求めるものとだけ私は宴をする。

本書を書く中でこれを改めて実感できたのは収穫であった。新型コロナ騒動を見ていると、ＦＢで情報を集めて喜んだ気になっている人、ＦＢ人気にあやかろうとする人、真実発信のつもりで動いている人たちの本性がよく透けて見える。彼らはより大きなものには決して逆らわないが、人気がある人が痛い目にあう（＝内海の扱い）を見て、ほくそ笑むことができる人物たちである。「世の中をよくしたい」「困った人を助けたい」などと毎日FBに書き、「医療の知識」がどうたら「食の知識」がどうたら「栄養」がどうたら「愛がどうたら」書いている連中に限って、心にツマラナイ闇を抱えている。

陰謀論というのは一面的に真実なのに、なぜ私が陰謀論を本書で虚仮にしているのか。彼らの深層心理にあるのは情報を集めている自分が偉いという思いである。彼らはそうした自己心理を隠すことに必死になるのが特徴なのである。こんな腐った自称覚醒者たちが、「目覚めた1%だ」と自称しているバカの集まりで、残りの99%は初歩的な知識さえ知らずテレビに翻弄されているのだから、日本が奴隷の国家であり続けることは当たり前である。日本人の性根と思想法がいかに貧弱であるか、これを根本から立て直さない限り不可能である。

真の意味で自立している人とは、自分の軸を持ちながら多くの目的を見据える人だ。自分の無価値さを知り自分の無力さを知る人である。私が先に見据えている目的はカネとは無縁であるが、カネが目的を達成するための力になることは間違いない。ただ、本質的に目的に向かうのであれば、カネでなく人類の思想がすべてを決める。本書はそれを示したくて書いた心の学問書であった。そんな「心の絶対法則」を一人でも多くの人が理解した中で、日本の現実と人類の現実に直面し、私の虚無主義を打ち破ってくれることを願ってやまず、筆を置くこととする。

日本母親連盟公式サイト
https://www.hahaoya.jp/
内海聡公式チャンネル
https://www.youtube.com/channel C17qqZ8hk0HkHLm3zj5bnyQ/featured。

カバー・本文デザイン：フロッグキングスタジオ（福島源之助／太田朝子）、福田万美子

著者プロフィール

内海 聡 Satoru Utsumi

1974年兵庫県生まれ。

筑波大学医学専門学群卒業後、東京女子医科大学付属東洋医学研究所研究員、東京警察病院消化器内科、牛久愛知総合病院内科・漢方科勤務を経て、牛久東洋クリニックを開業。『精神科は今日もやりたい放題』『医学不要論』『医者に頼らなくてもがんは消える』 などベストセラー多数。2013年から、断薬を主軸としたTokyo DD Clinic院長、NPO法人薬害研究センター理事長を務める。2015年㈱日本再生プロジェクト設立。Facebookフォロワーは15万人以上。近著に『まんがで簡単にわかる!薬に殺される日本人』(弊社刊)、『ワクチン不要論』(三五館シンシャ刊)などがある。

心の絶対法則

なぜ「思考」が病気をつくり出すのか?

2020年11月24日初版第一刷発行
2024年3月28日 第九刷発行

著者 内海 聡
発行人 松本卓也
発行所 株式会社ユサブル
〒103-0014
東京都中央区日本橋蛎殻町2-13-5 美濃友ビル3F
電話:03-3527-3669
http://yusabul.com/

印刷所 株式会社光邦

ISBN 978-4-909249-33-3

定価はカバーに表示してあります。
落丁・乱丁はお手数ですが、当社までお問い合わせください。